Все цитаты из Писания в этой книге приведены из русского Синодального перевода Библии

© 1996 Рик Реннер
Благая весть
п/я 89
Райня, 14
Елгава LV 3001
Латвия

Все права закреплены международным законом об авторских правах

Содержание книги и обложка не могут быть воспроизведены целиком или частично в любом виде без письменного разрешения автора

Посвящение

Я посвящаю эту книгу Джиму и Джуди Кеннеди, двум моим очень верным друзьям и товарищам в Господе.

Как и другие в Теле Христовом, вы возрастаете в своем понимании того, что сатана потерпел поражение, и учитесь тому, как опираться в жизни на совершенную и законченную искупительную работу Иисуса Христа!

Благодарю вас за вашу верность и за то, что вы позволили Богу использовать вас, чтобы духовно голодные люди могли получить истину Божьего Слова, преобразующую жизнь.

Содержание

Посвящение 3

Глава первая
Мания духовной войны 7
   Духовные заложники 10
   Отнимая силы у начальств и властей 12
   Нелепое и небиблейское поведение 15
   Почему новый акцент делается именно сегодня? ... 18
   Ничего не изменилось под солнцем 19
   А что насчет колдунов? 25
   Библейские принципы ведения духовной войны ... 28
   Настоящая духовная брань 30
   "Ветры и волны" вашей жизни 33
   Духовная война: состояние разума 37
   Предостережение, касающееся духовной войны ... 40

Глава вторая
Оружие плотское и духовное 43
   Жаждущие крови, храбрые и преданные воины ... 44
   Духовное оружие и духовная стратегия 46
   Немощность плоти 48
   Слабые и нелепые оружия плоти 49
   "Не прикасайся, не вкушай, не дотрогивайся" 54

Глава третья
Опираясь на наше искупление 58
   Рынок рабов сатаны 59
   Близорукие, ограниченные люди 62
   Что такое "обычаи мира сего"? 62
   Кто действует за сценой? 64
   Демонически укрепленные 67
   Выкуплены из рабства 69
   Отдать затребованную цену 70

Восстановлены в прежнем положении............... 71
Переведены из царства сатаны.................... 73

Глава четвертая
Почему сражение все еще остается таким напряженным?.. **75**
Духовная война и обновление разума............ 78
Посвящение, которое длится всю жизнь........ 81

Глава пятая
Опасность с небес.. **82**
Удобный момент для атаки дьявола............... 83
Неожиданный результат демонических атак... 84
Закрытая дверь еще не означает неудачу....... 88
Ваши проблемы не уникальны........................ 91
Нападки на церкви и служения....................... 94
Распри и раздоры... 97
Мощно снаряженные, подготовленные убийцы..... 99

Глава шестая
Важная весть, которую следует запомнить........... **103**
Духовно однобокие верующие...................... 105
Товарищи по оружию..................................... 109
Воины, которые достойны вашего общества...... 111

Глава седьмая
Укрепляйтесь Господом................................... **113**
Сверхъестественная сила для выполнения сверхчеловеческого задания........................ 116
Где найти эту силу?....................................... 117
Возьмите то, что принадлежит вам............... 119
Признаки действия силы Духа...................... 121
Сила kratos и сила ischuos........................... 123
Могущественная Божья рука........................ 126
Готовы для сражения..................................... 128

Глава восьмая
Козни, злые умыслы и ложь дьявола ... 130
  Новый комплект одежды ... 133
  Как можно облечься во всеоружие Божье? ... 134
  Сохраняя ключевую позицию в обороне
  нашей жизни и нашего разума ... 138
  Лицом к лицу с противником! ... 140
  Противостоять козням дьявольским ... 141
  Злые умыслы дьявола ... 143
  Дьявольский обман ... 145
  Пример демонического запугивания ... 148
  Суровые факты духовной войны ... 151
  Плоть не в счет! ... 153
  Не полагайся на плоть ... 157
  Одержите победу над филистимлянином
  в своей жизни ... 160
  Дьявол: как он действует ... 161

Глава девятая
Борьба с начальствами и властями ... 163
  Выживают самые выносливые ... 166
  Начальства и власти ... 168
  Звание и ранг дьявола ... 170
  Имена и прообразы дьявола в Библии ... 173
  Стремление сатаны разрушать ... 174
  Извращенная натура сатаны ... 174
  Желание сатаны контролировать ... 177
  Сатана, манипулятор человеческого разума ... 178
  Предпосылки духовной брани ... 182

Глава десятая
Пояс истины ... 185
  Расширенный список духовного всеоружия ... 186
  В качестве повтора... ... 187
  Самое важное оружие ... 188

Видимая часть вооружения 189
Разница между logos и rhema 190
Единственный путь к духовному успеху 192
Как жить в праведности 193
Как иметь мир 194
Как научиться быть сильным в вере 196
Шлем и меч 196
Победа или поражение - это зависит от вашего выбора 199
Способность Бога воспроизводить 199
Самая грубая ошибка, которую совершают верующие 201
Давид о центральном месте Слова 203
Ключ к победе и успеху 204
Лучший совет, который содержит Слово 205
Путь к победе 208

Глава одиннадцатая
Броня праведности 211
Красота брони 212
Кто-то хочет причинить вам боль 213
Правильное отношение к войне 216
Писание о праведности 217
Новый источник уверенности 219
Бессильная религия в сравнении с религией, обладающей силой 220
Праведность: оружие защиты 222
Праведность: оружие нападения 223

Глава двенадцатая
Обувь мира 227
Два вида мира 230
Господствующий мир 231
Мир: оружие защиты 233
Как мир защищает вас 236

Защита от атак дьявола 237
Как охранять свое сердце 239
Шипы, позволяющие стоять твердо 240
Как обрести непоколебимую веру 243
Мир: оружие нападения 244
Пришло время идти! 245
Что означает "вскоре"? 247

Глава тринадцатая
Щит веры 250
Щит веры 252
Как заботиться о вашем щите веры 254
Что означает "паче всего"? 257
Цель щита веры 259
Раскаленные стрелы лукавого 260
Огонь, который разжигает самые
низкие чувства 262
Кто в ответе за поражение? 263
Гасящая огонь, бьющая рикошетом вера ... 265
Общая вера поместной церкви 267
Имеются ли в вашем щите трещины? 268
Если ваша вера нуждается в помазании ... 269
В заключение 270

Глава четырнадцатая
Шлем спасения 273
Шлем спасения 276
Самый прекрасный дар Бога 277
Вооружен и опасен 280
Умственные игры с дьяволом 281
Что такое "твердыня"? 282
Два вида твердынь 285
Что такое "подавленность"? 288
Спасение защищает ваш разум 289
Что такое "целомудрие"? 291

Что означает слово "спасение"? 293
Изменённый разум 294

Глава пятнадцатая
Меч духовный **300**
Мечи римского солдата 300
Что такое rhema? 302
Меч и пояс 304
Что такое "меч обоюдоострый"? 309
Размышления и исповедание 312
Как можно слышать от Бога 315
Когда Иисус нуждался в мече 317
Надёжная гарантия 321

Глава шестнадцатая
Копье молитвы и прошения **324**
Разные виды копий 324
Различные виды молитв 326
Как часто нам следует молиться? 328
Шесть видов молитвы для верующего 330
Заключительное слово 345

Глава первая

Мания духовной войны

Сегодня нет предмета более популярного и более обсуждаемого, чем предмет духовной войны. Лидеры и верующие по всей стране говорят о демонических силах и твердынях и о том, как избавляться от влияния этих ужасных, темных сил, стремящихся контролировать и манипулировать нашей жизнью, властвовать в наших городах и странах.

Широкая популярность духовной войны в наши дни может заставить кого-то думать, что духовная война является совершенно новым откровением для Тела Христова. Кажется, что все только этому и учат. Без сомнений, духовная война сегодня является предметом всеобщего увлечения харизматов. Любой, кто соприкасается с тем, что происходит в американской церкви, легко согласится, что Тело Христово в текущий момент переживает то, что я бы назвал "манией духовной войны".

То, что многие так сильно увлеклись духовной войной, одновременно и *хорошо*, и *плохо*. *Хорошо* в том смысле, что это помогает нам лучше узнать нашего противника - дьявола и его тактику. Когда мы знаем, как он действует, мы способны успешно отражать его атаки. Именно поэтому Павел говорил коринфянам, подразумевая дьявола и его тактику: "...ибо нам не безызвестны его умыслы" (2 Коринфянам, 2:11).

С другой стороны, это всеобщее увлечение духовной войной таит в себе опасность превратиться во что-то *плохое*. Если отсутствует правильное учение о духовной войне, результат может быть печальным. Предмет духовной войны отличает то, что он настолько завладевает вниманием людей, что они не думают уже ни о чем другом, кроме как о духовной войне. Это и есть дьявольская уловка, и верующие незаслуженно возвеличивают силу дьявола.

Если его трюк срабатывает, эти неустойчивые верующие начинают видеть присутствие дьявола во всем, что происходит, парализуя себя, отнимая у себя способность нормально функционировать в жизни и лишая себя возможности быть использованным в будущем для Царства Божьего.

К несчастью, многие люди в последние годы уже встали на этот путь, концентрируя все свое внимание на духовной войне.

Куда бы вы ни посмотрели, везде на повестке дня стоит духовная война. Страницы ведущих харизматических журналов наполнены статьями на тему духовной войны, там же предлагаются книги и серии кассет с учением на эту тему - не говоря уже о том, что проводится множество собраний и семинаров, посвященных духовной войне, каждый месяц и каждую неделю.

Сегодня организуется такое количество конференций на тему духовной войны, что трудно что-то выбрать. Вашему вниманию предлагаются:

Конференция на тему пророческой духовной войны...

Конференция воинствующего поклонения...

Собрание воинствующей Церкви...

Собрание молитвенных воинов...

Собрание воинов побеждающей веры...

Собрание сражающейся молодежи...

Собрание нападающей Церкви...

И этот список можно продолжить. Вдобавок к этим собраниям и семинарам, вы имеете возможность купить библии, в которых особый акцент делается на духовной войне и которые снабжены особыми примечаниями, приобрести настенные красочные плакаты на тему духовной войны, учебники по ведению духовной войны, майки на тему духовной войны, игрушки на эту же тему для ваших детей и т.д.

Волна духовной войны с небывалой скоростью охватывает американский народ!

Но не поймите меня неправильно: я *не противник духовной войны и не отрицаю ее. Духовная война действительно идет,* и Писание повелевает нам отражать невидимые силы, которые посланы против нас. Нам приказано в Писании "изгонять бесов" (Марка, 16:17) и разрушать "твердыни" в умах (2 Коринфянам, 10:3-5). Мы, христиане, несем такую ответственность перед потерянными, угнетенными и одержимыми.

Мне в своем служении тоже приходилось иметь дело с проявлениями демонической деятельности.

Помню, не так давно после собрания, которое я проводил в одной большой церкви, ко мне подошел подросток-сатанист. Осознавая, что сатанинские силы захватили его разум, он пришел в тот вечер и встал в один ряд с людьми, желающими, чтобы за них помолились.

Когда я проходил вдоль этого ряда и молился то за одного, то за другого, я ясно почувствовал, что от этого молодого человека исходят духовные сигналы, свидетельствующие о сильном демоническом присутствии. Было очевидно, что он вовлечен в какую-то оккультную деятельность.

Когда наконец я подошел к нему, он взглянул на меня, потом так сощурил глаза, что от них остались только узкие щели. Когда я заглянул в его глаза, мне показалось, что из глубины на меня смотрит демон. И тут я понял, что этот молодой человек отчаянно ищет помощи - ему понадобилась большая решимость, чтобы, превозмогая влияние давящей на него силы, встать и пройти вперед.

Когда я в тот вечер возложил руки на этого молодого человека, его тело начало содрогаться под воздействием Божьей силы и он упал на пол прямо у моих ног. Пока электризующая Божья сила проходила по его телу, он лежал и тихо стонал: *"Мне страшно уйти от них* (от сатанистов, с которыми он был связан). *Они грозят убить меня, если я попытаюсь от них уйти".*

Я наклонился, чтобы еще раз помолиться за него, и как только я это сделал, страшное демоническое влияние, которое пленяло его ум, стремительно покинуло его и то место, где он находился. Я действительно верю в реальность духовной войны!

Духовные заложники

Сегодня разум огромного количества людей в мире порабощен дьяволом. "Для сего-то," говорится в 1-м послании Иоанна, "явился Сын Божий, чтобы разрушить дела диавола".

Слово "разрушить" является переводом греческого слова *luo*, которое обозначает действие "развязывания" или "освобождения" чего-то. Мы бы употребили это слово, чтобы описать человека, развязывающего шнурки своей обуви. Именно в таком значении оно используется в Евангелии от Луки (3:16), где записаны слова Иоанна Крестителя: "...но идет Сильнейший меня, у Которого я недостоин *развязать* ремень обуви...".

Иисус Христос пришел в этот мир, чтобы "развязать" силы сатаны и "освободить" нас от них. На кресте Он разрывал цепи сатаны, пока наконец не было завершено дело искупления и не была в полной мере завоевана наша свобода.

Апостол Петр говорил в доме Корнелия: "Как Бог Духом Святым и силою помазал Иисуса из Назарета, и Он ходил, благотворя и исцеляя всех, обладаемых диаволом, потому что Бог был с Ним" (Деяния, 10:38).

Из приведенных выше стихов мы знаем, что главной заботой Иисуса является освобождение людей от силы сатаны. Если это заботит Его, это должно заботить и нас.

Чтобы освобождать людей от демонического гнета, мы должны научиться различать действия врага и отражать его атаки на наше сознание, *потому что именно ум является тем объектом, на который они постоянно направлены.* Враг знает о том, что если ему удастся утвердить обман в какой-нибудь из сфер человеческого разума, оттуда он сможет начать контролировать человека и манипулировать им.

В наши дни Святой Дух явно пытается передать нам важную весть о духовной войне. Как лидеры, так и церкви начинают осознавать это. В связи с этим, мы должны внимательно прислушиваться к тому, что Дух говорит Церкви, *и следовать за Ним, опираясь на Слово и руководствуясь им.*

Размышляя а духовной войне, мы должны сохранять равновесие в своих взглядах. Помимо битвы с дьволом существуют и такие важные элементы духовной войны, как контроль над разумом и распятие плоти. Давайте не забывать, что эти элементы также очень важны.

Истина состоит в том, что атаки дьявола были бы безуспешными, если бы наша плоть не оказывала содействия им. Если мы будем ежедневно распинать свою плоть (Колоссянам, 3:5) и будем мертвыми для греха (Римлянам, 6:2), как повелевает нам Писание, нам не страшны будут внушения демонов и искушения плоти. Мертвые ни на что не реагируют; они на это не способны. В этом сила жизни, распятой со Христом!

Жить жизнью распятия - необходимая составляющая духовной войны. Было бы несправедливо по отношению к моим верным читателям писать книгу о духовной войне и не упомянуть об этом важном аспекте - ведь в противном случае взгляд на духовную войну не полностью отражал бы реальность.

Можно целый день кричать на дьявола, и это не принесет результата, если человек не контролирует свой разум и осознанно допускает грех, позволяя атаковать собственную жизнь. Тщетными будут все его молитвы, направленные против дьявола. В таких случаях истинный его враг - не дьявол; врагом являются его собственный плотский разум и плоть, и чтобы остановить нападение врага, необходимо подчинить их контролю Святого Духа.

Если, ведя духовную войну, мы направляем все свое внимание на дьявола, оставляя без внимания другие не менее важные аспекты, то увлечение духовной войной может нанести и нанесет большой вред.

Отнимая силы у начальств и властей

Зная, что духовная война является реальностью и ее нельзя игнорировать, мы всегда должны помнить, что крест и воскресение уже дали нам победу в сегодняшней битве с сатаной. Христос, который принес победу и в одиночку разбил дьявола, живет в нас! Об этом сказал апостол Иоанн: "...Тот, кто в вас, больше того, кто в мире" (1 Иоанна, 4:4).

Наш взгляд на духовную войну должен строиться на понимании того, что Иисус уже обрел победу над сатаной. Если эта важнейшая истина не будет лежать в основе наших действий, в конце концов наши слова и дела будут выглядеть просто нелепо. Победа одержана, и нам уже нечего добавить к тому сокрушительному удару, который Своим воскресением нанес Иисус по царству сатаны.

В Послании колоссянам (2:15) Павел дает живую картину победы Иисуса и поражения сатаны. Там говорится: "Отняв силы у начальств и властей, властно подверг их позору, восторжествовав над ними Собою".

Обратите внимание на фразу "отняв силы". Она соответствует греческому слову *apekdusamenos,* которое описывает, как с кого-то "снимают одежду, пока он полностью не окажется обнаженным".

Используя это слово, Святой Дух говорит, что когда Иисус Христос воскрес из мертвых, Он полностью разбил врага, завладев всем, что у него было. Он отнял силу у начальств и властей, получив ее как военный трофей. Лучше было бы перевести так: *"Он полностью разбил начальства и власти и оставил их голыми и безоружными, не способными на какие-либо контрдействия...".*

Более того, когда Иисус разбил силы ада и Его миссия была завершена, Он, как говорит Павел, устроил празднество, прежде невиданное во вселенной, и полностью опозорил дьявола!

В Послании колоссянам (2:15) говориться: *"Отняв силы у начальств и властей, властно подверг их позору, восторжествовав над ними Собою".*

Фраза "подверг позору" соответствует греческому слову *deigmatidzo,* которое буквально означает "показывать" или "выставлять для всеобщего обозрения". В классических греческих рукописях его использовали, чтобы описать демонстрацию военнопленных, оружия и трофеев, захваченных в войне на вражеской территории.

Когда война завершалась и одержавший победу император возвращался домой, он "показывал" или "выставлял для всеобщего обозрения" сокровища, трофеи, оружие и пленных, которые были захвачены во время этого похода. Для победителя это было великим моментом торжества, а для побежденного - огромным унижением.

Святой Дуле очень тщательно подбирал слово (*deigmatidzo*), чтобы с его помощью раскрыть нам смысл того, что делал Иисус, одержав победу над врагом. Когда благодаря Его воскресению враг был сражен, Иисус "показал" небесному войску и выставил на "всеобщее обозрение" разбитого врага и все его поврежденное имущество!

Но подождите... есть еще что-то в этом стихе, что нам следует понять. Павел говорит, что Иисус "*властно* подверг их позору...".

Обратите внимание на слово "властно". Оно является переводом греческого слова *parresia,* которое используется в книгах Нового завета, когда надо указать на "смелость" и "уверенность". Используя слово *parresia,* Павел заявляет, что когда началось небесное празднование победы Иисуса, это не было *тихим и незаметным* событием.

Совсем наоборот! Он "смело" и "уверенно" показал поверженного врага всем обитателям небес! Не допустите в этом месте ошибку! Когда Иисус "властно подверг их позору", на небесах не было тихо. Иисус выставил напоказ поверженных врагов и их поврежденное имущество и сделал это "смело", "уверенно" или, можно сказать, "громко". Это было настоящим торжеством!

Затем стих говорит: "...властно подверг их позору, *восторжествовав над ними Собою*".

Слово "восторжествовать" соответствует греческому слову *triambeuo*, которое в древности описывало генерала или императора, возвращающегося домой с победой, одержанной в войне на территории врага. Это было специфическое слово, описывающее *триумфальный парад* императора, возвратившегося домой! (Более подробно это описано в книге "ЖИЗНЬ В ЗОНЕ СРАЖЕНИЯ".)

Послание колоссянам (2:15) недвусмысленно учит тому, что по завершении работы на кресте Иисуса спустился в преисподнюю, чтобы разбить врага вдребезги. Иисус Своей смертью и воскресением полность отнял "силы у начальств и властей". *Начальства и власти были полностью разбиты, раздеты и лишены способности к реваншу!*

Если наше понимание духовной войны не начинается с этой истины, то в конце концов мы переместимся в сферу учений и переживаний, которые не в полной мере соответствуют Слову. Мы должны подходить к вопросу духовной войны, имея истинное понимание работы Христа.

Нелепое и небиблейское поведение

Термин "духовная война" создает в нашем сознании самые разные образы. Естественно, этот термин заставляет думать о нашем продолжающемся сражении с невидимыми демоническими силами, что и подразумевает духовная война. В Послании ефесянам (6:12) говорится: "Потому что наша брань не против крови и плоти, но против начальств, против властей, против мироправителей тьмы века сего, против духов злобы поднебесных".

Но у нас могут возникнуть разные необоснованные небиблейские идеи относительно дьявола и нашей духовной войны против него. Если верующие не имеют твердого библейского понимания сути дьявола и того, какую власть над ним вверил им Христос и какое данное Богом оружие следует использовать против него, то они широко открыты для неправильного мышления, пустых воображений, страхов и методов противостояния сатане, которые не действуют.

Именно поэтому я позволил себе заявить, что это новое увлечение духовной войной одновременно и *хорошо,* и *плохо.* Хорошо потому, что мы узнаем, как действует наш противник.

У меня не было ни малейшего намерения утверждать, что все учения и все конференции на тему духовной войны приносят вред; *некоторые из них исключительно полезны.*

Когда мы касаемся этой темы, нам следует избегать суеверий и "самодельных" средств ведения духовной войны. Мы должны основывать наши учения и действия на строгом соответствии с Божьим Словом, а не на эмоциях, диком воображении или на том возбуждении, которое внезапно может охватить толпу незрелых верующих.

Некоторые ведущие защитники духовной войны, например, говорят: так как демонические духи во времена Ветхого завета жили в поднебесье и так как сатану называют "князем, господствующим в воздухе", мы, чтобы серьезно навредить дьяволу, должны подняться как можно ближе к небу.

Поэтому те, кто специализируется на духовной войне, заявляют, что тридцатые, сороковые, пятидесятые и шестидесятые этажи небоскребов являются самыми подходящими местами для проведения молитвенных собраний и ведения духовной войны!

Если победа ускользает от вас даже после того, как вы поднялись в "поднебесье", рекомендуется нанять самолет или вертолет, чтобы подняться еще выше - прямо в то "поднебесье", где обитает дьявол, и это еще больше будет способствовать успешному ведению духовной войны!

Впервые услышав версию о том, что для успешного ведения духовной войны необходимо подниматься на 60-й этаж или летать над городом на самолете или вертолете, я был просто ошарашен. Это заставило меня задуматься над тем, почему у Господа Иисуса Христа и без этого все очень хорошо получалось! В Его времена не было высотных зданий, чтобы проводить там собрания. Печально, но тогда не было ни самолетов, ни вертолетов, на которых Он мог бы пробраться ближе к дьяволу, чтобы насолить ему, но *несмотря на это, Господь каким-то чудесным образом осуществлял Свое земное служение!* Незнание Божьего Слова всегда приводит Тело Христово в крайне опасное положение. Как говорится в книге пророка Осии (4:6): "Истреблен будет народ Мой за недостаток ведения...". Там, где царит невежество по отношению к Слову, и особенно по отношению к дьяволу и нашей власти над ним, там всегда берет верх суеверие, и в результате *"для отпугивания дьявола"* приходится прибегать к разного рода *"духовным фокусам-покусам"*.

К несчастью, многое из того, что сегодня называют "духовной войной", это лишь позорное для Церкви, нелепое и небиблейское поведение. Однако духовная война является реальной, и мы не должны игнорировать эту важную истину. Мы должны следовать за Святым Духом, который, имея в качестве путеводителя Божье Слово, призывает Церковь к сражению.

Почему новый акцент делается именно сегодня?

Недавно один человек в письме задал мне вопрос: "Почему сегодня складывается впечатление, что весь народ вдруг заговорил о духовной войне?"

Чтобы ответить на этот вопрос, я начал проводить исследовательскую работу.

Я беседовал о духовной войне со многими видными лидерами, обращаясь к ним с вопросом: "Почему, по-вашему, духовная война в наши дни стала таким злободневным предметом?"

Ответы на этот вопрос можно разделить на три категории.

Одна часть лидеров, с которыми я говорил, высказала такое соображение: в последние дни сатана засылает новые орды демонических духов, направленных против Церкви, возможно, более многочисленные, чем когда-либо раньше. Поэтому они считают, что, делая упор на духовную войну, Бог учит нас преодолевать неисчислимое количество помех, направленных на разрушение Церкви в последние дни.

Другая группа лидеров склоняется к тому, что новое усиленное проникновение демонов в ряды Церкви в эти последние дни осуществляется с определенной целью - чтобы разрушить отдельные церкви и служения изнутри.

Некоторые лидеры глубоко убеждены в том, что именно по этим причинам многие служители в последнее время переживают моральное падение. Они считают, что в это исключительно важное время, когда демонические духи беспрерывно работают над порождением беспорядка среди руководителей Церкви, мы должны научиться отражать натиски этих нечистых творений тьмы, которые явились, чтобы добиться "отставки" великих мужей и жен Божьих.

Третья группа лидеров считает, что новый акцент на духовной войне делается в связи с тем, что колдуны и сатанисты объединяют свои усилия в общей молитве, навлекающей проклятия на Церковь Иисуса Христа. Они говорят, что Святой Дух побуждает верующих осознать необходимость духовной войны, призванной разрушать эти проклятия.

Независимо от того, соответствует это мнение истине или нет, духовная война вышла на первый план жизни Тела Христова.

Нам необходимо знать, что говорит Божье Слово о духовной войне и духовном оружии.

Ничего не изменилось под солнцем

Из истории известно, что неисчислимые орды демонических духов были засланы для поражения Церкви Иисуса Христа сразу после ее рождения - в первом, втором и третьем веках н.э. Так что эта идея не отличается новизной.

Но нам, живущим сегодня, кажется, что наши проблемы гораздо серьезнее тех, с которыми приходилось сталкиваться предыдущим поколениям. Истина же состоит в том, что наши сегодняшние трудности и трудности, которые нам предстоят в будущем, в действительности ничем не больше тех, с которыми сталкивались предыдущие поколения верующих.

Когда Церковь Иисуса Христа появилась на мировой арене в день Пятидесятницы, мир очень походил на тот, в котором живем мы сегодня: народы восставали, одни народы завоевывали другие, развлечения носили насильственный характер, а благочестивая мораль вообще не была знакома римскому обществу.

Римская армия стремительно завоевывала цивилизованный мир тех дней. Она захватила и разграбила земли многих народов. Мир был политически и экономически объединен под господством римского правительства. Оккультизм в своей худшей форме проявлялся ярче, чем когда-либо в истории.

Сатана использовал римское государство с целью уничтожить Церкви, но получилось так, что его план сработал против него самого и привел к его разгрому. Дьявольский план уничтожения Церкви Иисуса Христа позорно провалился. У Бога был другой план! Вместо того чтобы быть разрушенной, Церковь поднялась в силе Духа, чтобы принять вызов. Точно так же наступит наш день, когда мы встанем, чтобы принять вызов, который попытается бросить нам враг!

Снаряженные "всеоружием Божиим" (Ефесянам, 6:10-18), первые верующие жили победоносной жизнью во имя Господа, проходя через самые ужасные испытания - испытания, которых не знал ни один из нас. *Сатана наносил Церкви сильнейшие удары, подвергая ее самым невообразимым мучениям и гонениям, но он не мог уничтожить ее!*

"Всеоружие Божие", которое было эффективным для первых верующих, - это тот же комплект духовного вооружения, которым Церковь Иисуса Христа обладает сегодня. Точно так же, как ранние христиане были снаряжены "всеоружием Божиим", чтобы выстоять в тяжелые времена, мы имеем "всеоружие Божие", дающее нам возможность победоносно жить для Иисуса Христа в наши дни. Это всеоружие эффективно и сегодня!

"Пояс истины", "броня праведности", "обувь мира", "щит веры", "шлем спасения", "духовный меч" и "копье молитвы и прошения" все еще являются жизненно важным, эффективным и могущественным оружием сегодняшнего Тела Христова. С этими "оружиями воинствования нашего" (2 Коринфянам, 10:4) в руках мы более чем способны поразить любого врага, который посягнет на нашу веру!

"Твердыни", с которыми приходилось сталкиваться ранним верующим, были реальными - они действительно знали, что такое "твердыни"! Они жили в среде, где в такой мере процветали язычество, демонизм и идолопоклонство, что трудно даже себе представить. Им приходилось выдерживать *социальную, религиозную* и даже *политическую оппозицию*.

Свидетельством яростного сопротивления языческого римского общества Церкви было то, что часто ведьмы, астрологи и медиумы угрожали христианам и расправлялись с ними физически.

Именно так был жестоко убит Тимофей, ученик Павла и пастор Эфесской церкви. Во время правления Нерона жгучая ненависть к христианам разрасталась с такой скоростью, что их начали сжигать заживо в римском цирке "Максимус"; их живьем отдавали на съедение диким зверям в Колизее; их публично убивали гладиаторы в амфитеатрах. Страшная, нелепая их гибель от рук римлян была самым популярным развлечением того времени.

Жестокие убийства верующих стали настолько популярными среди римлян, что возникла необходимость увеличить число мест в Колизее до 87 тысяч, чтобы вместить массы людей, собирающихся смотреть многочасовые "спектакли" убийства христиан. В коридоры, напоминающие туннели, выпускались дикие звери; туда же заталкивали христиан, за которыми охотились эти свирепые животные. Голодные и разъяренные, они гонялись за людьми и, поймав их, съедали на глазах у 87-тысячной ликующей толпы.

Сначала такие кровавые "праздники" проводились только раз в год - обычно в январе - в честь богов. Однако во время правления сумасшедшего Нерона число таких "развлекательных" мероприятий значительно увеличилось.

Нерон использовал любой повод, чтобы увидеть, что число христиан, умирающих в Колизее, растет. Его день рождения, юбилей его вступления на престол, юбилеи его предшественников, день рождения его матери, особые религиозные праздники или просто выходной день служили достаточным поводом для того, чтобы до отказа заполнить Колизей зрителями, сидящими от волнения на краю сидения и наблюдающими за смертью христиан на арене.

Жизнь христианина в Риме была настолько обесценена, что когда строилась Аппиева дорога (путь, ведущий из Рима на юг Италии) и рабочих заставляли работать даже ночью, мертвые тела христиан прикрепляли к столбам, воздвигнутым у дороги, и поджигали. Огонь огромных факелов освещал дорогу, и рабочие могли продолжить строительство ночью.

Демоническая активность в Риме была очень высока! Перед тем как принять важные решения, римские императоры советовались с астрологами и жрецами разных культов. Участие этих медиумов в делах страны было настолько важным, что им предоставлялись официальные должности в администрации императора, а сам император высоко ценил их и считался с ними.

В правительстве помимо этих высокопоставленных спиритистов, занимающих видные должности, было множество работников оккультного направления, которых нанимали в качестве служителей официальной религии в Риме.

Нет сомнений в том, что эти нанимаемые правительством колдуны, астрологи, предсказатели и медиумы оказывали сильное влияние на отношение Нерона к богобоязненным верующим.

Помимо официальной религии в Риме были и другие религии, которые не запрещались. Город Пергам, самый знаменитый город в Азии, был официальной резиденцией римского проконсула. Там процветали идолопоклонство и язычество.

На высоте 250 м над городом, на вершине холма, возвышался огромный алтарь, построенный в честь богини Афины. Прямо перед этим языческим храмом Афины, на выступе, который был виден всему городу, была другая статуя идола. В лучах послеобеденного солнца мерцал огромный мраморный алтарь, построенный в виде гигантского трона. Это был алтарь Зевса.

Жители города, находясь в любой его точке, могли возвести взор и увидеть, как со стороны этого демонического алтаря в небо поднимается дым от зажженного фимиама. Иисус говорил об этом верующим Пергама: "Знаю... что ты живешь там, *где престол сатаны...* " (Откровение, 2:13).

Но это еще не все! Вдобавок к тому, что Пергам поклонялся Афине и Зевсу, он был цитаделью культа Асклепия, демонического духа, имеющего вид огромной змеи.

Приверженцы культа Асклепия утверждали, что Асклепий, дух змеи, имеет силу исцелять больных. Сверхъестественные проявления этого духа змеи стали настолько известны, что со всего мира приезжали люди, чтобы говорить со священниками Асклепия и получать исцеление. Во многих местах города были воздвигнуты алтари в честь Асклепия, и буквально сотни медиумов нанимались в качестве священников этого темного демонического культа.

Что касается морали, то в Риме ее просто не существовало! Даже исследователи-нехристиане соглашаются в том, что Нерон имел гомосексуальную связь с многими мужчинами, приближенными к трону.

Согласно стандартам того времени бисексуальность была вполне приемлемой. Нерон был женатым человеком, но при этом имел связь с мужчинами.

Пободно индустрии развлечений в наши дни, театр в Риме отличался вульгарностью, непристойностями и имел откровенно сексульный характер. На глазах у плотской римской публики показывались сексуальные сцены.

Верующих женщин, которые, попав в руки приближенных Нерона, отказывались отречься от своей веры в Иисуса Христа, часто заставляли работать в пародийном театре, показывающем сцены извращения, что причиняло им моральные и духовные страдания.

Сатана изо всех сил пытался уничтожить Церковь Иисуса Христа в самом ее начале - и мы убеждены, что он будет пытаться атаковать и подвергать ее преследованию и сейчас, когда мы приближаемся к моменту второго пришествия Господа. Он знает, что это последняя возможность нарушить Божий план и ему следует торопиться.

Совершенно ясно, что современная Церковь девяностых годов, как и ранняя Церковь, должна отражать многочисленные демонические атаки. И точно так же, как ранняя Церковь поднялась в силе Духа, чтобы принять вызов, мы - *снаряженные "всеоружием Божиим"* - в последние дни завоюем окружающий нас мир и будем победоносно жить во имя Иисуса Христа!

Апостол Иоанн говорил нам: "Ибо всякий, рожденный от Бога, побеждает мир; и сия есть победа, победившая мир, *вера наша*" (1 Иоанна, 5:4).

Сегодня духовное состояние мира не может быть хуже, чем оно было тогда. Вы можете сказать, что у вас были друзья, которых недавно сожгли у столба? Или вы видели, как ваши друзья христиане были съедены дикими голодными зверьми? Или вас держали в тюрьме за вашу веру?

И хотя духовное противостояние сегодня является таким же реальным, как и тогда, оно, однако, не стало более яростным.

Мир остался тем же потерянным миром, каким он был всегда, а мировой системой руководит все тот же "князь, господствующий в воздухе", который всегда стремился завладеть миром, и наша борьба - это та же борьба, которую ведет Церковь со дня своего рождения.

Сатана всегда пытался уничтожить Церковь с помощью своей армии невидимых злых духов. В этом нет ничего нового! Так как дьявол делал это в прошлом, не будет большим сюрпризом то, что он *попытается* делать это снова в последние дни. Но помните, его первая попытка одолеть Церковь позорно провалилась. Чем сильнее были удары сатаны по Церкви, тем стремительнее росла и умножалась Церковь Иисуса Христа. И если дьявол на самом деле, как считают некоторые, нашлет новую бесчисленную армию злых духов на Церковь в эти последние дни, Церковь снова возрастет, умножится и победит!

А что насчет колдунов?

Мысль о том, что колдуны и сатанисты объединяются, чтобы насылать проклятия на народ Божий, тоже не нова.

В 3-й книге Царств (18:17-40) Библия повествует нам о 450 пророках Ваала, которые собрались, чтобы бросить свои демонические силы против пророка Илии.

И хотя в тот день Илия один стоял на горе Кармил, в силе Божьей он противостоял пророкам Ваала и увидел их полное поражение. Поклонники ветхозаветного Ваала под стать сегодняшним колдунам и сатанистам. Они, эти ветхозаветные поклонники сатаны, на самом деле обладавшие сатанинской силой, не смогли превзойти силу Бога.

В свете этого мы можем с радостью провозгласить, что даже если колдуны и сатанисты попытаются повторить этот сценарий - независимо от того, сколько их выступит с целью навести проклятие на определенную поместную церковь, определенное служение или Тело Христово в целом - они, как и пророки Ваала во времена Ветхого завета, потерпят поражение.

Этот же план действий был применен в октябре 1990 года, когда разгневанные колдуны и сатанисты вышли на улицы города Сан-Франциско, чтобы навести проклятие на труд Божий. Но все эти сотни колдунов и поклонников сатаны, пришедшие с заклинаниями и демонической силой, ни в малейшей мере не смогли повлиять на Божье дело!

Их разгневал тот факт, что проповедник Лэри Ли и большая группа верующих собрались в Сан-Франциско для молитв. Их взбесило и то, что верующие проводили это огромное молитвенное собрание в канун дня нечистых духов - Хеллоуин. Прямо по национальному телевидению они нагло заявили, что хотят, чтобы христиане убрались из их города.

В знак протеста против христиан они вышли на улицы, одетые в традиционную одежду колдунов и сатанистов, с оккультной символикой в руках, выкрикивая непристойности, демонстрируя оскорбительные надписи, произнося заклинания, визжа и кощунствуя против Иисуса Христа. Они пытались перекрыть путь автобусам, которые подвозили верующих к зданию в центре города, где проходило молитвенное служение.

Они не скрывали причину своего прихода туда. Эти колдуны и сатанисты в открытую собрались, чтобы проклинать брата Лэри Ли за то, что он созвал это молитвенное собрание.

Прямо по национальному телевидению показывали, как эти колдуны и сатанисты объявляли войну святым. Они заявили, что уничтожат брата Лэри Ли своими проклятиями, что он умрет за кафедрой, переломает себе ноги, что его служению придет конец, что он окажется без денег и т.д. К колдунам и сатанистам присоединилась кричащая толпа гомосексуалистов Сан-Франциско, численностью больше тысячи, которая начала громко оскорблять верующих, проходящих в здание. В какой-то момент даже возникла опасность физического столкновения, поэтому собирающихся для молитвы верующих окружил кордон полицейских с целью их защиты.

Несмотря на то, что все было сорганизовано и спланировано, на неоспоримую помощь со стороны сатаны, ни одна из этих сил не могла превзойти силу Бога и одолеть народ Божий. *И так будет всегда!*

Каждый лидер мирового значения, который пытался уничтожить Церковь Иисуса Христа, был уничтожен сам, и всякий темный век, который наступал для Церкви, несомненно заканчивался и уступал место всепоглощающему, всепобеждающему свету Иисуса Христа и Его Церкви.

И хотя сатана время от времени свирепствовал, как дикий зверь, он не смог поглотить Церковь и, согласно словам Господа Иисуса Христа, никогда не сможет. В Евангелии от Матфея (16:18) приводятся слова Иисуса, касающиеся Церкви: "...и врата ада не одолеют ее".

По поводу навлечения проклятий на верующих книга "Притчи" (26:2) говорит: "Как воробей вспорхнет, как ласточка улетит, так незаслуженное проклятие не сбудется".

Что это означает? Это означает, что точно так же, как птица, которая летает, но не находит гнезда, как ласточка, перелетающая на другое место, когда приходит пора, так и проклятие может кружить вокруг верующего, но не найти себе места. Со временем оно возвращается к тому, кто послал его.

Колдуны и сатанисты могут до посинения посылать проклятия, применять зелья и заклинания, но их сила никогда не одолеет народ Божий и не превзойдет силу Божью.

Библейские принципы ведения духовной войны

Если Ветхий завет изобилует иллюстрациями духовной войны (битва у Иерихона, история о Иосафате и его певцах, сражение Давида и Голиафа), то во всем Новом завете слова "война" или "воинствование" встречается только *пять раз*. Это знаменательно, если иметь в виду, как много сегодня говорится о духовной войне.

Правдивые жизненные истории Ветхого завета о том, как Божья армия, Израиль, поразила физических и духовных противников, были написаны с целью дать нам наставления и ободрить нас. Поэтому Павел говорит: "Все это происходило с ними, как образы; а описано в наставление нам, достигшим последних веков" (1 Коринфянам, 10:11).

Несомненно, что, изучая битвы Израиля во времена Ветхого завета, мы можем получить необходимое откровение о том, как побеждать невидимого врага, который атакует и пытается уничтожить Церковь Иисуса Христа. И так как термин "война" используется сегодня настолько часто, крайне важно получить правильное понимание того, как слово "война" использовалось в Новом завете.

Ни в одном случае из пяти, когда слово "война", соответствующее греческому слову *stratos*, или его производные используются в Новом завете, это не связано с дьяволом. Например, во 2-м послании коринфянам (10:3-5) оно упоминается с целью указать на то, что необходимо "разрушать" *умственную зависимость*.

Возможно, что такая зависимость и упомянутые в стихе твердыни появились в нашем сознании еще тогда, когда над нами имел контроль сатана. Мы должны рассматривать данные стихи в контексте, и тогда станет понятно, *что в этих стихах идет речь о непоколебимом решении брать контроль над своим разумом и пленять все "замыслы и помышления"!*

Слово "воинствовать", использованное в 1-м послании Тимофею (1:18), связано с пророчеством, которое получил Тимофей. Павел велел Тимофею помнить пророчества, адресованные ему, чтобы с их помощью он мог воинствовать "как добрый воин".

Слова "воинствовать" и "воин" в этом стихе используются с целью убедить Тимофея не бросать битву веры и сохранять верность призванию Божьему в его жизни! *И в этом стихе слово "война" не имеет никакого отношения к дьяволу!*

Во 2-м послании Тимофею (2:4) снова используется слово "воин". Павел говорит: "Никакой воин не связывает себя делами житейскими, чтоб угодить военачальнику".

И опять же слово "воин" никак не связано с дьяволом! Напротив, Павел побуждает Тимофея избегать хаоса в своей жизни, любой ценой сохранять преданность и неуклонно стремиться к осуществлению Божьего призвания в своей жизни.

Затем в Послании Иакова (4:1) используется слово "воевать" - и на этот раз оно описывает плоть, а отнюдь не дьявола. Согласно Иакову, сутью "духовной войны" является усмирение *плотских похотей*, которые препятствуют духовному росту.

И в 1-м послании Петра (2:11) Петр использует слово "восставать", чтобы описать борьбу плоти и души: "удаляться от плотских похотей, восстающих на душу". Следовательно, опять слово "война" описывает не действия дьявола, а *попытки плоти завладеть разумом и подчинить его себе*. В свете этого можно заключить, что в Новом завете слово "война" и его производные в первую очередь имеют отношение к покорению плоти и управлению собственным разумом. Да, конечно, дьявол может нападать на наш разум... Он может пытаться направлять нашу же плоть против нас. Однако если разум и плоть находятся под контролем Святого Духа, тогда основная часть духовной войны, которую вы ведете в своей жизни, будет уже выиграна!

Настоящая духовная брань

Большинство служений, потерпевшие за последнее время крах, могли бы избежать этого, если бы не дали в своем разуме место дьяволу. Те, кто потерпели поражение, могут рассказать вам, что они оставили открытой дверь для дьявола, т.е. не привели в порядок какую-то из областей личной жизни, невидимой для окружающих.

Демонические духи не могут внести смуту и разрушение, если дверь в человеческий разум для них закрыта. Если же они находят вход в него, то это создает очень удобную позицию для того, чтобы начать атаки на человека и оказывать дурное влияние на него.

Святой Дух несомненно пытается обличить нас в грехе и, указав нам на эти области, побуждает нас покаяться и измениться прежде, чем дьявол успеет построить твердыни в нашем разуме. И только от нас зависит, будет эта дверь закрыта навеки или нет.

Если мы, игнорируя мольбу Святого Духа, позволяем греху, осознанно допущенному соблазну или неправильному отношению к чему-то или кому-то войти в нашу жизнь и отказываемся покаяться и измениться, мы оставляем двери, которыми воспользуется враг, чтобы погубить нас. В большинстве случаев духовного разрушения можно избежать, если благоговейно прислушиваться к предостережениям Духа и выполнять Его указания.

Помните, демонические духи не могут никого разрушить, если не найдут вход в душу человека, - а такое может произойти с разрешения самого человека!

Силы зла могут пытаться наносить нам удары и препятствовать, так же как они пытались наносить удары и препятствовать апостолу Павлу (2 Коринфянам, 12:7; 1 Фессалоникийцам, 2:18), но они не могут уничтожить вас или меня, если с самого начала не найдут в нас порока, за который можно ухватиться и который можно использовать нам во вред.

Наша плоть всегда была склонна обвинять в наших падениях кого-то другого или обстоятельства, не поддающиеся нашему контролю. Помните, Адам (наш праотец) был первым, кто переложил вину за свое моральное падение на Еву. Вместо того чтобы признать то, что он согрешил, когда по своей воле ел от запретного плода, Адам сказал Богу: "Жена, которую Ты мне дал, она дала мне от дерева, и я ел" (Бытие, 3:12). *Перекладывание своей вины на другого старо, как Эдемский сад.*

Точно так же можно оправдывать себя, говоря: "Это дьявол заставил меня так сделать". Вы перекладываете свою вину на другого и говорите: "Я не устоял, потому что колдуны молились против меня". Сколько бы злых духов ни было послано, чтобы разрушить вас и заставить поддаться искушению, вы по меньшей мере должны позволить им уговорить себя. *В конечном счете вы несете полную ответственность за свой грех.*

Это означает, что вы не можете переложить вину на кого-то другого; вы не можете даже обвинить демонов в своем падении. Чтобы демоническая атака была успешной, вы должны в какой-то мере способствовать ей или осознанно, или через небрежное отношение к греху, отказываясь бороться с пороками в своей личной жизни.

Например, вы можете до посинения кричать, что дьявол крадет ваши деньги, но если вы неразумно тратите свои деньги и не платите вовремя по счетам, вы сами открыли дверь для атаки. Вы можете заявлять о том, что враг пытается поразить вас болезнью, но если вы неправильно питаетесь и недостаточно отдыхаете, то вы сами открыли двери, позволив атаковать ваше тело.

Точно так же вы можете кричать, что ваш брак находится в критической ситуации; но если вы грубо разговариваете с супругом, если не уделяете ему достаточно времени, если вы не сделали свой брак приоритетом в вашей жизни, то вы широко раскрыли двери, чтобы враг зашел и уничтожил ваш брак.

И список на этом не заканчивается...

Бесспорно, бывают и неожиданные демонические атаки, к которым мы оказываемся не готовы. Иногда дьявол действительно атакует наши финансы - особенно когда мы используем наши финансы для Божьего Царства. Нет никаких сомнений в том, что время от времени враг приходит, чтобы "украсть, убить и погубить" здоровье человека. И правда также, что враг может прийти и попытаться разрушить ваш брак.

Лично я в своем служении часто испытывал яростные удары врага. Я ощущал реальность демонических атак. Эти атаки обычно начинались в критические моменты нашего служения, когда мы делали шаг, чтобы совершить что-то очень значительное в Божьем Царстве. Это были явные попытки нарушить Божий план. Когда моя книга "ЖИЗНЬ В ЗОНЕ СРАЖЕНИЯ" была готова к печати, христианская организация, занимавшаяся ее изданием, вдруг оказалась в сложнейшей финансовой ситуации, и буквально за считанные дни мы лишились всего дохода. По какой-то странной, необъяснимохг причине в нашу кассу перестали поступать пожертвования, а наши партнеры перестали нам писать - мы лишились нашего дохода.

Враг знал, что Бог будет использовать эту книгу могущественным образом, и поэтому не хотел, чтобы она попала в руки читателей. И на этот раз его атака была безуспешно, и сила креста Иисуса отбила ее!

"Ветры и волны" вашей жизни

Каждый раз, когда вы находитесь на передовой и делаете что-то важное для Божьего Царства, учащаются атаки врага против вас. Сам Иисус испытал такую атаку, когда готовился изгнать легион демонов из гадаринского одержимого (Марка, 4:35-41).

Вдруг возникшие как бы ниоткуда сильные разрушительные ветры набросились на лодку Иисуса, пытаясь утопить Его и Его учеников, находящихся посреди озера. Стих говорит: "И поднялась великая буря; волны били в лодку, так-что она уже наполнялась водою". Обратите внимание, там говорится: "И *поднялась...*". Слово "поднялась" соответствует греческому слову *ginomai*. Оно используется в Новом завете более 200 раз, поэтому основное его значение известно. Обычно это слово описывает то, что происходит "неожиданно" или "застает врасплох".

Например, слово *ginomai* используется в книге "Деяния апостолов" (10:9,10), когда описывается, как Петр получил видение о том, что спасение доступно и язычникам. Там говорится: "На другой день, когда они шли и приближались к городу, Петр около шестого часа взошел на верх дома помолиться. И почувствовал он голод и хотел есть; между тем как приготовляли, он *пришел* в исступление...".

Обратите внимание на слово "пришел". Слово, которое соответствует слову "пришел", произошло от слова *ginomai*. Использование Марком слова *ginomai* говорит о том, что Петр не ожидал того, что произошло в этот вечер; он ждал, когда будет готов ужин, и вдруг - *неожиданно* - он впал в состояние транса. Это посещение Бога застало его врасплох.

Когда Иоанн рассказывает нам, как он получил книгу "Откровение", он также использует слово *ginomai*. Он говорит: "*Я был* в духе в день воскресный...".

Словосочетание "я был" тоже является переводом слова *ginomai*. Использование этого слова говорит нам, что Иоанн не ожидал в тот день посещения Господа. Совершенно неожиданно для себя, оглянувшись, он увидел, что находится в духовном мире.

Теперь это же слово, несущее смысл сюрприза, которое используется в Евангелии от Марка (4:37), ясно говорит нам, что Иисус и Его ученики никак не ожидали, что в этот вечер разыграется непогода - ветры застигли их врасплох. Многие из учеников Иисуса до призвания на служение были рыбаками и знали, как определять погоду на море. Если бы в тот вечер надвигался естественный шторм, эти люди никогда бы не вышли в море на своей маленькой лодке.

Поэтому вы можете быть уверены, что когда в тот вечер они начали свое путешествие, погода была идеальной.

Но вот внезапно "поднялась" буря. Обратите внимание - Марк говорит, что это была "великая буря". Слово "великая" соответствует греческому слову *mega*, которое указывает на явление огромного масштаба. Отсюда мы получаем такие слова, как "мегафон", "мегатонна", "мегаватт". В нашем случае мы можем говорить о "мегабуре".

Заметьте, Марк не говорит, что была гроза, был дождь. В греческом варианте говорится, что эта буря сопровождалась только сильными ветрами.

В оригинале в этом стихе используется греческое слово *lalaipsi*, которое описывает "ураган" или "страшно свирепый ветер". Шторм, который обрушился на Иисуса, был невидимым; сам шторм увидеть было невозможно, зато можно было ощутить его результат.

Это была попытка врага уничтожить Иисуса и Его команду, прежде чем они смогут достигнуть другого берега. И потом в Гадаринской стране у сатаны был тот, кого он не хотел терять: гадаринский одержимый. Дьявол знал, что если лодка Иисуса достигнет другого берега, он потеряет свою собственность, а Иисус совершит одно из самых великих чудес Своего служения.

Итак, когда Иисус находился на пороге новой победы, когда Он был так близок к свершению удивительного чуда, Он встречает атаку в виде "свирепого и разрушительного урагана", который пытается уничтожить Его. Дьявол не хотел, чтобы Иисус появился в Гадаринской стране. *Мы видим намеренную попытку дьявола остановить Божью*

Эта была великолепная возможность для учеников осознать, что Иисус Христос есть Господь над ветрами и волнами! После того как Он применил власть над невидимым ураганом и приказал морским волнам, "ветер утих, и сделалась великая тишина" (Марка, 4:39).

Как это часто происходит, атака началась именно в тот момент, когда Иисус был на пороге величайшего чуда. Тогда обычно и происходят демонические нападения. Если такие атаки были направлены против Иисуса, то можете быть уверены, что враг попытается то же самое сделать с нами. Поэтому мы должны духовно и умственно готовить себя к тому, чтобы правильно поступать в случае такой атаки. Мы должны "облечься во всеоружие Божие" и взять власть над ветром и волнами, которые поднимаются против нас, наших семей, нашего бизнеса или нашего здоровья, - так же, как Иисус применил власть над ветром и волнами, которые восстали против Него.

Если вы подверглись такой атаке - и уверены в том, что вы не оставили открытых дверей в вашей жизни, так как внимательно следовали указаниям Святого Духа - тогда вы, как это сделал Господь Иисус Христос, должны взять власть над ветрами и волнами. Это будет для вас прекрасной возможностью увидеть демонстрацию Божьей силы в вашей жизни.

Позвольте обратить ваше внимание на то, что когда ветер и волны утихли в тот вечер, "сделалась великая тишина". В 37-м стихе ранее было сказано, что была "великая буря". Иисус же противопоставил *великой буре великую тишину!*

Если враг навлек серьезную финансовую проблему в вашей жизни, то Иисус Христос хочет противопоставить ей великое финансовое благословение. Если противник навлек на ваше тело серьезную болезнь, то Иисус Христос хочет противопоставить ей великое исцеление. Если дьявол создал серьезные затруднения в вашем браке, то Господь Иисус Христос хочет противопоставить им великое благословение. *Что бы ни делал дьявол, Иисус Христос хочет противопоставить этому нечто прекрасное и великое!*

Однако мы должны быть честными сами с собой, когда речь идет о вражеских атаках: большинство из них не входит в категорию неожиданных. Чаще всего христианский воин вынужден участвовать в этих сражениях потому, что он не прислушивался к предупреждениям Святого Духа, побуждающего избавиться от опасных явлений в его жизни, прежде чем они выйдут из-под контроля.

Духовная война: состояние разума

Духовная война - это не кратковременный взрыв эмоций, которым можно "отпугнуть" дьявола за считанные минуты. Совсем напротив! Истинная духовная война - это состояние ума и посвящение, которое длится целую жизнь; *это не столько действия, сколько решительное и стабильное отношение к жизни.*

Апостол Павел понимал это. После того как демонические силы нападали извне на его служение, Павел трижды молился и просил Господа удалить от него "ангела сатаны", который был послан, чтобы "удручать" его (2 Коринфянам, 12:7) и не позволять ему превозноситься из-за удивительных откровений, которые дал ему Бог.

Тем не менее атаки не прекратились. В ответ на просьбу Павла избавить его от постоянных нападений Господь ответил: "Довольно для тебя благодати Моей" (2 Коринфянам, 12:9).

Почему Бог так ответил Павлу?

Павел просил о том, что осуществить было нереально. Все время, пока Павел усердно трудился для Бога и наносил вред царству тьмы, демонические силы противостояли ему. Вместо того чтобы пообещать Павлу, что он сможет жить жизнью, свободной от противостояния, Господь пообещал ему дать благодать и силу, чтобы отражать любую атаку, возникающую на его пути.

Хотя обстоятельства в жизни Павла всегда были очень трудными, хотя невидимое духовное противостояние порождало жгучую ненависть людей к нему повсюду, куда бы он ни пошел, а тогдашнее правительство возводило препятствия на его пути и искало возможности остановить проповедь Евангелия, ни одна из этих атак не уничтожила его.

Сам Павел сказал: "Мы отвсюду притесняемы, но не стеснены; мы в отчаянных обстоятельствах, но не отчаиваемся; мы гонимы, но не оставлены; низлагаемы, но не погибаем" (2 Коринфянам, 4:8-9).

Из его личного свидетельства во 2-м послании коринфянам (11:24-28) мы знаем, что внешняя оппозиция, с которой встречайся Павел, была очень сильной. В 24-м стихе он говорит: "От Иудеев пять раз дано мне было по сорока ударов без одного". И будто это еще не было достаточно жестоким испытанием для Павла, в 25-м стихе он продолжает: "Три раза меня били палками, однажды камнями побивали, три раза я терпел кораблекрушение, ночь и день пробыл во глубине морской...".

Нам известно, даже если не рассматривать все эти виды пыток в деталях, что в результате ступни Павла трижды были разбиты от ударов палками; его голова была разбита по меньшей мере один раз; трижды корабли, на которых он находился, терпели крушение, и однажды он провел ночь и день - целых 24 часа - во власти волн (более детально методы преследования, которые были направлены против Павла, описаны в книге "ЖИЗНЬ В ЗОНЕ СРАЖЕНИЯ").

Перечислив все эти крайне жестокие испытания, через которые ему пришлось пройти, он продолжает: "Много раз был в путешествиях, в опасностях на реках, в опасностях от разбойников, в опасностях от единоплеменников, в опасностях от язычников, в опасностях в городе, в опасностях в пустыне, в опасностях на море, в опасностях между лжебратиями, в труде и в изнурении, часто в бдении, в голоде и жажде, часто в посте, на стуже и в наготе" (2 Коринфянам, 11:26,27).

Но несмотря на все трудности и оппозицию, на умственное и физическое истощение, Павел никогда не совершал безнравственных поступков и не знал, что такое моральное поражение.

Ему не свойственно было оправдываться: "*Я потерпел поражение, потому что на меня наслали множество злых духов*". Или: "*Я потерпел поражение, потому что ведьмы устроили шабаш и стали проклинать меня*". Павел никогда не говорил: "*Дьявол заманил меня в ловушку и заставил это сделать!*"

Причиной многих трагедий, которые происходят в жизни верующих, становятся раздражение, гнев, горечь или просто небрежность и лень. Это правда, что дьявол может нанести удар даже такому верующему, который действует по вере и в духе. Такие "подлые атаки" вполне реальны. Как я уже говорил, пока мы стремимся к осуществлению Божьей воли, к тому, чтобы быть послушными Божьему Слову, дьявол будет пытаться расстроить план, который Бог желает осуществить через нас. Но снова должен сказать: большинство атак и трагедий происходят потому, что имелись *упущения* со стороны самого верующего.

Внезапные атаки из мира демонов были бы безуспешными, если бы щит веры, который способен защитить нас и отбить атаки, находился на своем месте и отослал их рикошетом туда, откуда они пришли.

Демонические духи не могут уничтожить человека, если в нем нет того, за что они могут ухва-

титься и использовать это в целях его уничтожения. В жизни Павла ничего такого не было. И хотя физически он страдал много раз, как личность он не потерпел поражения. *Поэтому можно сказать, что посвящение Павла Господу было самой верной защитой против врага.* Его святая жизнь парализовала способность дьявола приводить верующего к моральному поражению; в Павле не было ничего, что бы дьявол мог использовать против него. Так как Павел жил жизнью, распятой со Христом, он был мертв для греха; *ничто в нем не отзывалось на умыслы и искушения дьявола.*

Дьяволу очень трудно, почти невозможно, полностью уничтожить человека, который живет чистой и святой жизнью. Большинства атак можно избежать, если не давать места греху и правильно относиться к людям и жизненным явлениям.

Духовной войной не является кратковременный эмоциональный взрыв, которым можно отпугнуть дьявола за считанные минуты. Истинная духовная война - это прежде всего состояние ума и посвящение, которое длится всю жизнь; *это не столько действия, сколько отношение ума.*

Предостережение, касающееся духовной войны

Так как в последнее время некоторые занимают неразумную позицию в вопросах духовной войны, многие наши опытные, уважаемые, исполненные Духа лидеры - *те, кто в полной мере осознают существование реального духовного противника, которому можно противостоять только с помощью истинного духовного оружия,* - начали призывать Тело Христово вернуться к более сбалансированному учению о духовной войне.

Духовная война является реальностью, с которой нам придется столкнуться в жизни, и мы должны быть подготовлены к этому. *Дьявол, очень искусный, умный стратег, был бы очень рад, если бы ему удалось увести нас от истинной духовной войны, которая наносит вред его делу. Он был бы рад заменить ее глупым духовным шаманством, странными звуками, дикими криками, которые влияют только на наши голосовые связки, и другими необоснованными, небиблейскими действиями, ерундой, которую кто-то назвал "духовной войной".*

Люди склонны принимать столь странное учение, потому что оно предлагает относительно легкие решения их сложных проблем, от которых они не могут избавиться в течение всей жизни.

Нам кажется, что у нас уходит много времени на то, чтобы придерживаться Божьего Слова и применять Его принципы в нашей жизни: Слово Божье требует, чтобы мы распинали свою плоть; оно призывает нас изменить наше мышление; оно настаивает на том, чтобы мы изо всех сил стремились преобразиться в образ Иисуса Христа. Поэтому для непосвященного и духовно незрелого верующего, ищущего быстрых и легких решений своих укоренившихся проблем, которые часто возникают вследствие самообмана и становятся привычными, мысль о скором исправлении может казаться очень привлекательной.

Снова скажу, что никому, включая автора, не следовало бы сомневаться в *реальности духовной войны*. Мы все в определенные моменты жизни сталкиваемся лицом к лицу с врагом, и можете быть уверены - когда-нибудь в будущем мы снова столкнемся с ним.

До той поры, пока мы будем стремиться жить по Божьей воле и быть послушными Его Слову, дьявол будет изо всех сил противостоять нам и пытаться помешать осуществлению плана, который Бог хочет выполнить через нас.

Именно поэтому Бог дал нам полный комплект личного духовного оружия. С десятой по шестнадцатую главу этой книги мы будем - стих за стихом, слово за словом - рассматривать, что говорит Библия о духовном оружии. С таким могущественным оружием вы готовы к бою, вы - "**СНАРЯЖЕННЫЕ ДЛЯ БИТВЫ**" воины!

Глава вторая

Оружие плотское и духовное

Позвольте в самом начале этой главы сказать, что одним содержание ее понравится, а другим нет. Но так как существует множество учений о духовной войне, я чувствую побуждение от Святого Духа включить эту главу в книгу.

Есть учения, которые вместо того чтобы восхвалять победу Иисуса Христа над сатаной и провозглашать нашу свободу от силы сатаны, говорят, что работа креста еще не завершена - что кровь спасла нас, но не освободила от силы сатаны. Хотя многие из тех, кто преподают на тему духовной войны, делают это не преднамеренно, слушатели это воспринимают именно так.

Плод такого учения - новая форма духовного законничества. Другими словами, получается, что того, что совершил Иисус Христос, недостаточно, и мы должны делать что-то дополнительно, чтобы достичь окончательной свободы от силы дьявола. В действительности же так мы обмениваем одно рабство на другое - и второе намного опаснее первого, потому что приходит в порыве духовности и его очень трудно распознать, по крайней мере вначале.

По поводу такого плотского оружия и плотских приемов, созданных людьми, Павел сказал следующее: "Ибо мы, ходя во плоти, не по плоти воинствуем;

оружия воинствования нашего не плотские, но сильные Богом на разрушение твердынь..." (2 Коринфянам, 10:3,4).

Обратите внимание на слова Павла: "Ибо мы, кому слову *peripateo,* которое состоит из слов *peri* и *pateo.* Слово *peri* означает "вокруг", а слово *pateo* - "ходить". Когда эти слова соединяются в одно *(peripateo),* это означает "ходить вокруг" или "жить привычной жизнью и переносить свой образ жизни на ближайшее окружение".

Используя слово *peripateo,* Павел делает сильное заявление по поводу своей человеческой натуры. Основная мысль его состоит в следующем: *"Почти все, что я делаю, я делаю во плоти.. Во плоти я ем, отдыхаю, сплю, думаю, изучаю что-то... Почти все, что я делаю, происходит в сфере плоти. Моя жизнь проходит на земле".* Павел знал, что "заключен" в свое тело и не может от него избавиться, не может обменять его на другое! Он был связан со своим телом. Это состояние могла изменить только смерть, в результате которой его плоть, его естественное тело, трансформируется в духовное тело!

Слова "...не по плоти воинствуем..." говорят нам, что Павел понимал немощность и беспомощность своего естественного человека. Он знал, что нет никакой надежды осуществить что-то через его плоть, поэтому он обратился к духовной сфере, в которой можно было найти сверхъестественную помощь.

Жаждущие крови, храбрые и преданные воины

Далее он говорит нам, что одну вещь он делает, не опираясь на свое плотское, естественное тело. Он говорит: "...не по плоти *воинствуем...".*

Слово "воинствуем" является переводом греческого слова *strateomenos*, которое указывает на "отношение подготовленного к войне солдата". Это слово использовалось, чтобы описать решительность и преданность римских воинов, снаряженных и подготовленных к битве.

Несомненно, римские солдаты были настоящими военными машинами своего дня. Эти солдаты были лучшими в мировой истории. Они были хорошо обученными убийцами. Фактически их обучение было направлено на то, чтобы убийство и нанесение врагу тяжелых увечий стало инстинктом. Они профессионально владели оружием войны и знали, как более эффективно использовать его в сражении с противником. Можно сказать, что римские воины знали *вкус крови*.

Более того, лучшие воины сами просили, чтобы их помещали на передовую в сражении. В них была заложена неутолимая жажда крови противника, и поэтому их не удовлетворяла возможность вести сражение где-то позади, где по сути не происходило никаких действий. Эти превосходные воины просились на передовую, чтобы первыми увидеть врага и *первыми нанести ему удар*. Чрезвычайно храбрые воины часто добровольно отправлялись в опасные походы, в которые обычно никто не хотел идти. Мысль о проникновении в лагерь противника волновала их особо. *Это были жаждущие крови, храбрые и преданные воины.*

Все эти яркие картины раскрывает слово "воинствуем", которое используется во 2-м послании коринфянам (10:3). Поэтому когда Павел говорит: "...не по плоти воинствуем...", он делает несколько сильных заявлений в адрес Церкви.

Во-первых, он говорит нам, что в духовном смысле состояние его ума напоминает состояние ума римского воина: он настолько стремится к победе, что сам хочет выпустить из врага всю кровь; более того, он хочет быть на передовой сражения, чтобы иметь возможность первым нанести удар; он обладает такой духовной смелостью, что готов идти туда, куда не пойдет никто!

Это было одной из причин, по которой Павел заявил, что хочет "далее вам проповедывать Евангелие" (2 Коринфянам, 10:16).

Он горел желанием идти и проповедовать туда, куда не шли другие! По этой причине он согласен был идти в такие города, как Эфес и Коринф, в которых царили аморальность и бурная демоническая деятельность. Павел был солдатом Господа, всегда стоящим на переднем крае сражения.

Но в этом стихе он говорит о чем-то еще очень важном. В добавление к тому, что Павел сохранил верность идее, решительность и смелость, он говорит: "*...не по плоти* воинствуем...".

Помните, что Павел был очень образованным человеком, речь которого производила на всех глубокое впечатление! Однако когда приходилось отбивать противника, он знал, что его ум и образованность не стоят и гроша ломаного. *Плоть, независимо от того, как впечатляюще она выглядит пли как громко "рычит", не является достойным противником для духовного врага.* Плотское оружие просто-напросто не подходит для борьбы с духовными противниками и не будет подходить никогда!

Духовное оружие и духовная стратегия

Далее Павел говорит: "Оружия воинствования нашего не плотские, но сильные Богом на разрушение твердынь...".

Обратите особое внимание на слова "оружия", "воинствование" и "плотские" в этом важнейшем стихе, говорящем о духовной войне.

Во-первых, Павел сообщает нам, что в нашем распоряжении *имеется* оружие - это *оружие духовное*. Все виды этого оружия, предназначенного как для защиты, так и для нападения, перечислены в Послании ефесянам (6:13-18). (Мы будем детально рассматривать эти виды оружия в главах 10-17 данной книги.)

Во-вторых, Павел продолжает: "Оружия *воинствования* нашего...". Слово "воинствование" является переводом греческого слова *stratos,* от которого мы получили слово "стратегия". Остановив Свой выбор на этом слове, Святой Дух сообщил нам что-то очень важное о духовной войне.

В первую очередь слово *stratos* ("стратегия") говорит нам, что для того, чтобы наше духовное оружие было эффективным, его применение должно быть основано на божественной стратегии. Применение оружия при отсутствии плана сражения несомненно приведет к поражению.

Это, кстати, и является основной причиной того, что большинство верующих не достигают побед в своей жизни. Дело не в том, что у них нет подходящего оружия, - *оружие у них есть!* У них отсутствует план действий, следовательно, их оружие бесполезно.

Каждого, кто имеет оружие, но не имеет стратегического плана действий, ждет поражение. Представьте себе армию, которая полностью снаряжена для боя, но, не имея плана, не знает, как и где применять оружие. Такая армия даже при наличии полного вооружения и артиллерии несомненно обречена на поражение.

Точно так же многие верующие хвастаются тем, что одеты во "всеоружие Божие", и в то же время не имеют понятия о том, как им практически пользоваться в обыденной жизни христианина. Пока не проговорит Бог, указывая верное направление, и пока план "военных действий" не будет принят сердцем, все это могущественное вооружение не будет способно отбить силы ада, которые направлены против вас.

Бог, по благодати Своей облекший вас в духовное всеоружие, когда вы родились свыше, теперь хочет по благодати дать вам план, который поможет вам разоблачить ложь дьявола и не позволить ей утвердиться в вашем *уме* и управлять вами.

Чтобы получить этот план, вам необходимо слышать голос Святого Духа. Это, в свою очередь, требует, чтобы вы молились в Духе, читали Слово и стремились познать ум Божий. Сами вы никогда не сможете понять план, который приведет вас к освобождению.

Когда дьявольская ложь укореняется в вашем сознании, она укореняется там очень основательно. Только Святой Дух может раскрыть вам методы уничтожения этих твердынь. Он покажет вам, как применять данное Богом оружие, когда и как нападать на противника!

Немощность плоти

Затем мы подходим к следующей ключевой фразе этого стиха. Павел говорит: "Оружия воинствования нашего *не плотские...*".

Слово "плотские" соответствует греческому слову *sarkos,* которое означает "плоть". Используя это слово, Павел говорит, что истинное духовное оружие может быть найдено не в физическом мире (в плоти). В этом вопросе Павел занимает очень жесткую позицию. *Он настойчиво утверждает, что духовное оружие не* имеет абсолютно ничего общего с плотью или действиями плоти.

Хотя Павел жил и функционировал в теле, как и мы сегодня, он не полагался на плоть или плотские методы, когда речь шла о поражении духовных противников. Чтобы укрепить победу, которую Иисус завоевал через крест и воскресение, Павел должен был применять духовное оружие.

И хотя Павел был высокообразованным человеком, не образование обеспечило ему победу над дьяволом; и его удивительные умственные способности не пугали дьявола; то, что он был широко известным христианским лидером, также не производило никакого впечатления на дьявола; его ораторских способностей тоже было недостаточно для того, чтобы избавиться от дьявольских нападок. *Независимо от того, как привлекательно выглядит плоть или как громко она "рычит", она не способна противостоять духовному противнику и не предназначена для этого.*

Именно поэтому[7] Бог обеспечил нас такими великолепными видами оружия, как "пояс истины", "броня праведности", "обувь готовности благовествовать мир", "шлем спасения", "духовный меч" и "копье молитвы и прошения"! Без них мы стоим нагими и беззащитными перед противником.

Слабые и нелепые оружия плоти

Тем не менее сегодня многие верующие в своих попытках предотвратить действия врага в их жизни применяют физические, телесные, плотские методы и ведут так называемую "духовную войну".

Это не те методы, в которых нуждаются ведущие бой верующие! Они в конечном счете превратятся в новую форму законничества в их жизни - т.е. вдобавок к тому, чтобы разрушать истинные твердыни в своем разуме, эти верующие должны будут сражаться с чувством осуждения, так как, используя известные им методы, они не могут достичь победы!

Вместо того чтобы опираться на искупительную работу Иисуса Христа и использовать оружие, которым обеспечивает Писание (Ефесяиам, 6:13-18), они обращаются к новому виду "духовной войны", который не подтверждается учением Нового завета и требует от верующих множества дополнительных действий, чтобы освободиться от контроля дьявола.

В последние годы многие группы исполненных Духом верующих выдвигают на передний план этот новый вид законничества, который с целью приобретения свободы требует исполнения так называемых "духовных дел". В глубине своего сердца я ощущаю трагичность происходящего, потому что и я являюсь верующим, исполненным Духа, и призван Богом служить в первую очередь именно таким моим единомышленникам. Поэтому, когда я вижу искренних людей, поглощенных делами плоти, которые по сути ничего не добавляют к своей свободе, это глубоко печалит меня.

Тем не менее многие верующие сегодня используют плотское оружие и методы ведения воображаемой ими "духовной войны".

Можно только сожалеть о том, что эти прекрасные, Духом исполненные верующие постоянно пытаются освободить себя от власти демонов, в то время как Иисус Христос это уже сделал...

Мне искренне жаль тех христиан, которые за последние годы воскресили ошибочное учение гностиков о том, что человек сам должен освобождать себя от демонического контроля, постоянно, неделю за неделей вызывая у себя рвоту'... как будто рвота сама по себе может кого-то освободить от демонического влияния.

Печально видеть, как многие вредят своему телу, в частности своим голосовым связкам, следуя новому учению, популярность которого возрастает, и имя которому "воинствующие языки"

Что такое "воинствующие языки?"

Некоторые думают, что с помощью криков, визгов и чрезвычайно громких и интенсивных молитв они оказывают большее влияние на дьявола. Кто-то даже улит, что если вы молитесь тихо, то это не дает никакого эффекта: вы можете найти лучшее применение своему времени. В их искаженном понимании только жутко громкая и оглушающая молитва наделяет духовной силой. Почему-то они верят в то, что уровень власти зависит от громкости голоса.

Когда мы ведем сражение с дьяволом, его исход зависит не от громкости голоса. Дьявол не боится шума. Помните, за короткий период времени он создал самые разные виды угрожающей, громкой, визгливой музыки. Совершенно очевидно, что шум его не беспокоит.

Чтобы остановить преступление, полицейский не должен кричать; ему стоит лишь вытащить пистолет и помахать им перед носом у нарушителя. Полицейскому совсем незачем орать, кричать или визжать - преступника криком не остановить. Однако оружие полицейского символизирует его власть. С пистолетом в руке он может лишь прошептать, и нарушитель охотно подчинится.

Точно так лее власть духа верующего заставляет дьявола повиноваться. Если вы знаете, кем вы являетесь в Иисусе Христе и как употреблять данную Христом власть против дьявола, вы можете прошептать ему, и он убежит. *Определяющим фактором является не уровень звука или громкость голоса, а власть, которая находится в вашем духе.* Идея дико кричать на языках возникла оттого, что небеса полны демонических сил, и так как мы физически находимся под темной, демонической тучей, мы должны пронзать небеса громкими криками и пытаться таким образом прорвать адский барьер.

Поэтому многих братьев и сестер побуждают верить в то, что они должны несколько часов в день дико кричать на дьявола на языках, чтобы получить свою личную свободу, и так день за днем, месяц за месяцем.

Будучи наслышанным о такого рода собраниях, я решил посетить одно. Прослушав проповедь, я не мог поверить в то, что услышал своими собственными ушами. В течении целого часа проповедующий учил людей кричать, орать, "молиться с плачем" (искусственно вызванное рыдание), "самоочищаться" (искусственно вызванная рвота). Мое сердце разрывалось от боли, когда я видел, что делали верующие во имя Святого Духа, и когда осознавали, что такое в их понимании духовная война.

Я не сомневаюсь в искренности этих верующих или в искренности и желания разрушить дела дьявола в их жизни и в жизни других людей. Их рвение замечательно, но оно "не по рассуждению" (Римлянам, 10:2). Эти методы не основаны на Писании.

Нигде в Библии не говориться, что иные языки даны как орудие против дьявола – а все, во что мы верим, чему учим и что делаем, должно основываться только на Писании.

Какова согласно Библии цель молитвы на иных языках?

Павел говорит: "Ибо, кто говорит на незнакомом языке, тот говорит не людям, а Богу…" (1 Коринфянам, 14:2). Обратите внимание, когда Павел пишет о говорении на иных языках, он даже не упоминает дьявола.

1-е послание коринфянам (14:2) говорит, что, молясь на иных языках, мы обращаемся не к дьяволу, но *к Богу, и рассказываем Ему свои тайны!* Результатом молитвы на иных языках является личное назидание и укрепление. Павел говорит: "Кто говорит на незнакомом языке, тот *назидает себя...*" (1 Коринфянам, 14:4).

Молитвой на иных языках вы созидаете и укрепляете свою веру, чтобы суметь в нужный момент противостоять проискам дьявола. Молитва на языках предназначена не для того, чтобы говорить что-то дьяволу, как многие сегодня это представляют. Нет ни одного места в Писании, которое бы подтверждало такую мысль. Это новое популярное учение не имеет под собой библейского основания, а те, кто распространяют его, *совершают ошибку.*

Если вы решили молиться громко, выясните, почему надо молиться громко. Мы молимся громко не потому, что "воюем" в дьяволом. Наоборот, так мы боремся с плотью, пытаемся прорваться через похоти и желания плоти, чтобы очистить путь к Богу и услышать, как Он говорит к нашему духу и дает нам божественное откровение.

Это новое учение является еще одной хитроумной попыткой дьявола сделать исполненных Духом верующих рабами духовной чепухи и ввести их в порочный круг законничества, где они никогда не смогут обрести истинное удовлетворение или свободу, к которой стремятся. Пройдет время, и им придется делать что-то еще, потом что-то еще, что-то еще, затем что-то еще, чтобы получить желаемую свободу. И этому не будет конца.

Один прекрасный брат, которого я знаю лично, стал жертвой этих плотских дел, вступив в одну из групп "духовных воителей". Его привлекало их великое рвение. Но прошло немного времени, и он променял радость спасения на жизнь в духовном рабстве. Что бы он ни делал, ему всего было недостаточно. Молился ли он по нескольку часов подряд, кричал ли в молитве до потери голоса, ему *казалось, что всего этого недостаточно*. Даже когда он вызывал у себя рвоту, чтобы освободиться от демонических духов, он не испытывал чувства освобождения. Он постоянно нуждался в том, чтобы делать что-то еще, и еще, и еще. Когда вы связаны законом, вы никогда не сможете сделать всего.

Наконец, полностью отчаявшись и чувствуя себя совершенно разбитым, он решил, что никогда не сможет обрести полную свободу в Иисусе Христе.

Все эти относительно новые доктрины и учения, которые изобретены людьми и не основаны на Писании, пытаются что-то добавить к уже завершенной искупительной работе Иисуса Христа, будто этого недостаточно. Павел очень верно спрашивал галатийских верующих: *"Так ли вы несмысленны, что, начавши духом, теперь оканчиваете плотию?"* (Галатам, 3:3).

"Не прикасайся, не вкушай, не дотрогивайся..."

Павел пытался искоренить законничество, требующее добавления наших дел к уже завершенной работе Христа, среди галатийских верующих. Зная, что законничество лишает верующих духовной силы и радости и приводит к духовной смерти, Павел велел галатам: "Итак стойте в свободе, которую даровал нам Христос, и не подвергайтесь опять игу рабства" (Галатам, 5:1).

Галаты испытывали искушение вернуться к закону Ветхого завета. Прислушиваясь к распространившемуся у них ошибочному учению, они, *благодатью* принявшие Иисуса Христа и обещание Духа, думали вернуться к правилам и ритуалам Ветхого завета, от которых были освобождены.

Они рассуждали так: "Да, мы *по благодати* приняли Иисуса Христа, но теперь, для того чтобы сохранить спасение, которое мы приняли *по благодати*, мы должны выполнить свою часть. Поэтому мы должны снова исполнять закон Ветхого завета и соблюдать все правила и ритуалы".

По тем же причинам Павел писал церкви в Колоссах: "Итак никто да не осуждает вас за пищу, или питие, или за какой-нибудь праздник, или новомесячие, или субботу... если вы со Христом умерли для стихий мира, то для чего вы, как живущие в мире, держитесь постановлений: "Не прикасайся", "не вкушай", "не дотрогивайся", - что все истлевает от употребления, - по заповедям и учению человеческому?" (Колоссянам, 2:16, 20-22).

Затем Павел продолжает: "Это дчеет только вид мудрости в самовольном служении, смиренномудрии и изнурении тела, в некотором небрежении о насыщении плоти" (Колоссянам, 2:23).

Эти запреты внешне действительно призывали к смирению и к суровому обращению с плотью. Религиозная натура человека любит это! Религиозный человек склонен верить, что благодаря его делам, его заслугам он сможет прийти к совершенству, которое позволит Богу принять его.

Именно по этой причине восточные религии, такие как буддизм и индуизм, требуют, чтобы жизнь их последователей была исполнена самоотречения, унижения и смирения. Плотская гордость говорит: "Я сам могу это сделать. Спасибо за помощь, Бог, но я сам с этим справлюсь".

Религиозная натура пытается найти место и в жизни исполненных Духа верующих. Старая плотская природа говорит: "Позвольте мне самой заслужить себе свободу!" "Того, что совершил Христос, не может быть достаточно!" "Позвольте мне покричать, чтобы обрести свободу!" "Позвольте мне очистить себя от злых духов!" *"Позвольте мне..." "Позвольте мне..." "Позвольте мне..." "Позвольте мне..."*

На это мы должны отвечать: *"Он спас нас не по делам праведности, которые бы мы сотворили, а по Своей милости.."* (Титу, 3:5).

тНам абсолютно нечего добавить к тому, что Иисус совершил на Голгофском кресте. Это была полная, совершенная и завершенная работа! И этой славной работой искупления (мы будем говорить о работе искупления в 3-й главе). Он нас также полностью освободил от власти лукавого!

В Послании евреям (2:3) автор заявляет, что наше спасение является великим спасением. Разве можно назвать великим это спасение, если силы сатаны все еще контролируют нас? Разве можно назвать великим это спасение, если мы все еще находимся под его тяжелой рукой и должны изо дня в день пробивать себе дорогу к свободе? Разве можно назвать великим это спасение, если мы должны кричать, вопить, вызывать рвоту, чтобы сохранить его? Я думаю, что вы видите, как смешны и ничтожны дела плоти!

Если представить, что нам действительно надо делать эти плотские, физические дела, то может показаться, что смерть и воскресение Иисуса не изменили положения дел в духовном мире и что наше спасение не является таким уж великим. Разве можно назвать великим это спасение, если он не дает полной и совершенной свободы?

Благая весть состоит в том, что наше спасение несомненно является великим!

Тем, что Он совершил на кресте, и Своим победным воскресением из мертвых Иисус Христос окончательно разрушил власть сатаны и разорвал цепи греха, связывавшие нас, - и в момент нового рождения, когда мы перешли из царства смерти в царство жизни, Он влил в нас всю Свою силу (1 Иоанна, 3:14).

Поэтому цель нашей жизни - не борьба за освобождение; наша цель - принять освобождение, которое уже добыто для нас. Фактически Писание повелевает нам "успокоиться от дел своих" и "войти в покой оный" (Евреям, 4:11), где мы можем найти все, чем Бог одарил нас. Самой сутью жизни веры и является вхождение в этот "покой", т.е. мы должны принять завершенную искупительную работу Иисуса и обрести в ней утешение и силу!

Чтобы наслаждаться своим спасением и его плодами (исцелением, здравым мышлением, защитой разума и освобождением от всякого рабства), Бог по благодати Своей наделил нас верой, чтобы мы могли Ему верить, и Словом, которое дает нам понимание о нашем наследии. Право на это наследие мы имеем благодаря кресту.

Если сатана пытается вовлечь нас в духовный конфликт после того, как мы. родились свыше, если он пытается вернуть нас в прежнее рабство, посылая нам несчастья, бедность или применяя другой вид демонического оружия, то для того, чтобы отбить эти атаки и сохранить благословения нашего спасения, мы должны, в свою очередь, применить данное Богом сильное оружие.

Это оружие не плотское; оно совершенно отличается от того, которым многие пытаются воспользоваться сегодня. Напротив, это оружие духовное, и, согласно апостолу Павлу, оно "сильное Богом на разрушение твердынь" (2 Коринфянам, 10:4).

Глава третья

Опираясь на наше искупление

Прежде чем мы начнем изучать, что говорит Библия о духовном оружии в Послании ефесянам (6:10-18), сначала следует рассмотреть, что она говорит об искуплении. Правильный взгляд на искупление избавит нас от ложных идей относительно дьявола и духовной войны.

В греческом оригинале Нового завета встречаются четыре слова, обозначающих искупление. Нам крайне важно понять их значения, прежде чем мы подойдем непосредственно к изучению темы *духовной войны*.

Словами, которые используются в Новом завете со значением "искупление", являются: *agoridzo, exagoridzo, lutroo* и *apolutrosis*.

Слово *agoridzo*, первое из четырех, было термином, обозначавшим "базар" или "рынок". Чаще всего оно употреблялось при описании "рынка рабов".

Рынок рабов был страшным и прискорбным местом. Таких мест не должно существовать. Людей там выставляли перед потенциальными покупателями, а затем, как животных, старинную мебель или ненужную вещь, продавали на аукционе.

До того как начинался отвратительный процесс продажи и покупки человеческих душ, потенциальные покупатели могли осмотреть "товар". Головы рабов вертели вверх и вниз, им с силой открывали рты, чтобы увидеть, в каком состоянии находятся их зубы. Состояние зубов в основном определяло цену рабов. Если зубы были здоровыми, предполагалось, что раб здоров и поэтому стоит больше. Если зубы были в плохом состоянии, раба можно было купить относительно дешево.

Вдобавок к этой бесчеловечной и унизительной процедуре покупателям рабов позволялось бить "товар" с целью определения его физического состояния.

Чтобы узнать темперамент раба, покупатель плевал ему в лицо, давал пощечины и ругал его. Если раб в ответ на это унижение мог смирить свою гордость, сжать зубы и не давать воли гневу, считалось, что он не доставит владельцу никаких неприятностей, даже если с ним будут обращаться очень грубо.

Короче говоря, жизнь раба ничего не стоила. Она оценивалась как жизнь животного. Согласно мышлению того дня, это были рабочие лошади, только другого вида. За людей их не считали. Единственным их предназначением в этом мире было точно выполнять требования хозяина.

Используя слово *agoridzo* с целью описать наше искупление, Святой Дух раскрывает нам очень яркую картину.

Рынок рабов сатаны

Когда Иисус Христос пришел в мир, к тому времени мир стал крайне прискорбным местом.

Прекрасный рай, который вначале сотворил Бог в Эдеме, исчез, не оставив и малейшего следа. На его месте появился огромный рынок рабов, где сатана захватывал человеческие сердца и вселял в людей страсть к насилию и уничтожению. С каждым последующим поколением духовная смерть завоевывала все новые народы и этнические группы, делая их рабами греха.

Поэтому мир, в котором две тысячи лет назад родился Иисус Христос, был миром абсолютного рабства. Через непослушание Адама духовная смерть завладела человеческой природой.

Как сказал Павел: "Посему, как одним человеком грех вошел в мир, и грехом смерть, так и смерть перешла во всех человеков, потому что в нем все согрешили" (Римлянам, 5:12).

Тот факт, что для описания искупления использовалось слово *agoridzo,* четко говорит нам, что, когда Иисус Христос пришел в этот мир, этот мир представлял собой отвратительный духовный "рынок рабов", где человеческие существа были рабами сатаны и последствий греха.

Рабство было неоспоримым; по словам Павла, человек был "продан греху" (Римлянам, 7:14). Слову "продан" соответствует греческое слово *piprasko,* которое в буквальном смысле означает "переход имущества от одного владельца к другому". Используя это слово, Павел ясно говорит нам, что человечество перешло из Божьих рук в руки нового владельца. И это, конечно, реальное свидетельство того, что перед тем как Иисус Христос вошел в нашу жизнь, сатана был нашим полноправным владельцем.

Дьявол обращался с нами, как с рабами на рынке рабов: он наносил удары по нашей жизни, бил нас, толкал нас, плевал нам в лицо и всячески издевался. Он делал все, чтобы лишить нас уверенности в себе, погубить наши тела с помощью разного рода грехов и пороков, разрушить нас эмоционально. Когда в нашей жизни завершался один круг рабства, нас снова приводили на аукцион, и мы переходили в руки нового хозяина. Мы попадали в рабство к чему-то другому (будь то болезнь или нищета), и оно оставляло свой пагубный след в нашей жизни.

С каждым днем наш адский владелец все больше и больше делал нас рабами. Независимо от того, осознавали мы это или нет, наша жизнь целиком и полностью погружалась все глубже и глубже в рабство греха и порока.

Библия говорит, что таково было наше состояние до того, как Божья благодать коснулась нашей жизни. Именно поэтому Павел неоднократно говорил, что ранее мы были "рабами греха" (Римлянам, 6:17,20).

Слово "раб" является переводом слова *doulos,* который на греческом языке имеет оттенок презрения. Один толкователь греческого пояснил, что слово *doulos* описывает "того, чья воля полностью подавлена волей кого-то другого".

Это означает, что до того как пережить спасение, мы были "рабами воли сатаны". И хотя мы думали, что сами управляем своей жизнью и сами решаем все за себя, на самом деле мы были рабами греха и наши судьбы управлялись невидимым, дьявольским духом, который стремился уничтожить нас.

Зависимость от сатаны была настолько привычным состоянием, что непослушание, являющееся основной чертой характера сатаны, стало частью нашего характера и нашего существа. Стремление восставать против Бога теперь было у человека в крови. В конце концов пропасть между Богом и человеком стала такой глубокой, что, как говорит Писание, в своем разуме мы стали "отчужденными и врагами" (Колоссянам, 1:21).

Демоническое присутствие полностью захватило нашу жизнь и окружающий нас мир, и Павел об этом говорит: "В которых вы некогда жили, по обычаю мира сего, по воле князя, господствующего в воздухе, духа, действующего ныне в сынах противления" (Ефесянам, 2:2).

Близорукие, ограниченные люди

Павел говорит: "В которых вы некогда жили, *по обычаю* мира сего...".

Словосочетание "по обычаю" соответствует греческому слову *kata*. Слово *kata* отображает что-то "сильное" или "доминирующее".

Используя это слово, Павел говорит нам, что до того, как мы встретили Господа, "обычаи мира сего" полностью "доминировали" в нас и "манипулировали" нами. "Обычаи мира сего" не просто влияли на нас: слово *kata* недвусмысленно указывает на то, что они "доминировали" в нас, "манипулировали" нами и полностью контролировали нас.

Что такое "обычаи мира сего"?

Слово "обычай" соответствует греческому слову *aiona*. Оно описывает "определенный, ограниченный период времени" наподобие века, особую "эру" или "поколение". Например, десятилетия этого века (сороковые, пятидесятые, шестидесятые, семидесятые и восьмидесятые годы) в греческом языке называются *aiona* - "определенный, ограниченный период времени". Можно также сказать, что это слово характеризует каждое отдельное поколение. Оно обозначает короткий период времени.

Но это еще не все! Слово *aiona* обозначает не только период, но и *дух* этого периода. Например, дух двадцатых годов нашего столетия можно передать в двух словах: "бурные двадцатые". В связи с появлением рок-н-ролла пятидесятые годы получили название "бунтарских". Шестидесятые и семидесятые из-за усиленного употребления наркотиков и ведущейся войны назывались "периодом экспериментирования и переосмысления статус-кво".

Каждое из этих десятилетий (*aiona*) имело особый оттенок, который был свойственен только определенному историческому периоду.

Итак, когда Павел заявляет, что мы "жили по обычаю мира сего", слово "обычай" раскрывает идею того, что нами управляло общепринятое мышление нашего времени и поколения. Философская мысль меняется очень стремительно. Так как у неспасенного человека нет вечного взгляда на мир и неизменного библейского стандарта жизни, он полностью находится во власти этих изменчивых философских идей.

Слово "мир" соответствует греческому слову *kosmos*, и Павел использует это слово, чтобы раскрыть идеи "порядка" и "устройства". Ученые используют слово *kosmos*, чтобы описать вселенную. Несмотря на то, что вселенная велика, разнообразна и продолжает расширяться, в ней существует идеальный порядок, и все в ней действует по устроенной однажды системе. Поэтому ученые называют ее *kosmos*. Слово *kosmos* всегда описывает "порядок" или "устройство".

В ранний греческий период слово *kosmos* использовалось также для описания *общества* как системы, в которой существует "порядок". И в этом случае слово *kosmos* включает в себя идею *моды* и *традиций* - именно об этом говорит Павел в Послании ефесянам (2:2).

До того как мы встретили Господа, мы были близорукими и ограниченными людьми, и Писание говорит, что время и общество, в котором мы жили, полностью управляли и манипулировали нами.

Этот стих можно пересказать так: "... *вы жили, будучи подвластными капризам времени*...". Или можно сказать еще так: "...вами управляли мода дня и мышление вашего времени...".

Кто действует за сценой?

Павел еще не закончил свою мысль! Он продолжает говорить, что мы "жили... *по воле князя, господствующего в воздухе...*".

Теперь Павел объясняет нам, кто господствует над безбожной мировой системой, которая в свою очередь манипулирует и управляет неспасенными людьми! Вдобавок к тому, что вас контролировало общество вашего времени, по словам Павла, вы *"жили... по воле князя, господствующего в воздухе"*.

Словосочетание "по воле" является также переводом греческого слова *kata,* которое однажды было использовано в этом стихе и которое, как мы уже знаем, раскрывает идеи "господства", "манипулирования" и "контроля".

Это означает, что помимо того, что наши жизни контролировались явлениями, которые определяли основные тенденции мира (Голливуд, мода, музыкальная индустрия, система образования и т.д.), нами, говорит Павел, также управлял *"князь, господствующий в воздухе"*.

В этом стихе Писание раскрывает нам три важные характеристики сатаны: 1) *он является князем*, 2) *он имеет подлинную власть*, 3) *его сила концентрируется в нижних слоях воздуха*. Рассмотрим их поочередно.

Во-первых, этот стих говорит нам, что сатана является 'князем".

Слово "князь" представляет собой перевод греческого слова *archonta*.Оно обозначает того, кто занимает "первое место" или "правящее положение", оно описывает "властелина", "правителя", "главу" или "князя".

Это не должно было бы удивлять нас! В Евангелии от Матфея (9:34) мы можем прочитать о том, что сатана есть "князь бесовский"; ему' даже приписывается царство, которое названо царством тьмы. В Евангелии от Иоанна (12:31) Иисус назвал сатану "князем мира сего". Во 2-м послании коринфянам (4:4) апостол Павел заявляет, что сатана является "богом мира сего". Далее в этом стихе Павел говорит, что "бог мира сего", сатана, "ослепил умы" неверующих, чтобы те не могли увидеть истину[7].

Наряду с этим в Послании ефесянам (6:12) говорится, что в распоряжении сатаны находится строго организованная демоническая система. И он является господином этих демонических сил.

Итак, сатана действительно является князем и действительно имеет власть над неспасенными людьми, которых он сам ослепил.

Во-вторых, этот стих говорит нам, что сатана обладает "господством". Павел называет сатану "князем, *господствующим* в воздухе". Слово "господствующий" соответствует греческому слову *exousia*. Более точно слово *exousia* можно перевести как "власть". Так как сатана на самом деле является князем в настоящем царстве, нас не должно удивлять то, что это темное царство обладает реальной властью, поддерживающей его злое правление.

Писание говорит, что во время сорокадневнего поста Иисуса в пустыне произошло следующее: "И возвед Его на высокую гору, диавол показал Ему все царства вселенной во мгновение времени, и сказал Ему диавол: Тебе дам власть (*exousia*) над всеми сими царствами и славу их, ибо она предана мне, и я, кому хочу, даю ее..." (Луки, 4:5-6).

Обратите внимание на тот факт, что Господь Иисус не возразил сатане в ответ на его заявление о том, что он имеет всю власть. Из этого отрывка явствует, что у Иисуса не было аргументов, чтобы опровергнуть это заявление; Он знал, что сатана действительно обладает определенной властью над разлагающейся мировой системой, над потерянным человечеством.

Эту власть дьявола над верующими навечно разрушили крест и воскресение! Однако потерянные люди все еще находятся под контролем " *князя, господствующего в воздухе*".

В-третьих, сила сатаны сосредоточена в "воздухе".

Слово "воздух" является переводом греческого слова *aer,* которое греческими классиками использовалось для описания "нижних, более плотных слоев земной атмосферы" - в противоположность слову *aither,* которое использовалось для описания более чистого воздуха, который находится выше горных вершин.

Почему это так важно? Потому, что ясно говорит о том, что силы сатаны сконцентрированы не в высших слоях атмосферы, как в последнее время утверждают некоторые. Совсем наоборот! Воздух, который находится выше горных вершин, самый чистый.

Вам незачем отправляться в космическое пространство вне земной атмосферы, чтобы обнаружить там базу сатанинских сил. База его сил расположена в нижних, более плотных слоях атмосферы, которая окружает землю. Его не интересуют необитаемые планеты и просторы Вселенной, где нет людей. Он хочет обладать *человеком,* контролировать его и манипулировать им!

Поэтому он назван "князем мира сего" (Иоанна, 12:31) и "богом мира сего" (2 Коринфянам, 4:4). Он не стремится завладеть Луной; ему не нужен Марс; его не интересуют Юпитер, Венера, Нептун и Плутон. Он хочет быть "богом мира сего"!

Демонически укрепленные

Павел говорит далее, что сатана является "духом, действующим ныне в сынах противления" (Ефесянам, 2:2).

Каким шокирующим является это открытие! Узнать, что до нашей жизни в Иисусе Христе мы действовали, опираясь на силу сатаны. Но именно этому учит данный стих!

В стихе говорится: "...духа, *действующего* ныне...". Слово "действующий" является переводом греческого слова *energeo*, и оно указывает на силу, которая "действенна". Отсюда мы получаем слово "энергия".

Таким образом, в этом стихе Святой Дух дает живую картину того прискорбного духовного состояния, в котором мы находились до рождения свыше! *Этот стих заявляет, что до спасения мы получали силу от злых духов.* Сам дьявол действовал в нас, давал нам силы и действовал через нас, чтобы исполнить свою пагубную волю в нашей жизни.

Библия провозглашает, что таким было наше состояние до того, как Иисус Христос коснулся нас и полностью освободил нас! Вот в такой отвратительный, погибающий, разлагающийся, пропитанный смертью и силой сатаны мир, в котором дьявол продавал наши жизни, как на аукционе, предавая нас в руки греха и порока, две тысячи лет тому назад пришел Иисус Христос, чтобы освободить нас.

Слово *agoridzo*, которое в Новом завете переводиться как "спасение", говорит о том сатанинском рынке рабов, в котором мы жили раньше! Но больше не живем!

Слово *agoridzo,* если его рассматривать в контексте нашего спасения, означает, что Иисус пришел, чтобы вызволить нас из унизительного рабства! Как говорил Павел коринфянам, "Ибо вы *куплены* дорогою ценою" (1 Коринфянам, 6:20). Слово "куплены" в этом стихе соответствует слову *agoridzo.*

По поводу искупительной работы Иисуса Павел также сказал: "Вы *куплены* дорогою ценою; не делайтесь рабами человеков" (1 Коринфянам, 7:23).

Слово "куплены" является переводом того же слова *agoridzo.* Совет Павла можно интерпретировать так: "Так как Иисус заплатил высокую цену за то, чтобы освободить вас от рабства и цепей сатаны, не становитесь теперь рабами людей!"

Когда двадцать четыре старца падают перед престолом Бога и поклоняются Ему, они поют песню о том, как Иисус купил нас на сатанинском рынке рабов.

Слово говорит: "И поют новую песнь, говоря: достоин Ты взять книгу и снять с нее печати; ибо Ты был заклан, и кровию Своею *искупил* нас Богу из всякого колена и языка, и народа и племени..." (Откровение, 5:9).

Для нас крайне важно понять значение слова *agoridzo.* Это слово точно передает картину нашего безнадежного духовного состояния на "рынке рабов" до того, как Иисус Христос освободил нас; оно отражает также искупительную работу Иисуса, благодаря которой мы покинули это ужасное место.

Это подводит нас ко второму греческому слову, указывающему на искупление, которое используется в Новом завете.

Выкуплены из рабства

Второе греческое слово, имеющее значение "искупления", - слово *exagoridzo*. Оно состоит из слов *ex* и *agoridzo*.

Слово *ex* является предлогом и означает "из", а слово *agoridzo* (которое мы уже рассмотрели) описывает "рынок рабов". Эти два слова образуют слово *exagoridzo*, изображающее личность, которая явилась, чтобы "выкупить раба и отпустить его на свободу". *Exagoridzo* несет смысл "удаления". Оно означает: "выкупить раба с целью навсегда *освободить* его от его ужасной доли, сделав при этом все, чтобы этот человек никогда больше не оказался на рынке рабов". Слово *exagoridzo* изображает раба, который был навеки избавлен от угрозы оказаться на рынке рабов - этом ужасном, отвратительном, извращенном и проклятом месте!

Несколько раз Павел использует слово *exagoridzo* в своих посланиях, чтобы показать искупительную работу" Иисуса, благодаря которой мы *освободились* от рабства.

Прекрасный пример использования этого слова в Новом завете можно найти в Послании галатам (3:13), где Павел говорит: "Христос *искупил* нас от клятвы (проклятия) закона...".

Когда Павел использует слово *exagoridzo*, говоря, что "Иисус искупит нас от клятвы закона", он ясно указывает, что жертвенная смерть Иисуса явилась не только платой за наши грехи; Его смерть навеки "удалила" нас из жизни под проклятием!

Далее Павел говорит, что ради этой искупительной работы Иисус PI пришел в мир. "Но когда пришла полнота времени, Бог послал Сына Своего (Единородного), Который родился от жены, подчинился закону, чтобы *искупить* подзаконных, дабы нам получить усыновление" (Галатам, 4:4,5).

Слушайте: целью Бога не было только исследовать наше состояние рабов и убедиться в нашей греховности; Его главным планом, который Он осуществил через смерть и воскресение Иисуса Христа, было "выкупить" нас из этого позорного положения и сделать нас Своими сыновьями, навеки освободив от проклятия греха и закона.

Тем не менее цены на рабов не были низкими. Если продавец знал, что покупатель действительно намерен приобрести раба, он мог назначить невероятно высокую цену. Мы должны задаться вопросом: "Какую цену заплатил Иисус за нашу свободу от власти сатаны?"

Это подводит нас к третьему слову со значением "искупление", которое используется в Новом завете.

Отдать затребованную цену

Третьим греческим словом, которое в Новом завете описывает "искупление", является слово *lutroo*.

Слово *lutroo* означает освободить пленного, "внеся за него выкуп". Чтобы наверняка получить желаемого раба, надо было заплатить очень высокую цену. Если вы действительно хотели получить какого-то раба, его владелец мог запросить невероятно высокий выкуп. Павел использует слово *lutroo,* чтобы указать на искупительную работу Иисуса Христа, и этим он напоминает нам, что наша свобода не досталась бесплатно. Совсем напротив! Наша свобода от сил сатаны была куплена за *очень высокую цену.* Фактически *цена, которую заплатил Иисус, была выше любой цены, которой когда-либо расплачивались за раба.*

Каким был выкуп Иисуса за наше избавление от господства сатаны? *Его собственная кровь!*

Послание ефесянам (1:7) говорит: "В Котором мы имеем искупление *Кровию Его...*".

Послание колоссянам (1:14) говорит: "В Котором мы имеем искупление *Кровию Его...*".

Послание колоссянам (1:20) говорит: "И чтобы посредством Его примирить с Собою все, умиротворив чрез Него, *Кровию креста Его...*".

Послание евреям (9:12) говорит: "...но со *Своею Кровию*, однажды вошел во святилище и приобрел вечное искупление".

1-е послание Петра (1:18-19) говорит: "Зная, что не тленным серебром или золотом искуплены от суетной жизни... но *драгоценною Кровию Христа...*".

То, что Иисус пролил Свою кровь, послужило гарантией нашего освобождения и прочной свободы от демонических сил, которые ранее держали нас в плену. Слово *lutroo* недвусмысленно говорит, что Иисус внес выкуп за вашу и мою свободу! *Он купил нас ценою собственной крови!* Послание Титу (2:14) провозглашает, что Иисус отдал *Себя* в качестве выкупа за нашу свободу. Стих говорит: "Который дал Себя за нас, чтобы *избавить* нас от всякого беззакония и очистить Себе народ особенный, ревностный к добрым делам".

Слово "избавить" является переводом слова *lutroo*. Согласно посланию Титу (2:14), необходимо было заплатить цену, и Иисус на кресте отдал Свою жизнь и Свою кровь. Но не спешите! Осталось еще одно - четвертое слово, которое описывает искупление, данное нам Иисусом.

Восстановлены в прежнем положении

Четвертым словом, которое переводится как "искупление" и в этом значении используется в Новом завете, является слово *apolutrosis*.

Слово *apo* означает "прочь" или "вдали" и тоже часто раскрывает идею "возвращения". В этом конкретном случае *apo* лучше было бы перевести как "назад" - например, как в словосочетании "вернуть назад". Вторая часть слова *apolutrosis* взята из слова *lutroo* (значение которого мы рассматривали ранее). Слово *lutroo* означает освободить раба, "внеся за него выкуп".

Это четвертое слово, которое означает искупление, говорит нам, с какой целью Бог купил нас на сатанинском рынке рабов. Слово *apolutrosis* означает, что Иисус "внес выкуп, чтобы вернуть нам" то состояние, в котором мы находились до того, как стали рабами!

Проще говоря, это означает, что Иисус заплатил цену, чтобы навечно освободить нас и *вернуть нам* изначальный статус детей Божьих!

Именно в таком значении используется слово *apolutrosis* в Послании ефесянам (1:7), где Павел говорит: "В Котором мы имеем *искупление* Кровию Его, прощение грехов, по богатству благодати Его".

Использованием слова *apolutrosis* (искупление) Павел заявляет, что мы были навечно освобождены от власти сатаны - навечно вырваны из этого ужасного места - и теперь кровь Иисуса Христа *восстановила нас полностью* и *вернула нам правильное состояние - жизнь с Богом*. Мы обрели полное восстановление и свободу от власти сатаны, под которой мы прежде находились!

Поэтому Послание галатам (4:7) заявляет: "Посему ты уже не раб, но сын; а если сын, то и наследник Божий чрез (Иисуса) Христа". Послание римлянам (8:17) провозглашает, что наше восстановление через кровь Иисуса является настолько полным, что мы теперь стали "сонаследниками" с Самим Иисусом Христом!

Итак, первое слово, имеющее значение "искупления" *(agoridzo)*, говорит нам, что Иисус Христос пришел на землю, чтобы *определить степень* нашего греха и убедиться в том, что мы находимся в духовном рабстве у сатаны.

Второе слово, обозначающее "искупление" *(exagoridzo)*, провозглашает, что Иисус пришел не только исследовать наше состояние, но и навеки *освободить* нас от власти сатаны.

Третье слово, имеющее значение "искупления" *(lutroo)*, говорит, что Иисус был настолько полон решимости освободить нас от власти сатаны, что согласился заплатить *собственной кровью,* чтобы уничтожить право сатаны на владение нами.

Четвертое слово, которое переведено как "искупление" *(apolutrosis),* говорит нам, что в добавление к тому, что Иисус полностью освободил нас от тисков сатаны, Он *восстановил* наше положение "сынов Божиих" - мы полностью восстановлены и стали сонаследниками Самого Иисуса Христа (Римлянам, 8:17).

Вот что означает наше искупление!

Переведены из царства сатаны

Какое отношение имеют все эти слова, описывающие искупление, к духовной войне и духовному оружию? *Самое прямое!*

Они раскрывают нам, что истинной целью духовной войны *является не* наше освобождение от контроля сатаны. Эта свобода уже была приобретена через смерть Иисуса Христа на кресте и через Его триумфальное воскресение из мертвых. *Мы уже освобождены!*

В Послании ефесянам (2:6) говорится, что мы уже не находимся под властью сатаны, скорее мы *находимся "над" нею.* "И воскресил с Ним, и посадил на небесах во Христе Иисусе" (Ефесянам, 2:6).

Послание колоссянам (1:13) тоже учит тому, что нам не надо самим вырываться из владений сатаны, так как *мы уже избавлены от власти тьмы:* "...избавившего нас от власти тьмы и введшего нас в Царство возлюбленного Сына Своего".

Благодаря искупительной работе Иисуса мы воссели с Иисусом Христом на небесах и вознесены "превыше всякого начальства и власти, и силы и господства, и всякого имени, именуемого не только в сем веке, но и в будущей" (Ефесянам, 1:21).

Поэтому сатана больше не обладает законным правом контролировать нас, наши тела, наши семьи, наш труд, наши деньги. Когда-то мы действительно принадлежали ему (Ефесянам, 2:22), но теперь все изменилось.

Глава четвертая

Почему сражение все еще остается таким напряженным?

Кто-то может спросить: "Если смерть и воскресение Иисуса на самом деле сломили власть дьявола в нашей жизни... то почему сражение все еще остается таким напряженным?"

"Если мы действительно были избавлены от царства сатаны, то почему кажется, что его царство все еще влияет на нашу жизнь?"

Если Иисус действительно отнял силы у начальств и властей, как утверждает Послание колоссянам (2:15), то почему многим верующим все еще приходится бороться с ужасными твердынями в их разуме?"

Несколько лет назад одному моему другу посреди ночи позвонили из полицейского участка и сообщили, что у него убежала коза и ее задавил автомобиль. Мой друг быстро оделся и поспешил туда, где на дороге должна была лежать мертвая коза.

Однако, прибыв на указанное место, он обнаружил, что животное вовсе не мертво. Кто-то пытался ее украсть и веревкой связал ей ноги, чтобы она не могла двигаться, а потом зачем-то бросил ее на обочине дороги.

Мой друг развязал веревки, которыми была связана коза, похлопал ее и сказал: "Вставай!" Но животное оставалось неподвижно лежать, будто веревки все еще держали и не давали двигаться. Он еще раз похлопал козу по боку и сказал: "Вставай!" Но она продолжала лежать.

Тогда он начал искать у нее возможную травму, которая могла мешать ей встать, и заметил, что ноги ее все еще плотно сжаты, будто связаны веревками. Ему все стало ясно: животное думало, что оно все еще связано.

Мой друг наклонился, поднял козу, поставил ее на ноги, еще раз шлепнул и сказал: "Вставай!" Наконец коза поняла, что ее ноги больше не связаны, и начала прыгать и скакать.

Многие из нас напоминают эту козу. Раньше нас связывали разрушительные силы сатаны. Он поработил нас и оставил дожидаться полного конца.

Позже, когда мы услышали весть Евангелия и родились свыше, Иисус Христос пришел, чтобы "развязать" узы сатаны. Своей искупительной работой на кресте Он навеки убрал цепи, которые мешали нам двигаться... и Своей искупительной работой на кресте Он удалил из нашего разума все, что порабощало нас. Но часто даже после полного освобождения мы не способны до конца осознать, что действительно свободны. Иисус смотрит на нас и говорит: "Вставай!" Однако мы лежим, не осознавая, что можем забыть о боли, о ранах, об умственных проблемах, что нам пора вставать, потому что мы освобождены! Вот поэтому нам необходим тот, кто придет и укажет нам на это! Нам же теперь, чтобы сохранить эту купленную Христом и дарованную нам свободу, необходимо обновлять свое мышление и избавляться от ложных идей и убеждений, замещая их тем, что Божье Слово говорит о нашем новом положении.

Любой пастор может подтвердить, что люди, только-что принявшие спасение, должны потрудиться, чтобы залечить душевные раны, которые они получили, находясь под властью сатаны в миру. И хотя наш "внутренний человек" родился заново и стал новым творением, ум и тело еще должны трансформироваться в образ "внутреннего человека".

Свой негативный след в жизни человека оставляли как сатанинский рынок рабов, так и совершаемый им грех. Возможно, как следствие этого кто-то имеет серьезные проблемы в браке, кто-то пристрастился к наркотикам, кто-то страдает сексуальными извращениями, кто-то лжив и т.д. Эти или какие-то другие раны могли мучать душу человека до того, как он встретил Господа.

Если "остаточные явления" прошлого не устранены за счет обновления ума Божьим Словом, они могут и будут проявляться и в христианской жизни человека. Более того, если эти "остаточные явления" не устранены с помощью Божьего Слова, они станут для сатаны точкой опоры в сражении против вашей новой жизни.

Когда противник обнаруживает в вашей душе территорию, которая не подверглась освящающему действию Святого Духа, он может захватить ее и начать использовать с целью помешать росту и развитию вашей новой свободы в Иисусе Христе.

Если вы не желаете исправить это положение, можете быть уверены, что именно оттуда начнется основная духовная война!

Неправильное мышление, ложные убеждения, воспоминания о прежних тяжелых переживаниях, которые мы имели перед тем, как познали Господа, страхи, которые передались нам от родителей или других членов семьи и друзей, ложные доктрины, которые преподавались нам в нашей прежней церкви и которые нам теперь следует забыть, - все это хранит в себе потенциал того, что может быть использовано против законной свободы, которую мы теперь имеем в Иисусе Христе.

Духовная война и обновление разума

Разум является стратегическим центром, где происходит духовная война с "богом мира сего"! Враг знает, какую важную роль в жизни играет ум; он знает, что ваш ум является ключом, контролирующим вашу жизнь.

Он знает, что если он сможет завладеть хоть небольшой частью вашего разума, то он сможет начать расширять свои владения за счет тех слабых областей вашего разума, которые нуждаются в укреплении Святым Духом и Божьим Словом. Отравляя вас неверием и ложью, дьявол может манипулировать вашим разумом, эмоциями и телом. Более того, он может использовать вас для того, чтобы отравлять тем же неверием и ложью окружающих.

Нет ни малейших сомнений в том, что разум является стратегическим центром духовной войны!

По своей природе разум враждебен Богу и склонен к разрушению. Мы все были рождены с разумом и характером, имеющими склонность бунтовать против Бога. Поэтому в Послании римлянам (8:7) говорится: "...*плотские помышления* суть *вражда против Бога*...".

В Послании колоссянам (1:21) говорится, что до спасения мы были "отчужденными и врагами, по расположению к злым делам...". (В оригинале стих звучит так: "...отчужденными и врагами *в своем* разуме...").

Послание ефесянам (4:17-18) говорит, что неверующие "поступают... по суетности *ума своего*, будучи помрачены в *разуме*, отчуждены от жизни

Божией, по причине их *невежества* и *ожесточения сердца их...*".

2-е послание коринфянам (4:4) говорит: "Для неверующих, у которых бог века сего ослепил *умы...*".

И Послание римлянам (1:28) учит нас, что естественный ум в такой мере враждебен по отношению к Богу, что может стать *"превратным"*.

Таким образом, мы были рождены в этот мир с природой, которая склонна к самоуничтожению и развитию твердынь. Естественный разум враждебен по отношению к Богу, он всегда стремился к тому, чтобы удовлетворять себя разрушительными плотскими похотями. Поэтому Павел сказал: "Между которыми и мы все жили некогда по нашим плотским похотям, *исполняя желания плоти и помыслов, и были по природе чадами гнева...*" (Ефесянам, 2:3).

Если мы не стремимся обновлять свой разум, волю и эмоции в соответствии с истиной Божьего Слова, то рабство и далее будет преобладать в нашей жизни. Чаще всего именно через необновленные сферы нашего разума дьявол продолжает распространять свое влияние в нашей жизни. Если же ваш разум утвержден истиной, то сатана не будет иметь никакого успеха в духовной войне против вас или вашей семьи!

Вот почему послания Нового завета повелевают нам внимательно следить за состоянием нашего разума. Нам предписывается обновлять наш разум истиной Божьего Слова. Писание велит:
- преобразоваться "обновлением ума вашего" (Римлянам, 12:2);
- "...обновиться духом ума вашего" (Ефесянам, 4:23);
- "...облечься в нового человека" (Ефесянам, 4:24);
- облечься "в нового (человека), который обнов-

ляется в познании по образу Создавшего его" (Колоссянам, 3:10);
— "...Слово Христово да вселяется в вас обильно" (Колоссянам, 3:16);
— препоясать "чресла ума вашего" (1 Петра, 1:13-14).

Обратите особое внимание на увещевание Петра препоясать "чресла ума" нашего. Перед нами образ бегуна, у которого спала одежда и запуталась между ног. Он хорошо бежал, его шаг был широким, но вдруг свисающая одежда начала мешать ему.

Мы должны "подвязать чресла ума нашего" и обновлять свое мышление Словом Божьим. Это постоянное обновление ума Словом поможет исправить все неверное мышление, освободиться от неправильных убеждений, залечить прежние раны и развеять горькие воспоминания, которые продолжают влиять на нашу новую жизнь. *Именно эти свободные, открытые и необновленные сферы разума доступны дьяволу, и он, опираясь на них, будет вести войну против нас.*

Обновление разума, тем не менее, ничего не добавляет к завершенной искупительной работе Иисуса Христа; оно просто дает нам способность лучше использовать свою веру и в полной мере наслаждаться благами, которые мы получили в результате искупительной работы Иисуса, завершенной во имя нас!

Обратите внимание! Если вы вполне осознанно допускаете неправильное мышление и неправильные убеждения, вы не можете в полной мере наслаждаться своим искуплением. Это можно сравнить с бегуном, который позволяет своей одежде свободно свисать и путаться у него в ногах. И хотя он продолжает бежать, он наверняка не будет первым и не получит удовольствие от бега.

Поэтому Петр убеждает нас "препоясать чресла ума" нашего. Мы должны привести в порядок все сферы своего ума, чтобы не позволить дьяволу использовать их против нас.

Посвящение, которое длится всю жизнь

Именно поэтому я подчеркиваю, что духовная война - это посвящение на всю жизнь, а не взрыв эмоций, которым мы пытаемся за пару минут отпугнуть дьявола. Истинная духовная война занимает намного больше времени!

Духовная война, помимо того, что мы должны взять власть над демоническими силами, предполагает и то, что мы должны взять власть над своим разумом.

Каждый день обновлять свой разум, размышлять над Словом Божьим, пока оно не укоренится в вашем сердце, познавать святую жизнь, стремиться преобразиться в образ Иисуса Христа и обретать навыки хождения в Духе - *вот незаменимые элементы истинной духовной войны.*

Подлинная духовная война требует посвящения, чистоты и преданности. Любой другой взгляд на духовную жизнь, который не включает в себя эти важные характеристики, является *односторонним* и не соответствует истине.

Глава пятая

Опасность с небес

Когда на верующих, которые собрались в верхней комнате в день Пятидесятницы, сошла сила Святого Духа и в Иерусалиме родилась сверхъестественная Церковь Иисуса Христа, сатана без тени сомнения понял, что его власти на земле приходит конец.

Если Иисус мог в одиночку полностью поразить его, то как теперь ему устоять против множества людей, исполненных тем же Духом, который воскресил Иисуса из мертвых?

Наделенные чудесной силой свыше, верующие в Иерусалиме были превращены в божественную армию, снабженную сверхъестественной силой и сверхъестественным оружием, с помощью которых они могли умножить уже одержанную для них Иисусом победу над врагом.

Самые страшные опасения сатаны стали реальностью. В течение нескольких тысяч лет до рождения Иисуса дьявольское царство тьмы и безумия действовало, чувствуя себя в полной безопасности, как вдруг сначала Иисус, а затем и Церковь нанесли ему смертельный удар.

Опасность ворвалась в его владения с небес, чтобы осуществить победу, которую Иисус Христос одержал над ним на кресте и в могиле, и продемонстрировать его поражение. Божье войско - Церковь -

было послано небесным штабом, чтобы отнять у сатаны власть и вернуть ее Божьему народу!

Пришло Царство Божье! Церковь начала проповедовать, учить, проводить евангелизацию, исцелять больных, воскрешать мертвых, изгонять бесов и шаг за шагом оттеснять адские силы. Кончилось время спокойствия и безопасности для сатаны. Явилась Церковь, чтобы судить его и его извращенную армию.

Чтобы отвести неизбежность конца своей власти над безбожной мировой системой, сатана высвободил всю свою ярость, намереваясь уничтожить эту небесную опасность, прежде чем она приведет в исполнение приговор суда.

Удобный момент для атаки дьявола

Когда в 64 году н.э. Павел написал Послание ефесянам, коварное нападение сатаны на Церковь уже шло полным ходом.

Павел, сильный, верный воин Христа - один из отцов и военачальников веры, - был заключен в Римскую тюрьму. Его обвиняли в поджоге Рима год назад, в результате которого сгорели дотла двенадцать районов города. На Самом деле виновен был Нерон, правящий император, который запланировал этот поджог.

Так как Нерон верил в то, что он является богом, чему способствовала и его мать Агрипина, находившаяся под демоническим влиянием, в 63 году он предстал перед сенатом с требованием перестроить Рим так, чтобы везде были воздвигнуты его статуи и добрые граждане Рима могли поклоняться ему в любой момент в любой день недели.

Когда сенат отказал Нерону, он вернулся домой и раздал своим слугам горящие факелы, приказав сжечь город дотла. Он думал так: "Если они не позволят мне снести город, я сожгу его".

Когда огонь в конце концов был погашен, сенату после осмотра города стало ясно, что это было делом рук Нерона. Единственным сохранившимся районом в Риме был тот, где Нерон построил себе великолепный дворец. Обнаружив убедительные доказательства и осознав, что Нерон был виновником разрушительного пожара, уничтожившего их любимый город, сенат сразу же начал планировать суд над Нероном и его казнь.

Именно тогда Нерон, вдохновленный самим дьяволом, начал во всеуслышание обвинять христиан в этом поджоге (более детальное описание этого можно найти в книге "ЖИЗНЬ В ЗОНЕ СРАЖЕНИЯ"). Павла, который был известен как христианский лидер, схватили и заключили в тюрьму, обвиняя в поджоге, организованном Нероном, и теперь он проводил остаток своей жизни, прикованный цепями к тяжело вооруженному римскому воину в тюремной камере в Риме.

Эта атака против Церкви была частью плана сатаны, направленного против Божьего плана. В это время Церковь росла с небывалой быстротой; она возрастала численно; она возрастала в познании Слова; она росла духовно. Не дожидаясь, когда все царство будет отнято у него и окажется под контролем Божьей победоносной армии - Церкви, сатана наносил быстрые и очень злобные удары, чтобы помешать Божьему делу.

Как всегда в таких случаях, эта демоническая атака, направленная на разрушение Церкви, в конце концов способствовала распространению Евангелия.

Неожиданный результат демонических атак

Еще никогда ни одна из атак сатаны на Церковь не имела успеха. Когда изучаешь историю Церкви, вскоре обнаруживаешь, что каждая атака, которую предпринимал враг против Церкви, в конечном счете оказывала помощь в продвижении дела Иисуса Христа. *Двухтысячелетний опыт ясно показывает, что дьявол не способен одержать победу; он просто-напросто не знает, что такое побеждать.*

Заключив Павла в тюрьму за веру, дьявол решил, что этим он сможет покончить со служением Павла. Но эта стратегия не привела его к успеху! Тюремное заключение Павла было ужаснейшей ошибкой дьявола, так как фактически Павел оказался в ситуации, когда он не мог делать ничего другого, как только слушать голос Святого Духа! *План сатаны потерпел полный провал!*

Во время заключения Павел получил наиболее выдающиеся откровения, которые содержатся в Новом завете, - *Послания галатам, ефесянам, филиппийцам, колоссянам, 2-е послание Тимофею и Послание Филимону.* Все это является результатом проведенного им в заключении времени! Поэтому Павел говорил: "За которое я страдаю даже до уз, как злодей; *но для Слова Божия нет уз"* (2 Тимофею, 2:9).

Если бы он не оказался в тюрьме, возможно, он бы так и не написал эти крайне важные книги Нового завета. Можете себе представить, каким беспокойным было служение Павла вне стен тюрьмы? Оно, наверное, было более напряженным, чем какое-либо другое служение в истории.

Будучи апостолом, он отдавал все свое время основанию новых церквей, обучению новых лидеров и решению проблем в поместных церквах.

Вне стен тюрьмы служение Павла было в высшей мере действенным и наносило ощутимый урон владениям тьмы. Заковав Павла в цепи и заключив в тюрьму, дьявол рассчитывал значительно ослабить его. Но он ошибся! Эффективность его служения возросла еще больше!

История знает множество просчетов дьявола. Другой пример этого можно найти в жизни апостола Иоанна.

Дьявол вдохновил Домициана, императора Рима, выслать Иоанна на остров Патмос. Поместив Иоанна на этом безлюдном острове посреди Средиземного моря, он намеревался уничтожить эффективное служение Иоанна. Это была еще одна его ошибка! Изолировав Иоанна на острове, дьявол помог Иоанну получить книгу "Откровение"!

А как дьявол просчитался насчет Акилы и Прискиллы? Это еще один драматический пример того, какие неожиданные последствия могут иметь атаки сатаны!

Из ранних записей Церкви мы узнаем, что Акила и Прискилла основали церковь в Риме. Фактически вначале верующие собирались у них дома. Когда во время правления императора Клавдия начались сильные гонения на иудеев, они, как и многие другие верующие, которые жили в иудейских колониях Рима, были вынуждены покинуть город.

Представьте, как больно им было оставить свою церковную семью! Они были основателями римской церкви, и сами приводили многих членов этой церкви к Господу. Они видели, как эти люди были наполнены Святым Духом, они учили, наставляли их и наблюдали за тем, как они возрастали в своих взаимоотношениях с Господом. Церковь в Риме была их детищем и занимала особое место в их сердце. И теперь они против собственной воли должны были покинуть ее.

Если основываться только на человеческой натуре, то можно быть уверенным в том, что изгнание из Рима будет концом их служения. Попытайтесь представить, с каким сердцем они упаковывали свои вещи и обнимали на прощание дорогих братьев и сестер. Они, несомненно, думали, что их служение закончено, что они никому уже не нужны.

Но именно *после* того, как они покинули Рим, начался самый великий период служения Акилы и Прискиллы! Изгнанные из Рима, они отправились на восток и остановились в Коринфе, где занялись изготовлением палаток. Там они познакомились с Аполлосом, очень влиятельным и в высшей степени образованным иудеем из Александрии, который приехал в Коринф в гости. За время этого его визита Акила и Прискилла "точнее объяснили ему путь Господень" (Деяния, 18:24-26).

В конечном счете Аполлос стал пастором коринфской церкви. Позволили бы Акиле и Прискилле остаться в Риме, они, может, никогда бы не встретили Аполлоса и не привели бы его к Господу. Атака, которая была направлена на уничтожение их служения, на самом деле дала им великую возможность способствовать делу продвижения Евангелия Иисуса Христа.

Точно так же, оставшись в Риме, Акила и Прискилла никогда бы не встретились с апостолом Павлом. Именно после того, как их изгнали из Рима, они познакомились с ним и стали его помощниками. Эта апостольская группа много лет служила в церквах Греции и Малой Азии.

Дьявол думал, что, изгнав их из Рима, он навеки закрывает их могущественное служение, *однако на самом деле они оказывались в таком положении, при котором их служение было намного более эффективным.* Если бы дьявол не начал эту атаку и не отстранил их от работы в Риме, они, возможно, никогда бы не покинули этот город и не вошли в новую, более великую фазу своего служения.

Закрытая дверь еще не означает неудачу

Независимо от того, что предпринимает сатана против вас, вашей семьи, вашей церкви или вашего служения, если вы будете сохранять веру, Бог обернет ситуацию так, чтобы все это способствовало делу продвижения Царства Божьего!

Даже если вы испытываете серьезные денежные проблемы, если вам кажется, что Божий план в вашей жизни подвергается нападению, Бог способен заставить эти злые замыслы, работать в вашу пользу! Павел говорил: "Притом знаем, что любящим Бога, призванным по Его изволению, все содействует ко благу" (Римлянам, 8:28).

Закрытая дверь еще не означает неудачу! Если у вас перед носом захлопывают дверь и вам кажется, что все кончено, не теряйте веры и воздержитесь от каких-либо заключений по поводу сложившейся ситуации! То, что дьявол намеревался использовать вам во вред, Бог будет использовать, чтобы благословить вас! *Вполне вероятно, Бог готовится к тому, чтобы предоставить вам такую великую возможность, о какой вы даже и не мечтали!*

Павел в своей жизни вынес много ударов врага, которые с естественной точки зрения должны были смертельно ранить его. Тем не менее он по-прежнему был жив и здоров и продолжал служение. Он так часто ощущал в своей жизни верность Бога, что мог смело смотреть трудностям в лицо и говорить: "Но все сие преодолеваем силою Возлюбившего нас" (Римлянам, 8:37). (В оригинале этот стих звучит так: "Во всем мы больше, чем победители благодаря Тому, Кто возлюбил нас".)

Обратите внимание: Павел говорит, что мы "больше, чем победители". Это словосочетание является переводом греческого слова *hupernikos*, которое состоит из двух слов: *huper* и *nikos*. Похоже, что слово *hupernikos* использовано в греческой литературе впервые; Павел сам создал его.

Какое значение имеет этот факт? Он свидетельствует о том, что в греческом языке не нашлось слова, которое могло в полной мере отобразить то, что Павел хотел сказать. Поэтому он создал свое собственное слово! Соединив слова *huper* и *nikos* в одно слово, Павел делает потрясающее, многозначительное, сильное заявление!

Фраза "больше, чем" *(huper)* буквально означает "выше, над и сверх". Оно указывает на то, что "превышает все мерки". Слово "супер" произошло от греческого слова *huper*. В этом стихе оно несет идею "превосходста", т.е. это то, что "больше, превосходнее, выше, лучше; ни с чем несравнимо, первостепенное, величайшее и выдающееся". Или это означает: быть "первоклассным, превосходным, непревзойденным, несравненным".

Теперь Павел использует это слово, чтобы показать, какого рода победителями являемся мы в Иисусе Христе. Мы являемся *huper*-победителями! Слово *huper* еще больше подчеркивает величие нашей победы! Это означает, что мы *"несравнимые, величайшие, выдающиеся, первоклассные, превосходные, непревзойденные победители."* Вот что включает в себя фраза "больше, чем".

Слово "победитель" соответствует греческому слову *nikos*. Оно описывает "победителя, завоевателя, чемпиона". Это образ "всепоглощающей, преобладающей силы". Слово *nikos* является очень живописным словом, которое отображает кого-то, кто уже является победителем! Однако одного слова *nikos* Павлу казалось недостаточно, чтобы выразить свою мысль! И поэтому эн соединил слова *huper* и *nikos*.

Говоря, что мы "больше, чем победители", Павел подчеркивает, что во Христе Иисусе мы являемся "непреодолимыми победителями", "несравненными победителями", "величайшими победителями". Это слово настолько сильное, что его можно перевести как "феноменальная, всепобеждающая сила"!

Из слов Павла: "Во всем мы больше, чем победители, благодаря Тому, Кто возлюбил нас", следует, что здесь идет речь не о какой-то мелкой победе; наоборот, он провозглашает нас величайшими победителями! Мы являемся "феноменальной, всепобеждающей силой"!

Имея в своем распоряжении силу Иисуса Христа, мы несомненно можем быть уверены, "что ни смерть, ни жизнь, ни Ангелы, ни Начала, ни Силы, ни настоящее, ни будущее, ни высота, ни глубина, ни другая какая тварь не может отлучить нас от любви Божией во Христе Иисусе, Господе нашем" (Римлянам, 8:38,39).

Что бы в прошлом дьявол ни предпринимал против вас, какие бы атаки ни вел против вас, вашей семьи, вашего бизнеса или служения, в конце концов все они потерпят полное поражение! И хотя дьявол будет пытаться помешать осуществлению Божьего плана в вашей жизни, "ни одно орудие, сделанное против тебя, не будет успешно" (Исайи, 54:17).

Каждая атака на вашем пути в конце концов будет работать в вашу пользу, потому что Бог сделал так, что "любящим Бога, призванным по Его изволению, все содействует ко благу" (Римлянам, 8:28).

Спустя столетия сатана вынашивает один план - уничтожить Церковь. Он не изменил свой план. Он все еще ненавидит Церковь Иисуса Христа и в той же мере ненавидит проповедь Божьего Слова.

Не желая, чтобы Церковь продемонстрировала победу Иисуса над ним и осуществила наказание, которое ему объявлено Божьим Словом, он по-прежнему пытается уничтожить нас. Церковь все еще является угрозой его владению, и он будет изо всех своих сил оказывать ей сопротивление.

Ваши проблемы не уникальны

Вам следует знать, что когда вы будете возрастать в своей вере, духовные атаки в вашей жизни могут участиться. Благая весть состоит в том, что ваш рост и познание Божьего Слова будут помогать вам отражать эти атаки.

Враг не хочет, чтобы вы росли и укреплялись. Духовный рост в вашей жизни грозит настоящими неприятностями для него и его царства. Ему бы хотелось, чтобы вы оставались младенцем в своей духовной жизни, чтобы не могли нанести ему серьезного ущерба.

Поэтому когда вы начинаете расти как христианин, когда вы возрастаете в познании Божьего Слова и в силе Святого Духа, все это представляет собой угрозу владениям сатаны. Ваш рост может вызвать атаки демонических сил, стремящихся замедлить его. *Пусть это не будет для вас сюрпризом!*

Павел говорил: "Вас постигло искушение не иное, как человеческое..." (1 Коринфянам, 10:13). По поводу этих атак со стороны дьявола Петр говорил: "Противостойте ему твердою верою, зная, что такие же страдания случаются и с братьями вашими в мире" (1 Петра, 5:9).

Дьявол, возможно, попытается уговорить вашу плоть и эмоции поверить, что никто никогда не страдал так, как вы, что никто никогда не испытывал таких трудностей, какие испытываете вы. *Этот трюк задействован для того, чтобы вы сконцентрировали все свое внимание на себе.* Если вы попадетесь на него, то в итоге вы окажетесь в лабиринте эгоизма, где все и вся вертится вокруг вас, ваших проблем, ваших трудностей, ваших страхов и т.д.

Будьте уверены в том, что как только вы начнете лучше понимать Божье Слово и возрастать в вере, *вам представится возможность применить свою веру, чтобы противостоять дьяволу!*

Я не могу сосчитать, сколько раз мне приходилось слышать: "У меня не было никаких проблем со здоровьем до тех пор, пока я не понял, что исцеление является частью моего искупления! После того как я поверил в это и начал исповедовать, что исцеление входит в искупление, казалось, на меня навалились самые разные болезни".

Другие говорили: "У меня не было никаких финансовых затруднений, пока я не поверил в то, что говорит Божье Слово о десятине и пожертвованиях. Все было прекрасно с деньгами, пока я не начал поступать согласно Божьему Слову. Как только я начал давать десятину и пожертвования Господу, все стало разваливаться".

Это явные попытки врага прогнать вас с обетованной земли. Он не хочет, чтобы вы были послушны Божьему Слову и наслаждались благословениями. Именно это автор Послания евреям говорил своим читателям: "Вспомните прежние дни ваши, когда вы, *бывши просвещены, выдержали великий подвиг страданий*" (Евреям, 10:32).

За просвещением или озарением всегда следует бой (больше об этом вы прочтете в книге "ЖИЗНЬ В ЗОНЕ СРАЖЕНИЯ"). Враг приходит атаковать тогда, когда вас просветили по какой-то из истин Божьего Слова. Такие атаки не заставляют себя долго ждать: они стараются украсть Слово, которое вы только что поняли; пытаются посеять в вас сомнения относительно Слова.

Вы должны знать, что:
- атака в вашей финансовой сфере не является чем-то уникальным;
- нападки на ваше тело не являются чем-то необычным;
- нападки на вашу церковь не являются чем-то странным;
- именно так действует враг.

Он ждет, когда начнется ваш рост, и тогда наносит безжалостный удар, направленный на то, чтобы отбросить вас назад, привести в состояние духовного отчаяния. Он хочет, чтобы вы отступили и ушли с передней линии боя!

Если вы будете заранее знать, как действует враг, вы сможете внутренне подготовиться к предстоящим трудностям. Враг начнет создавать эти трудности тогда, когда вы начнете расти и утверждаться в вере. *Если вы будете знать, как и когда атакует сатана, это обеспечит вас всем необходимым для более успешного отражения атак.*

По поводу этого Иаков говорил: "С великою радостью принимайте, братия мои, когда впадаете в различные искушения" (Иакова, 1:2). Обратите внимание, Иаков велит нам радоваться, "*когда* впадаем в различные искушения".

Слово "когда" указывает на то, что эти атаки несомненно *будут* происходить. Иаков не предлагает нам радоваться, "*если*" мы впадаем в различные искушения; он говорит - "когда" впадаем в различные искушения, т.е. такие атаки обычно начинаются тогда, когда вы меньше всего их ожидаете; они обычно приходят оттуда, откуда вы их абсолютно не ждали; эти нападки задуманы так, чтобы застать вас врасплох. Время от времени каждый (даже самый духовный из всех известных вам людей) переживает подобные атаки. И откуда бы ни исходила эта атака - из естественного мира или из духовного, - вам необходимо знать, как поступать в такой ситуации. Иаков предупреждает нас о возможных искушениях не для того, чтобы нагнать на нас страх. Напротив, он заранее предупреждает нас, чтобы мы не были шокированы и застигнуты врасплох, иначе это может вызвать у нас смятение и упадок духа. *Такие атаки следует предупреждать заранее!*

Дьявол не хочет видеть прогресс в вашей духовной жизни, и он будет пытаться остановить вас на вашем пути! Но кроме всего, эти атаки доказывают, что вы выбрали правильный путь в вашей духовной жизни и что вы становитесь угрозой для царства тьмы, иначе темные силы оставили бы вас в покое.

Значительную часть в духовной войне занимает умственная подготовка. Если вы умственно подготовлены, если вы знаете, как действует враг и что возможна атака, то вы уже наполовину выиграли сражение.

Если ваш ум приведен в состояние готовности и если вы понимаете, что демонические атаки начинаются тогда, когда к вам приходит откровение о Слове и о своем месте во Христе, то вы занимаете лучшую позицию для отражения нападок врага.

Умственная подготовка убирает элемент внезапности, и это всегда гарантирует вам духовную победу.

Нападки на церкви и служения

Сколько поместных церквей и независимых служений пережили сокрушительный удар именно тогда, когда находились на пороге осуществления чего-то значительного для Бога!

Подумайте о пасторах, которые, вернувшись из отпуска, обнаруживали, что лидеры их церкви занимались в их отсутствие саботажем!

Интересно знать, сколько церквей пережило внезапное разделение, к которому привели поступки, совершенно не свойственные этим верующим, в момент, когда они вели строительство нового здания церкви? Сколько организаций и церквей, которые с верой шли к осуществлению видения, данного им Богом, совершенно неожиданно обнаруживали, что их финансы иссякли?

Мы можем быть уверены, что пока мы не начинаем делать что-то для Бога, нас не ожидают никакие трудности. Когда же мы приступаем к тому делу, к которому Бог призвал нас, и обретаем в этом определенный успех, нам следует сохранять бдительность и быть начеку!

Неисчислимое количество церквей было разделено и разрушено именно тогда, когда они стояли на пороге осуществления их видения и совершения чего-то значительного для Божьего Царства.

Дьявол ждет удобного момента, чтобы нанести удар! Поэтому Лука говорит нам, что после того, как завершилось искушение Иисуса в пустыне, дьявол "отошел от Него до времени" (Луки, 4:13). Подтекст здесь такой, что дьявол намеревался вернуться в тот момент, который лучше всего подойдет для осуществления его целей.

Запомните: злые ветры, которые были посланы, чтобы уничтожить Иисуса и Его учеников, набросились на них именно тогда, когда их лодка направлялась к Гадаринской стране (Марка, 4:35-41). Когда они достигли берега Гадаринской страны, Иисус собирался изгнать легион демонов из гадаринского одержимого. Это должно было быть одним из величайших чудес Его земного служения. Дьявол, зная о том, что Иисус собирался осуществить это чудо и что сам он потеряет то, что так долго принадлежало ему, - *одержимого*, сатана бил нещадно, чтобы уничтожить чудотворную Божью силу.

Подобным образом он наносит удары по поместным церквам и организациям, которые приближаются к своему Тадаринскому берегу", где проявится и будет действовать в их жизни и служении чудотворная Божья сила. Он не хочет, чтобы вы, ваше служение или ваша церковь получали Божьи благословения. Поэтому сохраняйте бдительность и знайте, что тот момент, когда до вашей цели будет рукой подать, может оказаться тем "драгоценным моментом", которого ждал дьявол, чтобы нанести смертельную рану вашей церкви или служению.

Будьте уверены, однако, что если даже дьявол предпринял атаку на руководство церкви или на финансы, если в церкви возникли разногласия и начались распри, Бог способен обернуть все так, чтобы эти злые замыслы действовали вам во благо!

Устроив духовный саботаж в отсутствие пастора, дьявол создал такую ситуацию, когда пастору не составляет труда определить, кому он может доверять, а кому нет! Хорошо, что такая ситуация возникла сейчас, а не позже, когда нанесенный вред мог быть еще более значительным. *Дьявол просчиталс*1

Даже если враг покушается на финансовую сферу вашего служения, заставляя вас отложить планы роста на потом, эта злая его затея послужит вам во благо! Когда вы откладываете свои планы, Бог открывает тот план, который надежно ведет вас к достижению вашей цели. Он покажет вам более легкий и дешевый путь. И в конце концов оказывается, что *козыри дьявола не были такими уж сильными*!

Сатана ненавидит Церковь Иисуса Христа! По его мнению, мы являемся угрозой с небес, которая вторглась на когда-то безопасную для царства тьмы территорию. Чтобы расстроить нас и остановить наше наступление на его земные владения, он своими атаками попытается уничтожить Церковь.

Но что бы ни предпринимал дьявол, пытаясь нанести вред Божьему делу, он потерпит неудачу, если мы будем сохранять верность и продолжать совершать "добрый подвиг веры". *Бог способен обернуть любую ситуацию во благо нам!*

Распри и раздоры

Распри и раздоры в поместной церкви являются орудием врага, которое он применяет повсеместно в Теле Христовом. Иаков так говорит о раздорах в поместной церкви: "Ибо, где зависть и сварливость, там неустройство и все худое" (Иакова, 3:16).

Сначала обратите внимание на то, что Иаков упоминает "зависть". Слово "зависть" соответствует греческому слову *zelos,* которое указывает на "жгучее желание осуществить свои собственные идеи и убеждения, отбрасывая при этом все другие".

Чтобы нарушить мирный ход дел в поместной церкви, враг может попытаться убедить кого-то из ее членов в том, что руководству церкви следует обратить внимание на его особое мнение (или даже "слово от Господа") и воплотить его в жизнь. Это "жгучее желание осуществить свои собственные идеи и убеждения, отбрасывая при этом все другие," может стать таким сильным, что человек уже не ждет, когда пастор согласится с его особой точкой зрения.

Если такие проявления плоти в церкви не прекратятся, это приведет к следующим пагубным действиям. Иаков говорит: "Ибо, где зависть и *сварливость...*". Согласно Иакову это "жгучее желание осуществить свои собственные идеи и убеждения, отбрасывая при этом все другие," несомненно приведет к "сварливости" (раздорам, спорам).

Слово "сварливость" соответствует греческому слову *eritheia*. В древней Греции оно использовалось для описания политической партии, которая полностью раскололась на фракции. Раскол был столь глубоким, что партия уже не могла функционировать как одно целое; внутренние раздоры, разногласия и разделение обычно служили причиной того, что люди выходили из этой партии. Поэтому слово *eritheia* часто переводится как *"дух раскольничества."*.

Почему это так важно понять? Потому, что это говорит нам, что если четко и быстро не разобраться с духовной атакой, которая проявляется в виде "сварливости", возможность того, что внутренние проблемы начнут разделять церковь, будет только вопросом времени.

Игнорируя тот факт, что Бог поставил пастора руководить церковью, "сварливый" человек, часто не осознающий того, что он действует под влиянием злого духа, наверняка, начнет собирать вокруг себя людей, как бы для того, чтобы узнать их мнение. С этого начинается действие "духа раскольничества" в поместной церкви.

Одна группа людей начнет придерживаться мнения одного человека, а другая группа - мнения другого. В церкви появится такое множество "фракций", что после выяснения различных мнений эти верующие уже не смогут поклоняться Богу вместе.

Это в свою очередь ведет к следующему шагу! Иаков далее говорит: "Ибо, где зависть и сварливость, *там неустройство.*

Слово "неустройство" соответствует греческому слову *akatastasia*. Оно использовалось во времена Нового завета для описания "гражданского неповиновения, беспорядка и анархии" в городе, государстве или правительстве.

Выбрав это слово, Иаков недвусмысленно говорит нам, что когда в поместной церкви допускаются раздоры и ссоры, а люди начинают игнорировать авторитет пастора, они узурпируют власть, которую Бог дал пастору, и входят в опасную зону "беззакония", где "анархия", "гражданское неповиновение" и "беспорядки" начинают разрушать поместную церковь.

Чтобы быть уверенным в том, что мы понимаем, к чему в конечном счете приводит нас такое поведение, Иаков продолжает: "Ибо, где зависть и сварливость, там неустройство и все *худое"*.

Слово "худое" соответствует греческому слову *phaulos*. Слово *phaulos* описывает что-то "ужасно плохое" или "чрезвычайно подлое". Когда верующие позволяют себе такое поведение, в поместной церкви всегда возникает отвратительная ситуация.

Если у вас еще остались какие-то сомнения по поводу того, что порождает такое поведение, Иаков их развеет!

Он говорит: "Это не есть мудрость, нисходящая свыше, но *земная, душевная, бесовская"* (Иакова, 3:15).

Чтобы мы могли успешно отбивать атаки врага, направленные индивидуально на кого-то из нас или на поместную церковь в целом, Бог дал нам сверхъестественное оружие! Как говорил Павел: "Оружия воинствования нашего не плотские, но сильные Богом на разрушение твердынь..." (2 Коринфянам, 10:4).

Мощно снаряженные, подготовленные убийцы

Рим, где в заключении держали Павла, был не только политическим центром мира; там находился также штаб самой высокоразвитой милитаристской машины - *римской армии*. Весь цивилизованный мир того времени пал перед Римской империей.

Так как в поле зрения Павла находилась эта огромная военная машина, так как он был прикован цепями к римскому воину в полной экипировке, он начал мысленно, что совершенно естественно, обращаться к теме духовной войны и духовного оружия. Эта среда идеально подходила для того, чтобы Святой Дух заговорил с Павлом на эту тему. Прямо рядом с Павлом находился идеально экипированный солдат, который был обучен искусству ведения войны. Этот солдат был в буквальном смысле "снаряжен для битвы".

День и ночь Павел имел перед глазами этот образ, и Святой Дух начал открывать ему необычный взгляд на наше духовное оружие. Он записал это откровение для нас в Послании ефесянам (6:10-18). Однако отрывок из Послания ефесянам (6:10-18) не является первой записью Павла, где он размышляет на тему духовного оружия.

Десятью годами раньше, примерно в 54 году н.э., когда Павел писал 1-е послание фессалоникийцам, он говорил и о духовном оружии. Однако в этот ранний период своего служения его понимание духовного оружия не было полным. Когда он писал 1-е послание фессалоникийцам, он упомянул лишь две части духовного оружия: "Мы же, будучи сынами дня, да трезвимся, облекшись в броню веры и любви и в шлем надежды спасения" (1 Фессалоникийцам, 5:8).

Совершенно ясно, что в течение последующих десяти лет Святой Дух развернул эти идеи и дал более глубокое откровение об "оружиях воинствования нашего" (2 Коринфянам, 10:4).

Во время заключения Павел был скован цепями с римским солдатом, который постоянно наблюдал за ним. Час за часом, день за днем, неделю за неделей он жил бок о бок с этим мощно снаряженным, подготовленным убийцей.

Когда Павел смотрел на прочный пояс римского солдата, Святой Дух, наверное, начинал говорить ему о поясе истины. Когда его взгляд переходил на сияющую, плотно сплетенную медную кольчугу, Святой Дух начинал высвечивать ему понимание образа "броня праведности".

Когда он опускал взгляд на крайне опасную обувь римского воина с шипами и медными ножными латами, Дух начинал открывать духовные глаза Павла, и он видел "обувь мира". Затем взгляд останавливался на огромном, сделанном из шкур животных, продолговатом щите, который был у солдата сбоку, и Святой Дух начинал передавать Павлу информацию о "щите веры".

Когда Павел поднимал глаза, он видел прекрасный шлем на голове воина, и Святой Дух начинал вкладывать в него откровение о "шлеме спасения". А когда Павел обратил внимание на широкий, тяжелый меч, который находился возле другого бока солдата, Святой Дух начал говорить Павлу о "духовном мече".

За период в десять лет, с 54 по 64 год н.э., его взгляд на духовное оружие удивительно расширился, образовав целую систему. Теперь Павел говорит нам, что вместо двух предметов вооружения, которые можно использовать в нашем сражении с противником, мы имеем целых шесть, возможно даже семь, так как в Послании ефесянам (6:18) можно обнаружить и седьмое оружие.

Я хочу, чтобы вы знали, что римский солдат был самым настоящим убийцей. Даже когда они уходили в отставку, они часто убивали людей. Убийство и насилие укоренились в них и стали неотъемлемой частью их натуры. Теперь Павел использует этот очень наглядный образ опасного убийцы, чтобы показать нам, что может сделать с духовным врагом духовное оружие, которое дает нам Бог.

Для римского солдата среднего роста все это вооружение (пояс, броня, обувь с латами, щит, шлем, меч и, возможно, копье) весило примерно 45 килограмов. Вес его зависел от роста и телосложения каждого отдельного солдата. Если солдат был высоким и крупным, оружие было тяжелым и имело большие размеры. Если солдат был небольшого роста, его оружие соответственно было меньше. Но в целом оружие было очень тяжелым.

Какой человек, по-вашему, мог носить такое оружие? Сильный! Хилый и хрупкий не смог бы стоять, ходить, бегать или иначе функционировать в таком тяжелом "обмундировании". Чтобы носить такое оружие и успешно применять его в бою, солдат должен был быть очень сильным.

Поэтому перед тем как начать детально рассматривать духовное оружие, Павел информирует нас о том, что Бог снабдил нас сверхъестественной силой, которая укрепит нас для победы над невидимой демонической армией! Эта сила сделает нас способными утвердить победу Иисуса и продемонстрировать поражение сатаны!

Глава шестая

Важная весть, которую следует запомнить

Перед тем как начать детально объяснять духовное оружие, Павел умоляет всех нас: "Наконец, братия мои, укрепитесь Господом..." (Ефесянам, 6:10). Обратите внимание, что Павел начинает этот отрывок Писания о духовной войне и духовном оружии словом "наконец".

Слово "наконец" является одним из самых важных слов в этом отрывке. Оно соответствует греческой фразе *tou loipou,* которую лучше было бы перевести как "в завершение".

В светских греческих манускриптах того времени фраза *tou loipou* использовалась, когда надо было подчеркнуть что-то настолько важное, что автор оставлял это на конец письма - так что если читатель не запоминал ничего другого, он наверняка запоминал это!

Итак, слово "наконец" в Послании ефесянам (6:10) несет такую идею: "И в завершение я оставил самую важную мысль на конец письма, чтобы вы наверняка запомнили ее, даже если забудете все остальное?"

Это удивительное утверждение! Послание ефесянам содержит некоторые самые важные практические инструкции Нового завета. Его отличают сила, глубина, детализированный подход к пониманию роли Иисуса Христа, Церкви, нашей роли, к поражению дьявола, поэтому оно заслуживает нашего пристального внимания!

В первой главе Павел дает такие глубокие и сложные теологические концепции христианства, как *избрание* (1:4), *предопределение* (1:5), *усыновление* (1:5), *искупление* (1:7), *печать Святого Духа* (1:13), *залог Духа* (1:14) и наше *славное окончательное искупление* (1:14). И все это только в первой главе!

Затем следует вторая глава! В ней Павел говорит о реальности духовной *смерти* и ее плодах (2:2,3), о том, как велика *Божья милость* (2:4), о доктрине противопоставления *благодати* человеческим делам (2:8), о роли креста в *искуплении* (2:11-18) и об утверждении новозаветной церкви на *основании апостолов и пророков* (2:19-22).

В третьей, четвертой и пятой главах он ведет речь об открытии *Божьей тайны* (3:9), о *вечном Божьем плане* (3:10), о *единстве в Духе* и о том, что есть *один Господь, одна вера, одно крещение* (4:5), об *апостолах, пророках, евангелистах, пасторах и учителях* и их основной цели (4:11), *об обновлении разума* и *облачении в нового человека* (4:23,24), об *оскорблении Святого Духа* (4:30), о постоянном *исполнении Духом* (5:18), о Божьем плане для *мужей и жен, о* Христе, являющемся для них примером, и о Церкви (5:22-23).

Тем не менее в конце этого великого послания, которое переполнено такими удивительными истинами, Павел говорит: "Наконец...".

Лучше так истолковать эту греческую фразу: "И в завершение я оставил самую важную мысль на конец письма, чтобы вы наверняка запомнили ее, даже если забудете все остальное. Я хочу, чтобы эта истина закрепилась в вашем разуме".

Духовно однобокие верующие

Познакомившись с содержанием первых пяти глав Послания ефесянам, вы наверняка можете видеть, почему мне показалось удивительным то, что Павел выделил духовное оружие как самую важную тему этого послания! Сначала меня это даже озадачило. Я спрашивал самого себя:

"Как может вопрос духовного оружия быть важнее доктрины избрания?"

"Как может вопрос духовного оружия быть важнее доктрины предопределения?"

"Как он может быть важнее доктрины усыновления?"

"Каким образом он может оказаться важнее понимания вечного Божьего плана?"

"Почему Павел сохранил откровение о духовном оружии до самого конца этого очень глубокого и содержательного письма и еще заявил, что оно важнее, чем все другое в этом письме?"

"Почему?"

Тогда я осознал, почему Павел сделал это невероятное заявление о духовной войне и духовном оружии. Вопросы духовного оружия и духовной войны *в целом* не являются более важными, чем другие библейские доктрины! И не могут быть!

Все доктрины являются *чрезвычайно важными,* и нам необходимо знать их и понимать; они *составляют основу* всего того, во что мы верим. Но в то конкретное время и для тех конкретных людей, которым Павел адресовал это письмо, духовная война и духовное оружие были *временно более важными* по очень простой причине.

Так же, как многие в сегодняшнем христианском мире, верующие, которым писал Павел, накапливали духовные знания, собирали информацию и разные факты. Тем не менее, имея в своем распоряжении всю эту информацию и все знания, в духовной жизни все они терпели одно поражение за другим. Обладая достаточными знаниями, чтобы ответить на любой вопрос, касающийся Библии, они были абсолютно несчастны в личной жизни.

Послание ефесянам (4:25-31) указывает на некоторые проблемы, которыми страдали те, кому писал Павел. Павел призывал их отвергнуть ложь (4:25), не допускать, чтобы солнце заходило в их гневе (4:26), не давать места дьяволу (4:27), впредь не красть (4:28), не выпускать из уст "гнилых слов" (4:29), не оскорблять Святого Духа (4:30) и удалить от себя всякое раздражение, ярость, гнев, крик, злоречие, злобу (4:31).

Похоже ли это на описание победоносно живущих людей?

Разве победителям надо говорить, чтобы они перестали лгать? Разве победители дают место дьяволу в своей личной жизни и во взаимоотношениях с людьми? Разве в речи победителей можно услышать грубые, некрасивые слова? Разве победители оскорбляют Святого Духа, постоянно раздражаясь, гневаясь, крича и злобствуя?

Церкви, которые находились в Ликии (одной из них была Эфесская церковь) были более просвещенными, чем церкви других регионов, в истинах и доктринах Нового завета.

Мы знаем, что Эфесская церковь была основана Павлом (Деяния, 19:1-20) и что он провел в Эфесе три года, занимаясь воспитанием лидеров (Деяния, 20:31). После того как Павел оставил Эфес, пастором этой церкви стал Тимофей (1 Тимофею, 1:3). Если бы мы здесь остановились, этого было бы достаточно, чтобы назвать церковь в Эфесе уникальной поместной церковью в истории Церкви. Но мы не будем останавливаться!

Вдобавок к той роли, которую сыграли в жизни Эфесской церкви Павел и Тимофей, следует признать и роль апостола Иоанна, являвшегося членом этой церкви. Более того, когда Иоанн переместил центр своего служения из Израиля в город Эфес, он привез с собой Марию - мать Иисуса - и заботился о ней до конца ее жизни. Мать Иисуса была членом Эфесской церкви!

Я думаю, что вы видите, какой действительно необыкновенной была поместная церковь в Эфесе! Она была самой многочисленной церковью того времени, в ней наверняка проповедовали многие великие Божьи мужи и жены. Петр, Аполлос, Акила и Прискилла тоже проповедовали в этой церкви.

Тем не менее, несмотря на такое обилие превосходных служителей и возможность получить глубокие духовные знания, эти люди не жили той победной, изобильной жизнью, которую предлагал Иисус. Напротив, их жизни превращались в руины.

И хотя Писание четко не говорит, *почему* в их жизни царил беспорядок и почему они терпели поражение, тот факт, что Павел приберег отрывок о духовной войне и духовном оружии для конца письма, ясно указывает на наличие причины.

Они проявили себя как *духовно однобокие* верующие. Будучи зрелыми в сфере учения, они совершенно не развивали другие жизненно важные сферы.

Большую часть времени и энергии они отдавали тому, чтобы развивать доктрины и образовывать свои умы в важных и необходимых библейских истинах. Так как Церковь в то время была все еще очень молодой, огромное значение отводилось тому[7], чтобы верующим преподавалось здравое учение. И это очень правильно.

Однако пока эти христиане росли в понимании Слова, им необходимо было одновременно возрастать и в понимании вопросов духовного оружия и духовного противостояния.

Эти верующие жили в мире, который во многом был похож на сегодняшний мир; ему были свойственны конфликты, перевороты, насилие. Помимо того, что учителя и пасторы развивали и анализировали библейские доктрины и преподавали их в Церкви, они должны были готовить святых к тому, чтобы те могли противостоять враждебному окружению.

Изучение Слова было абсолютно необходимо! В те дни начинали записывать церковные доктрины на бумагу, и было крайне важно интенсивно исследовать и изучать Божье Слово. Это было чудесно! Каждый, кто знаком со мной и моим служением, знает, что я ставлю изучение Божьего Слова на первое место! Но, изучив Слово, было необходимо начать применять его в жизни и поступать согласно приобретенным знаниям.

Этим верующим надо было знание Божьего Слова превращать в *"меч духовный"*.

Теперь они должны были держаться той веры, которой они обладали в своем разуме, и превратить ее в *"щит веры"*.

Их знание о спасении должно было превратиться в *"шлем спасения"* и их понимание удивительной Божьей благодати должно было трансформироваться в *"броню праведности"*.

В свете всего этого Павел так начинает учение о духовной войне и духовном оружии: "Наконец...".

Слово "наконец" лучше перевести как "в завершение" или "я сохранил самую важную мысль до конца письма, чтобы вы наверняка запомнили ее, даже если забудете все остальное...".

Товарищи по оружию

Далее Павел говорит: "Наконец, *братия мои...* ". Теперь мы подходим к слову "братия". Слово "братия" является еще одним очень важным словом в Новом завете, которое часто не замечают и неправильно понимают. Слово "братия" является настолько важным при изучении вопросов духовной войны и духовного оружия, что мы должны остановиться на нем, прежде чем пойдем дальше.

Слово "братия" соответствует греческому слову *adelphos*. Оно является одним из самых древних слов, использованных в Новом завете. Обычно это слово просто означает "брат". Однако оно имеет гораздо более глубокое значение, чем это.

В самом древнем своем значении слово *adelphos* ("брат") использовалось врачами, чтобы описать людей, которые вышли из одного чрева. Итак, когда два грека, обращаясь друг к другу, говорили "брат", они вкладывали в это следующий смысл: *"Ты и я, мы с тобой братья! Мы вышли из одного чрева человечества, в своих чувствах мы ничем не отличаемся друг от друга и в жизни сталкиваемся с одними и теми же проблемами. Мы - истинные братья"*.

Когда Павел обращался к своим читателям со словом "братия", он частично имел в виду именно это. Используя это слово, он как бы становился рядом с читателями послания, принимая участие в их личных сражениях и победах.

Но это еще не полностью раскрывает значение слова "братия". Оно не было популярным, каким является сегодня в Теле Христовом, до времен Александра Великого. Обратите внимание на нюанс значения слова "братия". Во времена Александра Великого слово "братия" обрело особое значение, связанное с армией.

Принимая во внимание то, что Послание ефесянам (6:10-18) говорит о духовной войне и духовном оружии, можно не сомневаться в том, что Павел помнил об этом значении, когда обращался к своим читателям со словом "братия".

Александр Великий бесспорно был величайшим воином в мире. В возрасте 18 лет он завоевал все восточные земли, а в 33 года покорил и западные страны. От Европы до севера Африки; Греция, Азия, Турция и до западной границы Индии - Александр Великий завоевал почти весь цивилизованный мир. Во время одного из военных походов он победил персидскую армию численностью в 40 тысяч солдат, потеряв при этом только сто десять своих воинов.

Этого молодого и могущественного полководца знали и уважали везде, и во всех концах великой империи солдаты желали каким-то образом лично познакомиться с ним. Знать Александра лично и получить его признание было высочайшей честью для любого воина.

Поэтому в особых случаях Александр проводил церемонии, на которых он отмечал старательных, чрезвычайно храбрых воинов. Он вызывал их на гигантскую платформу, где они становились рядом с ним, и затем публично выражал признание тем солдатам, которые проявили особую храбрость или усердие в бою.

Стоя перед огромной аудиторией военных людей, Александр клал руку на плечо каждому солдату и говорил: "Пусть вся империя узнает, что Александр гордится тем, что является *братом* этого воина". Таким образом, слово "брат" (как оно использовалось в те дни) на самом деле означало "товарищ" или "товарищ по оружию".

Итак, мы знаем, что слово "брат" отображает следующую картину[7]: это два солдата, которые сражались в одном бою, они, как два брата, вышли из одного чрева, они имеют одни и те же чувства, желания и испытывают одни и те же страхи - и оба они научились справляться со своими чувствами и обретать победу в сложных сражениях с атакующим врагом.

Для этих воинов быть "братом" означало быть истинным *товарищем по оружию*. Находясь рядом в пылу боя, они познавали "братство", которое известно только солдатам.

Итак, когда Павел обращался к своим читателям, называя их "братия", он сообщал им важную весть. Он говорил: *"Мы вышли из одного чрева человечества, мы одинаково чувствуем и одинаково боремся в этой жизни - но трудности жизни не одолели нас. И вы, и я - мы все еще сражаемся изо всех сил. Поэтому я горжусь тем, что мы породнились в этом сражении. Мы братья!"*

Воины, которые достойны вашего общества

Хотя те, кто читал послание Павла, по всей вероятности, в то время вели борьбу в своей жизни, они не сдались и не отказались от сражения! Они не убегали. Они продолжали шаг за шагом идти вперед. Верующие, которые не сдаются и не бегут с поля боя, стоят того, чтобы с ними познакомиться и породниться.

Независимо от того, как они сражаются - плохо или хорошо, *они продолжают бой,* и это говорит в их пользу! Кто-то сдается, но не они. Согласно Павлу, таких людей мы должны считать своими "товарищами" в вере.

Это благая весть для того, кто испытывает сейчас трудности в своей жизни. Противник пытается поставить на него клеймо духовного неудачника только потому, что он еще не обрел полной победы в своей жизни. Однако если он остается на поле сражения и отказывается сдавать свою позицию врагу, это исключительно хороший воин! Это воин, знакомству и общению с которым каждый из нас должен быть счастлив!

Слово "брат" однозначно указывает на то, что не имеет значения, насколько хорошо вы ведете бой. *Действительно важно лишь то, что вы продолжаете бой.* В конечном итоге это всегда приводит к победе!

Глава седьмая

Укрепляйтесь Господом

Прежде чем Павел начинает свою весть о духовном оружии, он призывает нас принять сверхъестественную силу! В этой главе мы узнаем, что говорит Павел об этой сверхъестественной силе, которая благодаря Богу имеется в нашем распоряжении. Послание ефесянам (6:10) продолжает: "Наконец, братия мои, укрепляйтесь Господом...".
Что значит "укрепляться Господом"?
Слово "укрепляйтесь" соответствует греческому слову *endunatoo,* которое состоит из греческих слов *en* и *dunamis.* Слово *en* - это предлог "в", а слово *dunamis* - это "взрывная сила, способность". От слова *dunamis* мы получили слово "динамит".
Составленное из двух слов, слово *endunatoo,* которое Павел использует в этом тексте, означает "наделение силой" или "внутреннее укрепление".'Оно несет идею того, что в человека "вливается чрезвычайно большая доза действующей внутренней силы".
Так как первая часть слова *endunatoo* есть предлог "в", а вторая указывает на "взрывную силу", легко увидеть, что слово отображает "силу", которая вливается "в" кого-то или "во" что-то; это похоже на контейнер, сосуд цци другое вместилище.
Сама природа этого слова говорит о том, что для силы, которая помещается куда-то, необходим сосуд или

кто-то, кто бы принял эту силу в себя. И тут на сцену выходим мы!

Мы были специально сотворены Богом, чтобы стать вместилищем Божьей сверхъестественной силы. Поэтому Павел призывает нас: "Наконец, братия мои, *укрепляйтесь...*". Смысл этого состоит в следующем: *"Примите в вашего внутреннего человека вклад сверхъестественной укрепляющей силы"*. Бог является Даятелем этой взрывной силы, и согласно Посланию ефесянам (6:10) мы являемся вместилищем, "в" которое вкладывается эта "сила".

Грамматическая форма этого предложения на языке оригинала указывает на то, что Павел не просто предлагает или советует, чтобы они приняли эту силу; он приказывает им принять силу и сделать это как можно скорее.

Вполне понятна цель, с которой Павел писал этот стих. Он призывал своих читателей и использовал для этого самые сильные слова; он приказывал им открыть сердца и принять новое прикосновение Божьей силы.

Слово "укрепляйтесь" в греческом языке указывает на продолжительный, долговременный эффект силы на нашу жизнь. Эта особая сила *endunatoo* не является каким-то кратковременным переживанием. Напротив, как только она высвобождается в жизни верующего, она не только дает незамедлительное укрепление, но и продолжает укреплять еще долго после ее получения.

Павел знал, что верующим доступно длительное переживание Божьей силы. Он также знал, что мы отчаянно нуждаемся в этом особом прикосновении сверхъестественной силы, чтобы успешно отбивать атаки врага, которые будут возникать в нашей жизни. В свете всего этого Павел призывает нас открыть Богу дух, душу и тело, чтобы принять это сверхъестественное укрепление. Он желает, чтобы мы приняли его, и это очевидно. Он не *предлагал*, чтобы мы приняли эту силу, - он *приказывал* нам принять ее, и как можно скорее.

Очень сильным, властным тоном Павел велит каждому верующему, где бы он ни находился, "наполниться сверхъестественной силой...", "укрепиться посредством особого прикосновения Божьей силы...", "несомненно принять внутреннее укрепление..."

Почему Павел так настаивал на этом? Потому что он знал, что верующим необходимо принять эту силу, прежде чем они начнут сражение с невидимыми, атакующими силами. Без этого ни один верующий не справится с коварными интригами и замыслами сатаны и с демоническими духами, которые приходят, чтобы воевать против наших душ.

Если в нас не будет действовать эта особая сила Святого Духа, мы не станем достойными противниками сатаны. Он очень умный, сообразительный, хитрый, осторожный, искусный; он очень сильный, способный, могущественный, влиятельный и решительный; он очень мудрый стратег, который систематически и умело организует атаки на человечество; он великолепно ощущает, когда нанести разрушительный удар. В естественном плане его сила и ум превосходят наши во много раз; наши находчивость и сообразительность блекнут перед его искусными методами мышления и действий.

До того как сатана пал и оказался в своем нынешнем положении, он был могущественным, выдающемся ангелом. И хотя он пал, он в значительной мере сохранил ум и способности, которые изначально были даны ему Богом.

Это правда, что Иисус отнял у него *законную власть* над нами, однако он все еще обладает своим удивительным *умом*. Он все еще использует для борьбы с нами свой ум, хитрость, мастерство, осторожность, изобретательность.

Но сила дьявола не идет ни в какое сравнение с превосходящей силой Святого Духа, и дьявол знает это. Поэтому он пытается обхитрить нас с помощью изощренных методов, которые рождает его удивительный ум.

Чтобы разрушить стратегию сатаны, мы должны принять особое "укрепление" свыше. Оно даст нам способность побеждать этого заклятого врага веры. Павел повелел ранней Церкви принять эту особую силу - и теперь Слово Божье дает нам такое же особое, важное повеление: "Наконец, братия мои, *укрепляйтесь*.

Это не предложение со стороны Павла; это *прямой приказ*.

Сверхъестественная сила для выполнения сверхчеловеческого задания

Слово *endunatoo* часто использовалось в классической греческой литературе для описания лиц, избранных богами для выполнения каких-то особенных, сверхчеловеческих заданий.

Например, писатели древности, описывая легендарный образ Геркулеса, говорили, что его сверхъестественная сила была результатом того, что греческие языческие боги вложили в него силу *endunatoo*.

Слово *endunatoo* идеально подходило для описания такой сверхъестественной силы, какой, по их представлению, обладал Геркулес. Как повествует легенда, он, получивший такую силу от языческих греческих богов, совершил множество удивительных, сверхчеловеческих и сверхъестественных подвигов.

Апостол Павел был чрезвычайно умным и образованным человеком. Он несомненно знал об имеющем отношение к истории использовании слова *endunatoo*, так как изучал классический греческий язык.

Таким образом, говоря о сверхъестественной силе, которой наделяет нас Святой Дух для того, чтобы мы могли противостоять делам врага, Павел выбрал слово, с которым были связаны эти особые образы. Это слово указывает на силу, которая простых людей превращает в героев и победителей.

Более того, *endunatoo* - это сила, которой наделяют человека тогда, *когда ему предстоит выполнить особое задание, находящееся за пределами его человеческих возможностей*. Эта сила дается человеку, когда задание, которое ему поручено, требует от него сверхъестественных сил.

То, что Павел начинает свое учение о духовной войне и духовном оружии с приказания принять силу *endunatoo*, ясно раскрывает нам его убежденность в том, что мы сможем продемонстрировать победу Иисуса и поражение дьявола лишь с помощью этой особой, сверхъестественной силы.

Павел не имел и тени сомнений, что когда Божья сила в полной мере действует в жизни верующего, ее мощный поток превращает простых верующих в духовных гигантов!

Поэтому Павел повелевает: "*Укрепитесь...*" "Примите внутреннее укрепление..." "Наполнитесь этой сверхъестественной силой.

Где найти эту силу?

Далее Павел говорит: "Наконец, братия мои, укрепляйтесь Г*осподом…*".

Падеж слова "Господь" в греческом языке указывает на то, что эта особая сила *(endunatoo)* может быть найдена *только* в Господе.

Павел как бы говорит, что эта сила заключена в личности Иисуса Христа и не может быть найдена нигде, кроме как в Нем. Вы не можете приобрести эту особую сверхъестественную силу, читая книги, слушая записи или каким бы то ни было другим путем. Слава Богу за хорошие книги или записи с учением, но силу, о которой мы говорим, можно обрести только посредством личных взаимоотношений с Господом Иисусом Христом. Эта сила заключена в Господе.

В первой главе Послания ефесянам Павел семь раз использует этот падеж. Он рассказывает ефесянам, кем мы являемся и что имеем "во Христе" (1:3,4,6,7,11,13). Он говорит о том, что в результате нашего искупления Иисусом Христом вся наша жизнь заключена и мы сами заключены в личности Иисуса Христа! Об этом Павел говорил коринфянам: "А соединяющийся с Господом есть *один дух*" (1 Коринфянам, 6:17); об этом же он говорил своим слушателям на Марсовой горе: *"Ибо мы Им живем и движемся и существуем"* (Деяния, 17:28). Итак, мы пожизненно и навечно заключены в личности Иисуса Христа. Он стал сферой нашего существования и обитания. Мы находимся *в* Нем!

Причина того, что эта особая Божья сила *endunatoo* доступна вам и мне, состоит в том, что мы с вами, как и эта божественная сила - особая, сверхъестественная сила, которая обычных людей превращает в духовных гигантов, - славно заключены в личности Иисуса Христа. Мы как верующие заключены в Господе, и эта удивительная сила вместе с нами заключена в Господе.

И хотя мы не всегда осознаем это, мы постоянно - каждый день, каждый час, каждую минуту - находимся бок о бок с этой божественной силой. Тот факт, что мы заключены "в Господе" и эта сила "заключена в Господе", означает, что своим духом мы стоим у моря сверхчеловеческой силы. Эта сила находится в нашем распоряжении, так же как и воздух, которым мы дышим.

Возьмите то, что принадлежит вам

Как-то я проповедовал в одной большой церкви в западной части Америки об этом божественном потоке силы и говорил о том, что он доступен каждому верующему. В конце утреннего богослужения я пригласил выйти вперед людей, которые не были исполнены Святого Духа и не говорили на иных языках, и многие откликнулись на этот призыв.

Когда я собирался молиться за людей, которые вышли вперед, пастор повернулся ко мне и сказал: "Я хочу, чтобы ты сегодня наблюдал за тем, как мои помощники молятся за крещение Святым Духом. Впоследствии тебе будет легче сотрудничать с ними".

По его просьбе я отошел в сторону и стал наблюдать за тем, как работники церкви молятся за людей, желающих креститься Святым Духом. Один за другим они проходили мимо опустившихся на колени людей и, похлопывая их по спине, говорили: *"Вам надо молиться усерднее, чем сейчас..." "Вы недостаточно громко молитесь..." "Вы должны плакать и умолять Бога, чтобы получить от Него что-либо..." "Вам следует еще подождать..."*

Мое сердце разрывалось при виде происходящего. Эти милые, духовно голодные люди пришли, чтобы получить от Бога Его бесплатный дар, но то, что могло стать прекрасным событием, было превращено в кошмар. Будучи введены в заблуждение неправильным учением, они начали причинять себе ненужные духовные страдания, чтобы почувствовать себя "достойными" принять Святого Духа от Бога.

Как прискорбно было это видеть! Нельзя превращать крещение Святым Духом в дело плоти - особенно если вы знаете, что исполнение Святым Духом - это результат действия благодати, а не человеческих усилий. То, что я видел в тот вечер, было самым духовно неприятным зрелищем из всех, которые я когда-либо наблюдал в церкви.

Бог знал, что если принятие Его силы Он сделает трудным для нас, то большинство из нас никогда ее не обретут. Поэтому Бог пошел очень простым путем. Он навеки заключил нас и Свою божественную силу в Иисуса Христа. Этим Он поставил нас в такое положение, что мы *постоянно* находимся бок о бок с этой божественной силой. Бог по благодати Своей устроил все так, чтобы нам легко было принять вливание сверхчеловеческой, сверхъестественной силы, необходимой нам для сражения.

Чтобы испытать эту всегда доступную, находящуюся по соседству силу, вы должны открыть для нее свое сердце и попросить, чтобы она была высвобождена в вашей жизни, - и *верой* принять ее. Благодаря вашему положению "во Христе" вас *в эту минуту* эта сила окружает полностью. В этот момент вы погружены в эту силу. *Вам только необходимо взять ее!*

Единственной предпосылкой для принятия этой силы является то, что вы должны быть "во Христе". Если вы "в Нем", как это повторяется в 1-й главе Послания ефесянам, то ваше положение позволяет вам *прямо сейчас* принять новое укрепляющее прикосновение Божьей силы.

Павел говорит: "Наконец, братия мои, укрепляйтесь Господом...".

Признаки действия силы Духа

Как можно определить, когда именно Божья сверхъестественная сила действует в вашей жизни?

Павел так отвечает на этот вопрос: "Наконец, братия мои, укрепляйтесь Господом и *могуществом силы Его*".

Когда я воспитывался в среде южных баптистов, часто я слышал дискуссии о том, во что мы верим и во что не верим, когда речь идет о Святом Духе. Как представители деноминации южных баптистов мы были яростными противниками учения пятидесятников о том, что говорение на иных языках является первым признаком того, что верующий принял силу Духа.

С нашей точки зрения пятидесятники не могли доказать это. И хотя в качестве доказательства они использовали ряд мест из Писания, мы тут же могли объяснить им это по-своему.

Мы верили, что говорение на языках было феноменом, присущим только временам апостолов. Это был особый и неповторимый переходный период, который должен был длиться только до той поры, пока не укрепится Церковь. Согласно нашим убеждениям исцеление, чудеса и говорение на иных языках были предназначены только для этого "переходного периода", а не для того, чтобы существовать долго.

Не веря в языки, которые, как нам казалось, были чем-то столь невежественным, смешным, основанным на одних эмоциях, мы имели *свои собственные признаки* того, что верующий наделен силой Духа. И точно так же, как пятидесятники, мы имели ряд мест из Писания, которые подтверждали нашу точку зрения.

Мы заявляли, что истинным признаком действия силы Духа является способность быть свидетелем Иисуса Христа. В качестве доказательства мы приводили книгу "Деяния апостолов" (1:8), где говорится: "Но вы примете силу, когда сойдет на вас Дух Святый, и будете Мне *свидетелями* в Иерусалиме и во всей Иудее и Самарии и даже до края земли".

С одной стороны, пятидесятники говорили, что *первоначальным признаком* пребывания силы Духа является говорение на иных языках, а с другой стороны, в моей предыдущей деноминации учили, что этим признаком является способность быть свидетелем Иисуса Христа.

Чтобы быть честным по отношению и к тем, и к другим, надо сказать, что обе эти точки зрения верны. Оба этих внешних знака *свидетельствуют о* том, что в жизни верующего действует сила Духа.

Говорение на иных языках, без сомнений, является первым признаком того, что жизнь верующего исполнилась силы Святого Духа, чтобы навсегда пребывать там. Книга "Деяния апостолов" является подтверждением тому, и "период апостолов" не был предназначен Богом лишь для того, чтобы быть "переходным периодом" все то время, пока не укрепится Церковь. В Писании нигде не подтверждается факт существования так называемого "переходного периода"; это плод человеческой фантазии. Любой честный теолог с этим согласится. Эта доктрина (которую приняли многие деноминации) родилась для того, чтобы служить оправданием Церкви за ее бессилие и отсутствие в ней сверхъестественного.

Другим признаком присутствия и продолжающегося действия Духа в жизни верующего является то, что он становится свидетелем Иисуса Христа. Сам Иисус сказал это (Деяния, 1:8).

Суть этого стиха настолько ясна, что никто не может оспорить тот факт, что сила Духа всегда порождает сильных свидетелей.

Тем не менее, согласно книге "Деяния апостолов", *первоначальным признаком* является говорение на иных языках; способность же свидетельствовать не является первоначальным признаком того, что верующий исполнен Духом.

Способность свидетельствовать есть один из многих признаков, которые проявляются после *первоначального исполнения* Святого Духа. К той же категории последующих признаков можно причислить плоды Духа, дары Духа и др.

Сила *kratos* и сила *ischuos*

В Послании ефесянам (6:10) Павел указывает на еще один очень существенный признак действия силы Духа в нашей жизни. Он далее говорит: "Наконец, братия мои, укрепляйтесь Господом и *могуществом силы Его*".

Позвольте сначала напомнить вам, что в Послании ефесянам (6:10) говорится о сверхъестественной силе, которую Бог отдал в наше распоряжение для того, чтобы мы могли сражаться с невидимыми демоническими силами, покушающимися на наши души.

Слово "укрепляйтесь", которое используется в Послании ефесянам (6:10), соответствует греческому слову *endunatoo* и описывает *"вливание чрезвычайно большой дозы внутренней силы в верующего"*. *Endunatoo* - это такая великая сила, которая способна отразить любую атаку[7] любого противника. Греческие классики раннего периода использовали это слово для описания особых лиц (таких как Геркулес), которые были избраны богами и наделены сверхчеловеческой силой для исполнения сверхчеловеческого задания.

Вот такую силу Бог предоставил в наше распоряжение!

Но продолжим рассмотрение стиха, чтобы узнать, что еще говорит Павел об этой силе. В Послании ефесянам (6:10) он говорит: "Наконец, братия мои, укрепляйтесь Господом и *могуществом силы Его*".

Обратите особое внимание на слова "сила" и "могущество". Вам необходимо узнать значения этих двух слов, чтобы расширить свое понимание духовной войны и духовного оружия.

Слово "сила" соответствует греческому слову, которое описывает такую силу, которую я бы назвал "продемонстрированной силой". Другими словами, сила *kratos* не та сила, в которую можно верить разумом. Напротив, сила *kratos* является явно ощутимой силой, действие которой можно видеть воочию. Это означает, что *kratos* - не предполагаемая, а *реальная сила*.

В Послании ефесянам (1:19,20) говорится, что когда Бог воскресил Иисуса из мертвых, действовала сила *kratos*. "И как безмерно величие могущества Его в нас, верующих по действию державной силы (*kratos*) Его, которою Он воздействовал во Христе, воскресив Его из мертвых...".

В греческом оригинале этот стих звучит немного иначе. Там говорится: "...по действию *могущества силы Его*...".

Почему это так важно?

Потому что *"могущество силы Его"* - та же фраза, которая используется в Послании ефесянам (6:10), где описывается сила, поддерживающая нас в сражении с невидимыми, злыми силами. Та сила, которую Бог использовал, когда воскрешал Иисуса из мертвых, теперь действует в нас - *мы обладаем силой воскресения!*

Во Вселенной нет другой силы, подобной этой. Это величайшая сила. Она настолько превосходит все другое, что в Писании она используется исключительно в том случае, когда речь идет о Боге. Человек не обладает такой силой - *если только она не дана ему Богом!*

Сила *kratos* так неизмеримо велика, что могущественные римские воины, охранявшие в утро воскресения могилу Иисуса, упали в обморок и лежали парализованные, не способные двигаться до тех пор, пока воскресение не было завершено...

Сила *kratos*, переполнявшая могилу, где лежало мертвое тело Иисуса, была настолько неукротимой, всепоглощающей и непреодолимой, что пропитала каждую мертвую клетку Его тела божественной жизнью, и было невозможно удержать Его...

Если бы вы присутствовали в момент воскресения, когда сила *kratos* вошла в могилу, где находилось тело Иисуса, вы бы тоже рухнули на землю. Именно эта сила воскресила Иисуса из мертвых! Это была вулканическая сила, которую можно было наглядно видеть; *это была самая великая сила, которая известна Богу или человеку!*

И теперь Павел использует это же слово, чтобы описать силу, которая отдана в наше распоряжение! Павел недвусмысленно говорит нам о том, что если мы испытали в своей жизни крещение Святым Духом, сила *kratos* будет *еще одним признаком* этого.

Поэтому Павел говорит: "Наконец, братия мои, укрепляйтесь Господом и силой *kratos*...". Действие силы *kratos* в вашей жизни является признаком того, что Дух Божий сверхъестественным образом укрепил вас. Только божественно укрепленные люди обладают силой *kratos*.

Когда Святой Дух присутствует в нашей жизни и укрепляет нас, Он высвобождает в нас ту же силу, которая физически воскресила Иисуса Христа из мертвых.

Сила kratos является явной, ощутимой, наглядно продемонстрированной силой - той силой, которую можно видеть и которую можно испытать.

Так как слово *kratos* обычно используется для описания физически проявляющейся силы, это говорит нам о том, что когда эта сила начинает действовать в нас, она сразу же ищет возможность *продемонстрировать* себя.

Другими словами, эта сила не приходит к нам, чтобы оставаться в бездействии. Она приходит, чтобы выполнить *сверхчеловеческое задание*.

Павел знал, что прежде чем начать разговор о войне с невидимыми силами и говорить о всеоружии Божьем, необходимо выяснить, что такое эта сила. Без действия этой силы в нашей жизни невозможна никакая война. Мы не можем противостоять делам тьмы с помощью своей собственной силы - *это абсолютно нереально*. Более того, сами мы даже не можем нести тяжелое всеоружие Божье, которое нам так необходимо в битве с дьяволом.

Поэтому Павел начинает свое исследование о всеоружии с рассуждения о Божьей силе *kratos*.

Без этой силы мы не будем достойными противниками дьяволу, без этой силы мы не сможем воспользоваться всеоружием Божьим. А при наличии в нас силы *kratos* дьявол уже не является достойным противником, и мы способны идти в бой во всеоружии, которым обеспечил нас Бог.

Могущественная Божья рука

Павел продолжает: "Наконец, братия мои, укрепляйтесь Господом и *могуществом сипы Его*".

Слово "могущество" является переводом греческого слова *ischuos* и раскрывает образ очень сильного мужчины, напоминающего культуриста, который обладает мощной мускулатурой.

Теперь Павел применяет этот образ сильного, мускулистого мужчины не по отношению к себе, а по отношению *к Богу**. Он показывает Бога существом, которое имеет силу и мощь. Я должен спросить вас: "Существует ли на свете что-то, что обладает большей силой, чем Бог? Обладает ли кто-нибудь такими способностями, как Бог? Есть ли во Вселенной сила, равноценная Божьей?"

Одним движением руки, Божьей могущественной руки, было высвобождено такое количество силы, что появилась Вселенная...

Одним движением руки, Божьей могущественной руки, было высвобождено такое количество силы, что Вавилонская башня, Нимрод и все его злые силы были рассеяны по всей земле...

Одним движением руки, Божьей могущественной руки, было высвобождено такое количество силы, что весь цивилизованный мир времен Ноя был потоплен, и целый период истории был стерт...

Одним движением руки, Божьей могущественной руки, была высвобождена такая чрезвычайная сила, что города Содом и Гоморра были снесены огнем и серой...

Одним движением руки, Божьей могущественной руки, был положен конец восстанию Египта против Бога, и дети Израиля были освобождены...

От одного движения руки, Божьей могущественной руки, бурные воды Красного моря вернулись на свое место, поглотив колесници войск фараона, гнавшихся за детьми Божьими...

От одного движения руки, Божьей могущественной руки, злые силы поднебесья были отодвинуты назад и, несмотря на то, что это было физически невозможно, во чреве девы был зачат и потом рожден Иисус...

От одного движения руки, Божьей могущественной руки, Его сила ворвалась в глубины преисподней и вырвала Иисуса из объятий смерти, отняв силы у начальств и властей, подвергнув их позору, показав всем их полное поражение...

Когда Божья могущественная рука действовала в день Пятидесятницы, Святой Дух пришел, как "сильный ветер", и наполнил верхнюю комнату Своей удивительной силой, сверхъестественно укрепив учеников проповедовать Слово, явив чудеса и знамения...

И теперь великая Божья рука *продолжает действовать*.

Где сегодня можно обнаружить действие великой, могущественной мышцы Бога? *В вас и во мне!* Павел говорит: "Наконец, братия моя, укрепляйтесь Господом *и могуществом силы Его*'.

Сила *kratos* потому так велика и проявляется так явно (как в воскресении Иисуса из мертвых), что она поддерживается Божьими способностями (*ischuos*)! Один толкователь очень точно выразил суть Послания ефесянам (6:10): "...укрепляйтесь Господом и той огромной, проявляющейся физически силой, которая действует в вас благодаря Божьим неизмеримым способностям".

Все, что есть Бог, вся сила, которой Он обладает, вся Его мускульная энергия - все это выражается в силе *kratos,* которая ныне действует в верующих, исполненных Духа. Все это действует в вас и во мне!

Готовы для сражения

Имея такую силу в своем распоряжении, вы готовы к тому, чтобы начать успешное сражение с невидимыми демоническими духами, которые ведут войну против плоти и души.

Поэтому Павел далее говорит: "Облекитесь во всеоружие Божие, чтобы вам можно было стать против козней диавольских" (Ефесянам, 6:11).

В следующей главе мы узнаем, как можно распознать *козни, злые умыслы и ложь дьявола!*

Глава восьмая

Козни, злые умыслы и ложь дьявола

Павел говорит: "Облекитесь во всеоружие Божие, чтобы вам можно было стать против козней диавольских" (Ефесянам, 6:11).

Слово "всеоружие" является переводом греческого слова *panoplia* и описывает римского солдата в полном обмундировании. Так как Павел представляет нам именно этот образ, мы должны тщательно рассмотреть его. Видимо, Павел использует этот образ потому, что он довольно много времени провел в заточении под охраной воинов. Он видел *пояс* римского солдата, *мощную кольчугу, обувь с шипами*, представляющую опасность, *массивный щит в полный рост солдата, замысловатый шлем, меч* и *длинное, по-особенному выточенное копье*, которое можно было бросать на большое расстояние, чтобы издалека поражать врага.

Римский воин новозаветных времен обычно имел при себе все семь предметов вооружения для нападения и защиты. Сегодня эти предметы можно увидеть в музеях.

Итак, во-первых, римский солдат имел *пояс*. И хотя он был самым простым и невзрачным предметом всеоружия, именно к нему крепились все остальные предметы. Например, пояс удерживал кольчугу. С помощью особого крючка с одного бока на поясе крепился щит. С другого бока находился еще один крючок, на который солдат мог повестить свой меч, когда он не пользовался им.

Пояс был настолько обычной вещью, что ни одному содцату не пришло бы в голову в письме своей семье сообщать о том, что у него появился новый пояс. Тем не менее пояс был самым важным предметом обмундирования, потому что на нем держались все остальные предметы. Без пояса все эти предметы просто бы свалились с солдата (подробнее мы будем говорить об этом в 10-й главе). Вдобавок к поясу у римского солдата имелась *великолепная кольчуга*. Его кольчуга состояла из двух металлических плит: одна прикрывала грудь солдата, другая - спину. Обе они были соединены на плечах с помощью больших латунных колец. Часто эти плиты состояли из мелких металлических пластин, напоминающих рыбью чешую.

Этот тяжелый предмет вооружения начинался от шеи и доходил до колен. От талии до колен кольчуга представляла собой нечто похожее на металлическую юбку. Кольчуга, бесспорно, являлась самой тяжелой частью обмундирования римского воина. В зависимости от телосложения солдата этот предмет мог весить до 15 кг. В 1-й книге пророка Самуила (17:5) мы читаем, что кольчуга Голиафа весила 15 тысяч сиклей меди, что составляет 60 кг. (Эта "броня праведности" является темой 11-й главы.)

Помимо прекрасной кольчуги римский солдат имел в своем распоряжении третий предмет всеоружия - *обувь,* которая представляла большую опасность для противника. Это не были простые сандалии, которые римляне носили каждый день. Сандалии, которые люди носят сегодня, - это просто легкие кусочки кожи, обвитые вокруг пятки и носка.

Обувь, которую носил римский солдат, состояла из двух металлических частей. Одну часть составляли ножные латы, которые представляли собой медные или латунные трубы, закрывающие нижнюю часть ног. Они начинались под коленом, проходили вниз, защищая икру, и заканчивались там, где начинается стопа. Эта обувь, покрывавшая нижнюю часть ног римского солдата, напоминала медные сапоги!

Края и подошва обуви были сделаны из толстых и тяжелых металлических пластин. Вся подошва была покрыта крайне опасными шипами. Длина шипов составляла от 3 до 7 см. Такая обувь, которую Павел в Послании ефесянам (6:15), к нашему удивлению, называет "обувью готовности благовествовать мир", предназначалась для убийства. (Об этой обуви вы сможете прочитать в 12-й главе.)

Четвертым важным видом оружия был *большой щит продолговатой формы*. Этот массивный щит был изготовлен из множества спрессованных шкур животных, которые были натянуты на металлическую или деревянную раму. (Мы будем рассматривать "щит веры" в 13-й главе.)

Пятым предметом вооружения римского солдата был *шлем*. Этот важнейший предмет вооружения, который защищал голову солдата от опасных ударов, мог весить 7 кг и больше. Из всего вооружения римского солдата самым красивым предметом была кольчуга, а самым заметным - шлем. Было бы почти невозможно пройти мимо воина, не обратив внимания на его шлем. (Мы будем говорить об этом подробнее в 14-й главе этой книги.)

Шестой частью вооружения римского воина был его *меч*. В то время существовали разные виды мечей. Меч римского солдата был очень тяжелым и широким; он был специально создан для того, чтобы колоть и убивать противников. ("Духовный меч" является темой 15-й главы.)

Седьмой предмет, входящий в состав вооружения римского солдата, представлял собой *выточенное особым образом копье,* предназначенное для того, чтобы поражать врага на расстоянии.

Большинство верующих не признают того, что в Послании ефесянам (6:10-18) говорится и о копье, но это должно там иметь место, потому что нам сказано "облечься во *всеоружие* Божие..." (т.е. во все части вооружения). Нет сомнений в том, что одним из предметов вооружения римского воина было копье. Чтобы Павел мог в полной мере использовать образ "всеоружия Божьего", в тексте должно упоминаться и копье.

В последующих главах вы увидите, что копье является весьма существенной частью *"всеоружия Божьего"* (о копье пойдет речь в 16-й главе).

Новый комплект одежды

Все отдельные предметы взяты из образа римского солдата в полном вооружении, *снаряженного для битвы!* Раскрывая перед нами этот образ, Павел дает сильное слово наставления. Он говорит: "Облекитесь во всеоружие Божие, чтобы вам можно было стать против козней диавола" (Ефесянам, 6:11). Обратите особое внимание на то, что Павел говорит: *"Облекитесь..."*. Слово "облекитесь" соответствует греческому слову *etiduo* (хотя это слово кажется похожим на слово *endunatoo,* которое мы рассматривали ранее, эти два слова имеют *разные* значения).

Слово *enduo* в Новом завете употребляется довольно часто. Именно это слово использовал Лука, когда записывал слова Иисуса: "И Я пошлю обетование Отца Моего на вас; вы же оставайтесь в городе Иерусалиме, доколе не *облечетесь* силою свыше" (Луки, 24:49).

Слово *enduo* отражает процесс надевания нового комплекта одежды. В свете этого один толкователь Писания очень точно перевел Евангелие от Луки (24:49): "...вы же оставайтесь в городе Иерусалиме, доколе не будете *одеты* силой свыше".

Павел использовал слово *enduo* в своих посланиях, чтобы описать акт "облечения в нового человека". И в Послании ефесянам (4:24), и в Послании колоссянам (3.10) он призывает нас *"облечься в нового человека"*. Используя слово *enduo* в этих двух стихах, Павел советует нам "облечься" в нового человека - так же, как можно надеть на себя новый комплект одежды.

Теперь Павел именно в таком смысле употребляет слово *enduo* в Послании ефесянам (6:11) (т.е. чтобы указать на акт надевания нового комплекта одежды), только здесь идет речь о духовном оружии. Он велит нам *"облечься во всеоружие Божие"*.

В этом стихе Павел употребляет повелительное наклонение, и это означает, что он не просто советует - он дает команду, которую нельзя не исполнить. Очень строгим тоном он приказывает нам действовать незамедлительно. И это имеет такое важное значение, что когда Павел обращается к нам, он приказывает нам "быть одетым во всеоружие Божье".

Мы можем или отказаться выполнять приказ облечься во всеоружие Божье, или выполнить его. Если мы принимаем решение откликнуться на призыв Павла, то нам следует узнать, *каким образом* можно "облечься во всеоружие Божье".

Как можно облечься во всеоружие Божье?

Павел называет наше духовное оружие "всеоружием Божьим". Обратите особое внимание на слово "Божье". Это слово является переводом греческой фразы *ton theo,* что говорит нам о том, что этот комплект сверхъестественного оружия приходит прямо *Самого Бога; Бог является источником и автором этого оружия.* Таким образом, этот стих можно перевести так: "Облекитесь во всеоружие, *которое пришло от Бога...*".

Так как это всеоружие имеет свое начало в Боге, для нас жизненно важно сохранять непрерывное общение с Богом, чтобы постоянно пользоваться и наслаждаться этим духовным оружием. Если мы прекращаем общаться с Господом, мы удаляемся от источника силы. Если же мы пребываем в общении с Господом, мы имеем доступ к этому источнику.

Меня изумляют люди, которые относятся небрежно к своей духовной жизни, теряя силу Божью, а затем жалуются на то, что в их жизни начинаются всевозможного рода неприятности! Они часто пытаются найти глубинный смысл своих проблем, в то время как причина их возникновения лежит на поверхности: источником силы духовного оружия является Бог, и когда вы на какое-то время прерываете свое общение с Господом, вы по собственной воле уходите от того источника, который дает вам духовное оружие!

Так же, как мы получаем *от Бога* жизнь, свою новую природу, духовную силу, мы получаем *от Бога* и духовное оружие.

Что происходит с вашей духовной жизнью, когда вы на время прекращаете свое общение в Господом? Можете ли вы продолжать наслаждаться изобильной жизнью? *Конечно, нет!*

И хотя вы все еще имеете доступ к этой жизни, такое состояние застоя лишит вас возможности наслаждаться ею. Почему? *Потому что изобильная жизнь исходит от Господа!* Когда вы на время прерываете общение с Ним, вы удаляете себя от потока изобильной жизни.

Что происходит с силой Святого Духа в жизни верующего, если он начинает равнодушно относиться к своему духовному развитию? Продолжает ли такой верующий испытывать действие Божьей силы в своей жизни? *Безусловно, нет!*

И несмотря на то, что Божья сила все еще доступна этому верующему, его равнодушие на время закрывает источник этой силы. Почему? *Потому что источником духовной силы является Господь!* Когда вы перестаете общаться с Господом, вы по собственной воле останавливаете поток божественной силы в вашу жизнь.

Насколько способен верующий идти во всеоружии, если он временно отказался от общения с Господом? Продолжает ли это духовное оружие приносить ему пользу, если он отступил? *Конечно, нет!*

И хотя духовное оружие все еще находится в его распоряжении, этот верующий, прекратив на время свое общение с Господом, лишает себя способности ходить одетым во всеоружие Божье - оружие, которое дает Бог для его защиты. Почему? Потому что духовное оружие можно обрести только в Господе! Откладывая "на верхнюю полку" свою духовную жизнь, вы принимаете решение отложить в сторону ваше духовное оружие до тех пор, пока не возобновится ваше общение с Господом.

Многие начинают свой день с того, что разыгрывают сцену своего облачения во всеоружие Божье. Проснувшись и встав с постели, они как бы надевают на себя каждую деталь Божьего всеоружия.

Они делают вид, будто на самом деле опоясывают себя поясом истины; они поднимают руки к груди, будто надевают на себя броню праведности; они двигают ступнями так, будто надевают обувь мира; они изображают, будто на самом деле поднимают щит веры, чтобы нести его на протяжении всего дня; они делают вид, будто надевают шлем спасения; они имитируют движения, напоминающие те, когда вставляют меч в ножны.

И хотя такое проделывать можно, и некоторым людям это помогает лучше сосредоточиться на своей духовной жизни (особенно детям), с помощью такой "пантомимы" на самом деле *невозможно* облечься "во всеоружие Божье".

Всеоружие Божье принимается посредством постоянного общения с Господом! Павел указал нам на это. Он хотел, чтобы мы знали, что источником этого оружия является Бог, и оно даруется каждому, кто постоянно черпает свою жизнь в Боге. Ваше непрерывное общение с Богом является абсолютной гарантией того, что вы будете постоянно одеты "во всеоружие Божье".

Обратите внимание также на то, что в Послании ефесянам (6:11) Павел говорит: "Облекитесь во *всеоружие Божие*...". Здесь не говорится о том, что Бог приготовил для нас какую-то часть этого оружия - Бог сразу выдает *полный комплект этого* оружия.

Напомню, что слово "всеоружие" соответствует греческому слову *panoplia* и отражает образ римского солдата, облаченного с головы до ног. В его распоряжении имеется все, что необходимо для успешного сражения с противником; точно так же Бог обеспечил нас *всем* необходимым для успешного противостояния духовным силам тьмы! Мы имеем все необходимое!

К сожалению, некоторые деноминации и харизматические организации выделяют какие-то отдельные части всеоружия Божьего. Одни непрерывно учат о "щите веры" и "духовном мече", не обращая внимания на другие предметы всеоружия, которые даны нам Богом. Другие группы и деноминации, кажется, неделю за неделей проповедуют лишь о "шлеме спасения". Они надели шлем спасения, а *остальное у них полностью обнажено!* Нам же приказано "облечься *во всеоружие Божье*"!

Спасибо Богу за пояс истины, но ведь Бог дал нам больше, чем только пояс... Спасибо Богу за броню, но ведь Бог дал нам больше, чем только броню... Спасибо Богу за обувь мира, но ведь Бог дал нам больше, чем только обувь мира... Спасибо Богу за щит веры, но ведь Бог дал нам больше, чем только щит веры... Слава Богу за шлем, но Бог ведь дал нам больше, чем только шлем... И спасибо Богу за духовный меч, но ведь нам дано больше, чем только духовный меч!

Нам дано "*всеоружие* Божие"! И Павел велит нам взять это всеоружие и пользоваться им в своей христианской жизни!

Сохраняя ключевую позицию в обороне нашей жизни и нашего разума

Продолжая свое послание, Павел объясняет, для чего нам необходимо это вооружение. Он говорит: "Облекитесь во всеоружие Божие, *чтобы вам можно было стать против козней диавольских*".

Обратите особое внимание на фразу "*...чтобы вам можно было...*".

Слово "можно" соответствует греческому слову *dunamis*, которое описывает "взрывную, огромную, невероятную силу". Эту фразу лучше было бы перевести так: "...чтобы вы могли иметь *невероятную, огромную, взрывную силу...*".

Используя это слово, Павел заявляет, что, снаряженные "всеоружием Божьим", мы имеем в своем распоряжении удивительную силу!

Сила *dunamis* является настолько великой, что, облекшись во всеоружие Божье, впервые в своей жизни мы способны противостоять противнику и преследовать его, вместо того чтобы быть преследуемыми им, как это было раньше. Благодаря силе *dunamis* мы становимся нападающей стороной! Поэтому Павел говорит: "...чтобы вам можно было *стать против*...".

Слово "стать" соответствует греческому слову *stenai*, которое в буквальном смысле означает "стоять". В этом стихе Павел использует слово *stenai*, чтобы описать римского воина, который стоит прямо, расправив плечи, с высоко поднятой головой. Это образ гордого и уверенного в себе воина, а не того, который сгорбился под тяжестью поражения.

Слово *stenai* ("стоять") указывает на то, как выглядим мы в глазах духовного мира, когда мы облечены во "всеоружие Божье". Оно ставит нас в положение победителей! Нет причины жить, сгорбившись под тяжестью поражений. *Нас снабдили всем необходимым для того, чтобы у каждого нашего противника, который посмеет напасть на нас, посыпались искры из глаз.*

Мы можем ходить смело и уверенно - расправив плечи и с поднятой головой, потому что мы одеты "во всеоружие Божье"!

У слова *stenai* есть еще один оттенок, на который стоит обратить внимание. Это слово использовалось в военных кругах в значении "сохранить ключевую стратегическую позицию на поле боя". Почему это так важно? Потому что когда это слово используется в таком значении, это говорит о том, что на нас возлагается обязанность "стоять на часах" на поле сражения нашей жизни!

Если Бог призвал вас и дат особое задание, которое вы должны выполнить в Теле Христовом, то вы должны "стоять на часах" и "удерживать стратегическую ключевую позицию", пока это задание не будет выполнено. Дьявол не хочет, чтобы вы осуществили Божье призвание в вашей жизни. Он наверняка будет пытаться атаковать это Божье призвание и превратить вашу жизнь в поле сражения. Поэтому, пока вы не завершите свою работу и не обретете победу в сражении, вы должны "стоять на часах" и оберегать Божью волю в своей жизни. Вы должны твердо решить, что не отдадите противнику ни пяди! Вы несете за это ответственность!

Основным полем сражения в вашей жизни является ваш разум! Как я уже ранее говорил в этой книге, духовная война в основном проходит именно там. Если вы контролируете то, что происходит в вашем уме, если вы обновляете его Божьим Словом, большинство духовных атак, направленных против вас, будут безрезультатными. Когда же разум открыт нараспашку, он становится тем полем сражения, которое сатана использует, чтобы разбить нашу жизнь, чтобы создать финансовые проблемы, проблемы в бизнесе, в браке, чтобы подавить нас эмоционально и т. д. На вас лежит ответственность за то, чтобы "стоять на страже" этих сфер вашей жизни!

Лицом к лицу с противником!

Обратите внимание на следующее слово в этом стихе! Павел говорит: "...чтобы вам можно было стать *против*...". Слово "против" соответствует греческому слову *pros,* которое указывает на положение "на передовой" или "липом к лицу".

Используя в этом стихе слово *pros,* Павел рисует образ солдата, который смотрит прямо в глаза своему врагу - они встретились *лицом к лицу!* Этот солдат стоит прямо; плечи его расправлены, голова высоко поднята; он настолько храбр и отважен, что теперь без тени страха смотрит прямо в глаза своему противнику.

Слово недвусмысленно указывает на *непосредственное столкновение* двух противников *лицом к лицу*!

Это ясно показывает, что с Божьей силой и Божьим всеоружием на нашей стороне мы не просто равные противники, мы - победители! Более того, мы являемся устрашающей силой и угрозой для злого царства! Вместо того чтобы содрогаться от мысли о том, что может сделать нам дьявол, мы можем заставить дьявола дрожать от одной мысли о том, что можем сделать ему мы! И такую способность дает нам духовное оружие!

С Божьим всеоружием мы становимся такими сильными и могущественными в Иисусе Христе, что дьявол и все его силы не имеют не малейшего шанса на победу! С духовным оружием мы становимся могучими духовными воинами, "снаряженными для битвы"!

Противостоять козням дьявольским

Почему нам необходимо это всеоружие? Чему мы должны "противостоять" в этом сражении? Павел говорит нам: "Облекитесь во всеоружие Божие, чтобы вам можно было стать *против козней диавольских*" (Ефесянам, 6:11).

Что такое "козни диавольские"?

Слово "козни" является одним из трех ключевых терминов, которые вам необходимо знать и понимать, чтобы участвовать в обсуждении вопросов духовной брани. Этими тремя ключевыми терминами являются: 1) "*козни*", 2) "*злые умыслы*" и 3) "*обман*". Не понимая их значения, невозможно иметь устойчивый взгляд на вопрос духовной войны.

Слово "козни" (первое их трех терминов) соответствует греческому слову *methodos*. Оно состоит из слов *meta* и *odos*. Слово *meta* соответствует в русском языке предлогу "с". Слово *odos* означает "путь". Из этих двух слов образовано слово *methodos*. Буквально это сочетание можно перевести как "с путем".

От слова *methodos* мы получили слово "метод", но оно не в полной мере раскрывает истинный смысл греческого слова *methodos* ("козни"). Святой Дух с большой тщательностью подыскивал слово и наконец остановился на слове *methodos,* потому что оно *с особой точностью* передает суть того, как действует дьявол, и раскрывает, как *именно* он атакует ум верующего.

Слово "козни" (*methodos*) часто несет идею чего-то "хитрого, коварного, искусного и полного обмана". Однако буквально слово *methodos* переводится как "с путем".

Выбором этого слова Павел объясняет нам, *как* дьявол пускает в ход хитрость, коварство, изобретательность и обман! Слово "козни" ясно говорит нам, что дьявол действует "с путем" или "путем". Что это означает?

Вопреки распространенному среди большинства людей мнению это говорит нам о том, что дьявол *не обладает* таким уж множеством трюков. Он пытается сделать все, чтобы мы поверили в обратное. Слово "козни" (*methodos*) показывает, что враг действует *одним путем;* он движется *по одной тропинке;* он использует *одну дорогу.* Другими словами, у него в запасе есть только *один ловкий прием* - и он явно научился применять его с большим успехом!

Что же это за ловушка, которую дьявол использует против людей? Или, может, правильнее будет сформулировать вопрос так: если дьявол действует только одним "путем", то куда же ведет этот дьявольский "путь"? Эти вопросы приводят нас ко второму термину, который важно понять, когда речь идет о духовной войне; это словосочетание *"злые умыслы".*

Злые умыслы дьявола

Во 2-м послании коринфянам (2:11) Павел дает нам намек, куда ведет дорога, по которой движется дьявол. Он говорит: "...ибо нам не безызвестны его *умыслы*".

Слово "умыслы" соответствует греческому слову *noemata*, которое является производной от греческого слова *nous*. Слово *nous* означает "разум" или "интеллект". Однако во 2-м послании коринфянам (2:11) Павел использует слово *noemata*, описывая "сбитый с толку ум". Еще точнее, слово *noemata* указывает на коварный и злобный замысел сатаны смутить человеческий ум.

Таким образом, словосочетание "злые умыслы" (*noemata*.) обозначает "коварные планы" и "злобные происки" сатаны, которые направлены на то, чтобы атаковать и покорить человеческий разум. Один толкователь даже утверждает, что слово "злые умыслы" наводит на мысль об *"умственных играх"*. И тогда этот стих можно перевести следующим образом: *"...ибо нам не безызвестны умственные игры сатаны, в которые он пытается нас втянуть"*.

Так как Павел использует словосочетание "злые умыслы" для описания тех атак, которые он сам отбивал в своей жизни, мы узнаем, что даже Павлу приходилось время от времени вести сражение с врагом, нападающим на его разум. И Павел знал об "умственных играх", в которые дьявол пытается втянуть людей!

Именно по этой причине Павел говорил: "...ими ниспровергаем *замыслы* и всякое превозношение, восстающее против познания Божия, и пленяем *всякое помышление* в послушание Христу" (2 Коринфянам, 10:4,5).

Дьявол любит делать из человеческого разума игровую площадку! Он получает наслаждение от того, что может наполнить душу человека иллюзиями, которые сначала пленяют разум, а потом в конце концов уничтожают его. Он мастер, когда дело касается "умственных игр".

Как Павел, мы должны принять решение оберегать свой разум и "пленять всякое помышление в послушание Христу". *Мы должны перестать слушать самих себя и начать говорить самим себе!*

Дьявол всегда пытается управлять нашими чувствами и ощущениями, чтобы втянуть нас в свои "умственные игры". Поэтому мы должны говорить нашим чувствам и ощущениям и указывать им, во что верить и во что не верить!

Рассмотрев два термина - "козни" и "злые умыслы", мы усвоили два жизненно важных момента о стратегии дьявола, которые нам абсолютно *необходимо* помнить.

Первое слово "козни" (*methodos*) ясно говорит, что дьявол действует "с путем", или "путем". Этот путь, по которому движется дьявол, наверняка ведет куда-то! *Куда же он ведет?*

Словосочетание "злые умыслы" четко показал, что путь дьявола направлен к человеческому *разуму*. Тот, кто контролирует человеческиий разум, контролирует и его здоровье, и чувства. Враг об этом знает! Поэтому изо всех сил он стремится проникнуть в разум, в наш центр управления, чтобы оттуда наполнять человека ложью и обманом. Однажды достигнут этого, дьявол может свободно манипулировать телом и душой человека.

Когда враг проник в разум, начинается процесс умственного и духовного порабощения человека. Если этот процесс не остановить с помощью Божьей силы и путем обновления ума, то это только вопрос времени, когда ложь начнет определять, каким себя видит и как себя чувствует человек, и начнет управлять его мышлением в самом широком смысле.

Это приводит нас к третьему термину, который нам следует понимать, когда обсуждается вопрос духовной войны; это слово *"обман"*.

Дьявольский обман

Человек становится обманутым тогда, когда верит лжи, которую нашептывает ему враг. Момент, когда вы начинаете верить этой лжи, и есть тот момент, с которого злые, коварные замыслы и "умственные игры" начинают становиться реальностью в вашей жизни.

Представим, что дьявол атакует ваш разум, периодически повторяя, что вы полный неудачник. Однако пока вы отвергаете эти голословные утверждения, они не могут повлиять на вашу жизнь.

Если же вы начнете прислушиваться к этой лжи и принимать ее за истину, она станет диктовать вам свои условия и будет управлять вашими эмоциями и вашим мышлением. Поверив в эту ложь, вы наделите ее силой и она станет реальностью, *вы - полным неудачником*. Вы обмануты.

Многие супруги расстаются из-за того, что поверили лжи, которой враг "бомбардировал" их ум. Пока супруги отвергают эту ложь, она не имеет силы воздействия на их брак. Однако когда один из супругов прислушивается к ней и начинает много о ней размышлять, он делает первый губительный шаг к самообману.

Бывает так, что отношения между супругами в целом находятся в хорошем состоянии, но у одного из супругов начинают возникать вопросы или подозрения, не имеющие под собой никакой почвы. В этом четко проявляется работа врага, который желает поколебать уверенность одного из супругов в благополучии их брака. Поначалу этот человек четко распознает дьявольскую ложь. Конечно, ведь их взаимоотношения никогда не были более благополучными! Но враг продолжает "бомбардировать" его ум: *"Твой супруг недоволен тобой..." "Твой брак находится под угрозой..." "Эти взаимоотношения не имеют будущего..." "Это слишком хорошо, чтобы быть истиной..."*

Прислушиваясь к этим голословным утверждениям, этот милый христианин, к собственному несчастью, раскрывает двери для дьявола и позволяет ему управлять своим умом и своими эмоциями. Через какое-то время, если разум, измученный и уставший от постоянных тревог, поддастся на эту ложь, вера в эти лживые ощущения и подозрения даст им силу стать реальностью.

Умом воспринимая ложь, верующий дает врагу возможность проникнуть в его разум и таким образом положить начало полному замешательству в своей жизни; его представление о жизни в целом становится искаженным.

Если процесс вовремя не остановить, вскоре верующий будет принимать ложь за правду.

Что же будет результатом этого? Уверенность в том, что брак потерпел крах; уверенность в том, что ему суждено умереть от неизлечимой болезни; уверенность в том, что у его жизни нет будущего. Таким образом верующий предоставляет дьяволу возможность взять эту ложь и перенести ее из сферы мыслей в сферу реальности. *Это ложное представление наделяет ложь силой, и дьявол пользуется ею, чтобы создать настоящие, а не воображаемые проблемы!*

Возможно, враг постоянно атаковал вас мыслями о болезни. Возможно, он пытался убедить вас в том, что вы заболеете неизлечимой болезнью и вас настигнет преждевременная смерть. Когда эта ложь впервые проникла в ваш разум, вы сопротивлялись ей и отказывались верить в то, что слышали. Позже, однако, вы начали задумываться о том, что, возможно, она в какой-то мере обоснована.

Если процесс не прекратить, через какое-то время вы действительно начнете себя плохо чувствовать. Не прислушивайтесь к этой лжи! Когда вы принимаете "умственные игры" за истину, вы наделяете их силой! Итак, если вы не будете убеждать себя и не будете контролировать процессы своего мышления, ваша жизнь будет наполняться обманом, пока в конце концов то, чего вы так боитесь, не станет реальностью. *Если это произошло, вы полностью обмануты.*

Всем нам очень важно видеть и понимать эти три вещи - *козни, злые умыслы и обман дьявола*, имеющие прямое отношение к области духовной войны.

Напомню, что слово *"козни" (methodos)* говорит о том, что дьявол действует "с путем", или имеет главным образом один основной путь атак.

Словосочетание *"злые умыслы" (noemata)* говорит нам, куда ведет этот путь: он ведет *к разуму*. Как только найдена дорога к разуму человека, враг постоянно пользуется ею и проникает в разум и эмоции человека, чтобы смутить его неправильным мышлением, ложными убеждениями и представлениями.

"Обман" возникает в том случае, когда вы принимаете ложь, которую подбрасывает вам дьявол. И как результат того, что вы ложь приняли за правду, ложь становится реальностью в вашей жизни.

Пример демонического запугивания

Наверное, лучший библейский пример действия *козней, злых умыслов и обмана дьявола* можно найти в истории с Давидом и Голиафом.

Изучая историю поединка Давида и Голиафа, вы увидите, что в ней имели место все эти три негативные сады. Вы увидите также, как дьявол использован лживые заявления с целью запугать воиска Израиля настолько, чтобы парализовать их на сорок дней, пока не придет Давид, вооруженный Божьей силой, и не бросит вызов этим лживым заявлениям.

В 17-й главе Первой книги Царств мы можем прочесть о том, как дьявол использовал Голиафа, чтобы запугать и привести в замешательство армию Израиля и держать ее в таком состоянии. Его ничем не обоснованные и хвастливые утверждения о поражении Израиля были настолько действенными, что ни один солдат из еврейского лагеря не пожелал сразиться с агрессором! Слово говорит: "И стали Филистимляне на горе с одной стороны, и Израильтяне на горе с другой стороны, а между ними была долина. *И выступил из стана Филистимского единоборец, по имени Голиаф, из Гефа; ростом он - шести локтей и пяди*" (1 Царств, 17:3,4).

Неудивительно, что израильтяне боялись Голиафа! Одно появление этого воина могло вызвать моральное и душевное потрясение. Рост Голиафа был "шесть локтей и одна пядь", что составляет примерно 2 метра 90 сантиметров!

Далее говорится: *"Медны шлем на голове его; и одет он был в чешуйчатупо броню, и вес брони его - пять тысяч сиклей меди. Медные наколенники на ногах его, и медный щит за плечами его. И древко копья его, как навой у ткачей: а самое копье его в шестьсот сиклей железа. И пред ним шел оруженосец"* (стихи 5-7).

Голиаф был вооружен "до зубов"! Обратите внимание на то, что его "чешуйчатая броня" весила "пять тысяч сиклей меди" (примерно 60

Помимо шлема и брони, которая весила около 60 кг, на нем были ножные латы из меди и медный щит за плечами! Наконечник копья был, как ткацкий навой, что означает, что *он весил как минимум 7 кг*. Библия особо подчеркивает, что само копье было изготовлено из шестисот сиклей железа, *что равно примерно 6 кг*.

Один исследователь подсчитал, что все вооружение Голиафа вместе взятое - его шлем, броня, ножные латы, спинной щит, копье и передний щит - *могло весить в пределах 300 кг!* Без преувеличения, Голиаф выглядел устрашающе! Как бы вы почувствовали себя, если бы вам бросил вызов великан ростом почти в три метра, вооружение которого весило не меньше 300 кг! Если его вооружение весило 300 кг, попытайтесь представить, сколько веста он сам!

Однако не вооружение Голиафа и не его внешний вид заставили израильтян застыть в страхе. Тогда что? *Их останавливали постоянные угрозы и психические "бомбардировки", которыми Голиаф поражал их изо дня в день. Такая психическая обработка оказала столь сильное воздействие на них, что они забыли об удивительной Божьей силе.*

Писание так говорит о непрекращающихся угрозах Голиафа: *"И стал он, и кричал к полкам Израильским, говоря им: зачем вышли вы воевать? Не Филистимлянин ли я, а вы рабы Сауловы? Выберите у себя человека, и пусть сойдет ко мне. Если он может сразиться со мною и убьет меня, то мы будем вашими рабами; если же я одолею его и убью его, то вы будете нашими рабами, и будете служить нам. И сказал Филистимлянин: сегодня я посрамлю полки Израильские; дайте мне человека, и мы сразимся вдвоем"* (стихи 8-10).

Угрозы, исходившие из уст огромного и страшного Голиафа, оказывали такое сильное эмоциональное воздействие на народ, что дальше мы читаем: *"И услышали Саул и все Израильтяне эти слова Филистимлянина, и очень испугались и ужаснулись"* (стих 11).

Голиаф смог эмоционально и физически сковать израильтян, не применив при этом ни меча, ни копья! Одними лишь словами он сумел вывести их из строя, ошеломить, поразить и обезоружить. Его голословные и пустые утверждения подействовали на Израильскую армию, как колдовские заклинания, и в результате она оказалась в его власти.

Голиаф говорил им: "Да кто вы такие, чтобы сражаться со мной! Только попытайтесь мне что-нибудь сделать, и вы узнаете, что я могу сделать с вами! Ну что, испугались?! Боитесь принять мой вызов?"

У кого, по-вашему, Голиаф научился такому отвратительному поведению? У дьявола! Дьявол является клеветником и обвинителем! Дьявол сегодня использует этот же метод, чтобы ошеломить, поразить, обезоружить и вывести из строя верующих. Он искажает истину, а потом преподносит ее в таком раздутом виде, что часто прельщает этим верующих: они выслушивают его голословные утверждения, пока не оказываются в их власти.

Такое вызывающее поведение он все еще использует как инструмент для проникновения в разум верующего. Он нападает с угрозами: *"Я тебе покажу, кто тут сильный... Я тебе такое устрою, что у тебя потемнеет в глазах... Я нанесу тебе удар настолько сильный и быстрый, что ты и заметить не успеешь, кто это сделал..."*

Эти хвастливые утверждения являются попыткой врага пробить брешь в вашем разуме и эмоциях, чтобы вы уже не могли здраво мыслить. Он приходит, чтобы проложить путь в ваш разум, а затем заполнить его страхом и смятением ("умственные игры"), чтобы окончательно лишить вас необходимой смелости сделать новый шаг веры в послушании Богу.

Одна ложь следует за другой. Своей клеветой дьявол принижает и порочит вас. Он злословит, он оскорбляет и пачкает вашу веру, он толкает вас на то, чтобы вы начали себя оправдывать и не смогли сделать что-либо значительное для Божьего Царства.

Если вы будете достаточно долго размышлять над угрозами дьявола, то подобно детям Израиля, которые слушали слова Голиафа и поэтому были парализованы страхом на сорок дней, вы *"очень испугаетесь и ужаснетесь"*. Вы обнаружите, что победа для вас недостижима, а вы сами боитесь предпринять какие-либо новые шаги - из-за страха перед поражением, из-за страха перед тем, что скажут другие, из-за страха перед возможной катастрофой, из-за страха, страха, страха...

Дьявол хочет взять вас в плен и уничтожить вас с помощью того же оружия, которые Голиаф использовал против Израиля. Он хочет вывести тебя из строя, применяя лишь внушение и пустые угрозы!

Суровые факты духовной войны

В словах Голиафа прозвучало одно утверждение, которое полностью соответствует истине. Он сказал: *"Если вы сразитесь со мною и убьете меня, то мы будем вашими рабами до конца своих дней... а если мы победим, вы будете служить нам!"*

Правила войны, которые изложил Голиаф, на самом деле действовали во времена Давида. Всякий, кто принимал вызов агрессора и побеждал, был победителем. Тот, кто терпел поражение, должен был служить победителю как раб. Эти суровые правила борьбы остаются актуальными доя духовной брани и сегодня.

Если вы разобьете лживые эмоции, клевету и обман, с помощью которых дьявол пытается нейтрализировать вас, то вы до конца своей жизни сможете держать врага "на его месте". Он не сможет пленить ваш разум, потому что вы закрыли путь его устрашающим и хвастливым угрозам.

Но если, однако, вы не научитесь контролировать свои мысли, то ваш разум и эмоции будут использоваться сатаной как инструмент для того, чтобы на всю вашу оставшуюся жизнь управлять вашим процессом мышления. Если вы не будете стоять на страже своего разума и не научитесь вместо того, чтобы слушать себя, говорить самому себе, дьявол будет продолжать использовать лживые эмоции и иллюзии, чтобы управлять вами и влиять на вас до конца ваших дней.

Обратите внимание на слова Голиафа: *"Сегодня я посрамлю полки Израильские..."*. Дьявол не переставая нападает на нас со своими богохульными и устрашающими заявлениями: *"Только попытайся иметь божественное здоровье! Ну попробуй, поверь, что твоя финансовая ситуация улучшится! Ты потерпишь полный провал, если попытаешься стать служителем! Божью армию ждет только поражение!"*

И хотя безбожные филистимляне так и не подняли меча, не бросили копья и даже не пошевелились, чтобы сойти со своих позиций, они только путем запугивания поразили народ Божий. Так как израильтяне принялись размышлять над угрозами Голиафа и позволили этом мыслям внести страх в их души, они были нейтрализованы, хотя битвы как таковой не было.

Как часто Голиаф провозглашал свои угрозы? Слово говорит: "И выступал Филистимлянин тот *утром и вечером,* и выставлял себя сорок дней" (стих 16).

Днем и ночью, утром и вечером Голиаф выходил, чтобы атаковать разум народа Божьего.

Именно так враг атакует разум и чувства человека. Он не наносит только один удар, а затем приходит через неделю, чтобы повторить его. Нет, напротив, он бьет быстро и непрерывно, снова, снова и снова. Утром и вечером он является с целью нанести непоправимый урон вере и убежденности.

Плоть не в счет!

Далее мы читаем: "Давид же был сыном Ефрафянина из Вифлеема Иудина, по имени Иессея, у которого было восемь сыновей... Давид же был меньший. Трое старших пошли с Саулом, а Давид возвратился от Саула, чтобы пасти овец отца своего в Вифлееме" (1 Царств, 17:12-15).

В продолжение истории говорится: "И встал Давид рано утром, и поручил овец сторожу, и, взяв ношу, пошел, как приказал ему Иессей, и пришел к обозу... И вот... единоборец, по имени Голиаф, Филистимлянин из Гефа, выступает из рядов Филистимских, и говорит те слова, *и Давид услышал* их" (стихи 20-23).

Обратите внимание на слова: "...*и Давид услышал их*". Это была первая встреча Давида с великаном! Что-то в словах Голиафа вызвало душевный гнев Давида. Каким же ударом было для молодого пастуха услышать, как филистимлянин, язычник, поносит Господа Бога Израилева, и увидеть, что никто не собирается наказать его! Да если бы только это! Следующий стих говорит: "И все Израильтяне, увидев этого человека, убегали от него, и весьма боялись" (стих 24).

Давид был так разгневан хвастовством филистимлянина, что "сказал Давид людям, стоящим с ним: что сделают тому, кто убьет этого Филистимлянина и снимет поношение с Израиля? ибо кто этот необрезанный Филистимлянин, что так поносит воинство Бога живого?" (стих 26).

Сразу же его старший брат, которого задела уверенность Давида, отругал его. "И услышал Елиав, старший брат Давида, что говорил он с людьми, и рассердился Елиав на Давида, и сказал: зачем ты сюда пришел, и на кого оставил немногих овец тех в пустыне? Я знаю высокомерие твое и дурное сердце твое; ты пришел посмотреть на сражение" (стих 28).

Очень часто, когда молодые мужчины и женщины, которые служат Богу, бросают вызов противнику, их обвиняют в том, что они поступают опрометчиво. Наши наставники правы в том, что существует великое различие между настоящей смелостью и грубостью и самонадеянностью. Однако есть истинная смелость, которую Святой Дух дает тем, кто подчинил себя Ему. Давид был настолько предан силе Святого Духа, что, вдохновленный уверенностью, которую вызвал в нем Святой Дух, уже не мог сдержать этот божественный гнев! Давид был настолько исполнен уверенности в Боге и настолько ошеломлен страхом, который смог полностью вывести из строя сильных израильских воинов, что сказал: "Что же я сделал? Не слова ли это? И отворотился от него к другому, и говорил те же слова, и отвечал ему народ по-прежнему" (стихи 29-30).

Другими словами, Давид говорил людям: *"Разве этих слов недостаточно, чтобы начать войну? Неужели не найдется среди вас человека столь храброго, чтобы сразиться с этим необрезанным филистимлянином? Почему мы не воюем?"*

Давид явно обращался то к одному солдату, то к другому, говоря: "Может, ты сразишься с Голиафом?

Или ты?" Но вскоре ему стало понятно, что ни один из них не был достаточно смел и не имел веры в то, что этот великан вообще может быть убит.

Весть об уверенности и смелости Давида со сверхъестественной быстротой распространялась по всему лагерю. Не сомневайтесь, что когда вы примете решение сделать шаг веры и освободиться в своей жизни от ложных представлений о чем-то, это сразу станет известно всем! Все вокруг станут обсуждать вашу смелость и, возможно, даже попытаются отговорить вас делать этот шаг!

Обратите внимание, что говорит Слово: "И услышали слова, которые говорил Давид, и пересказали Саулу, и тот призвал его. И сказал Давид Саулу: пусть никто не упадает духом из-за него; раб твой пойдет, и сразится с этим Филистимлянином" (стихи 31,32).

Сердце Давида горело желанием быть использованным Богом и видеть врага сраженным. Саул был так изумлен этой сверхъестественной храбростью, что сказал Давиду: "Не можешь ты идти против этого Филистимлянина, чтобы сразиться с ним; ибо ты еще юноша, а он воин от юности своей" (стих 33).

Если смотреть на это с человеческой точки зрения, то Давид, конечно, был слишком молод и не умел достаточно хорошо обращаться с боевым оружием, чтобы победить великана. Саул знал это. Поэтому он, рассматривая ситуацию с человеческой, плотской, мирской точки зрения, понимал, что Давид не противник для Голиафа!

Но Давид четко знал, что когда надо действовать в сверхъестественной Божьей силе, тогда внешнего человека - плоть - нельзя принимать в расчет! Он ответил Саулу: "Раб твой пас овец у отца своего, и когда, бывало, приходил лев или медведь и уносил овцу из стада, то *я гнался за ним...*"(стихи 34,35).

Голиаф не был первым противником, с которым сталкивался в своей жизни Давид - ему раньше приходилось встречаться один на один со львом и медведем! Он был полон решимости не дать этим хищникам украсть ничего из того, что принадлежит ему, - *ничего!* Давид имел правильное отношение, необходимое для того, чтобы поразить врага каждый раз, когда враг нападал.

Мы должны выработать в себе такое же отношение. Это поможет нам тогда, когда дьявол придет манипулировать нашим разумом и нашими чувствами, когда враг придет, чтобы поразить болезнью кого-то из членов нашей семьи, когда дьявол придет явно с тем, чтобы украсть наши средства, когда враг придет, чтобы разрушить церковь или служение изнутри.

Наше отношение должно быть таким: *"Сатана, ты не можешь разрушить это служение! Дьявол, тебе не завладеть нашими финансами! Ты не можешь поразить нашу семью болезнями! Ты не можешь, не можешь, не можешь..."*

Если же враг не желает добровольно сдавать своих позиций, то мы, как Давид, должны "погнаться за ним" и заставить его отдать то, что он похитил против нашей воли. Давид сказал: "...то я гнался за ним, и нападал на него, и отнимал из пасти его; а если он бросался на меня, то я брал его за космы, и поражал его, и умерщвлял его. И льва и медведя убивал раб твой..." (стихи 35,36).

Давид уже имел достаточный опыт и знал, что Божья сила приносит победу, поэтому этот филистимлянин не был для него опасен! Он уже сразился со свирепым львом - *и убедился в верности Божьей, когда лев был убит.* Он уже сразился с медведем - *и убедится в верности Божьей, когда медведь был убит.*

Теперь, оглядываясь на то, что было в прошлом, и видя Божью доброту, которая была дарована ему в жизни, он мог смело взглянуть в лицо предстоящей битве с Голиафом и сказать: "И льва и медведя убивал раб твой, *и с этим Филистимлянином необрезанным будет то же, что с ними, потому что так поносит воинство Бога живого*" (стих 36).

Кроме того, Давид сказал: *"Господь, Который избавлял меня от льва и медведя, избавит меня и от руки этого Филистимлянина. И сказал Саул Давиду: иди, и да будет Господь с тобою"* (стих 37).

Не полагайся на плоть

Обратите внимание на то, как отреагировал Саул на желание Давида быть использованным Богом! Слово говорит: "И одел Саул Давида в свои одежды, и возложил на голову его медный шлем, и надел на него броню. И опоясался Давид мечем его сверх одежды..." (стихи 38,39).

Давид уже убил льва и медведя, не имея никакого боевого оружия. Однако, видя угрожающие размеры Голиафа, Саул решил, что Давиду необходимо что-то еще вдобавок к Божьей верности!

Саул как бы говорил: *"Давид, эта схватка с Голиафом будет гораздо сложнее и опаснее, чем битва со львом или медведем, поэтому позволь мне помочь тебе! Позволь мне надеть тебе шлем и кольчугу. Вот, возьми мой меч с собой и пользуйся им, как со своим!"*

Можете себе представить, как нелепо выглядел маленький Давид, облаченный во всеоружие Саула? Будьте уверены, что желание Саула помочь ему было совершенно искренним. Он хотел, чтобы Давид был в безопасности и чтобы его вооружение не уступало тому, что было у Голиафа. Но несмотря на все благие намерения, совет Саула был крайне плохим. Давид никогда раньше не носил такого оружия, и отправься он на сражение облаченным в такое тяжелое вооружение, он был бы не способен вести бой.

Библия далее говорит: "...и начал ходить; ибо не привык к такому вооружению. Потом сказал Давид Саулу: я не могу ходить в этом; я не привык. И снял Давид все это с себя" (стих 39).

До этого Давид побеждал своих врагов без какого-либо плотского оружия. Осознавая, что он не приучен к такому оружию и что оно не принесет ему никакой пользы, он снял его "и взял посох свой в руку свою, и выбрал себе пять гладких камней из ручья, и положил их в пастушескую сумку, которая была с ним; и с сумкою и с пращею в руке своей *выступил против Филистимлянина*" (стих 40).

Заметьте, здесь говорится, что Давид "выступил против Филистимлянина". Давид, подросток, принимает вызов великана, на котором было 300 килограммов оружия, не имея в руках иного оружия, кроме пращи и пяти камней!

С позиции человеческой Давид не был снаряжен для битвы с таким противником. Но с позиций духовных Давид был облечен во всеоружие Божье и был укреплен силой Божьей. Голиаф не мог видеть это духовное оружие обычными глазами, поэтому он не имел понятия о том, что Давид "снаряжен для битвы".

Далее Слово говорит: "Выступил и Филистимлянин, идя и приближаясь к Давиду, и оруженосец шел впереди его. И взглянул Филистимлянин, и, увидев Давида, с презрением посмотрел на него; ибо он был молод, белокур и красив лицем. И сказал Филистимлянин Давиду: что ты идешь на меня с палкою? Разве я собака? И проклял Филистимлянин Давида своими богами" (стихи 41-43).

Голиаф ожидал большего! Он думал, что израильтяне наконец нашли достойного противника.

Именно поэтому перед ним шел оруженосец, который нес его щит; его задачей было защищать Голиафа от ударов противника. Но когда Голиаф оглянулся и увидел молодого Давида, он был шокирован! Он тут же начал издеваться над Давидом и поносить Бога!

Голиаф, как и дьявол сегодня, прибегнул к своим возлюбленным приемам - психической "бомбардировке" и запугиванию! Относительно его попыток запугать Давида и парализовать его страхом Слово говорит: "И сказал Филистимлянин Давиду: подойди ко мне, и я отдам тело твое птицам небесным и зверям полевым" (стих 44).

Голиаф применил против Давида тот же прием, что он применял против израильской армии: *он пытался дезорганизовать и парализовать Давида абсурдными и дутыми похвальбами и лживыми заявлениями!*

Если бы Давид отвернул свой взор от Господа, перестал помнить о Божьей верности и начал размышлять о словах Голиафа, эти угрозы сковали бы его так же, как сковали войска Израиля.

Прежде чем эти угрозы могли укорениться в его душе и породить парализующий страх, Давид сказал: "Ты идешь против меня с мечом и копьем и щитом, а я иду против тебя во имя Господа Саваофа, Бога воинств Израильских, которые ты поносил" (стих 45).

Он продолжил: "Ныне предаст тебя Господь в руку мою, и я убью тебя, и сниму с тебя голову твою, и отдам трупы войска Филистимского птицам небесным и зверям земным, и узнает вся земля, что есть Бог в Израиле. И узнает весь это сонм, что не мечем и копьем спасает Господь, ибо это война Господа, и Он предаст вас в руки наши" (стихи 46,47).

Одержите победу над филистимлянином в своей жизни

После того как Давид сделал это заявление о войне, он уже не стал медлить. 48-й стих говорит: "Когда Филистимлянин поднялся и стал подходить и приближаться на встречу Давиду, *Давид поспешно побежал к строю на встречу...* ".

Это наверняка *поразило* Голиафа! Большинство его противников убегали от него, а Давид *"побежал на встречу"*. Другими словами, *когда в конце концов пришел миг сражения, Давид взял свою пращу и пять камней и побежал навстречу Голиафу*. Когда Давид увидел приближающегося Голиафа, он как бы сказал: "Началось!"

Далее Слово говорит: "И опустил Давид руку свою в сумку, и взял оттуда камень, и бросил из пращи, и поразил Филистимлянина в лоб, так что камень вонзился в лоб его, и он упал лицом на землю. *Так одолел Давид Филистимлянина пращею и камнем, и поразил Филистимлянина и убил его...*" (стихи 49, 50).

Но подождите... На этом Давид не закончил! Пока Голиаф лежал на земле лицом вниз, оглушенный камнем, выпущенным из пращи Давида, Давид воспользовался удобным случаем, чтобы довести дело до конца!

История продолжается: *"...меча же не было в руках Давида. Тогда Давид подбежал и, наступив на Филистимлянина, взял меч его и вынул его из ножен, ударил его, и отсек им голову его; Филистимляне, увидев, что силач их умер, побежали"* (стихи 50, 51).

Вы не устали от филистимлян в вашей жизни? Не надоели ли вам лживые и голословные заявления врага? Не хотелось бы вам запустить камнем в эти отвратительные мысли, повалить их на землю, оглушить их и затем отсечь им голову, чтобы они перестали мучить вас?

Именно поэтому Павел велит нам: *"Облекитесь во всеоружие Божие, чтобы вам можно было стать против козней диавольских"*.

Образование и воспитание очень важны, и мы должны стремиться получить хорошее образование. Тем не менее каждый из нас должен признать, что естественное оружие и образование не могут помочь в нашей борьбе с невидимыми духовными врагами.

В этой борьбе мы не можем полагаться на плоть, поэтому мы должны применить духовное оружие. Это оружие наделит каждого верующего силой, позволяющей *"стать против козней диавольских"*.

Дьявол: как он действует

Было бы очень несправедливо завершить эту главу, не объяснив, что означает имя "дьявол". Поняв значение этого имени, вы будете знать, что в попытках Голиафа запугать войска Израиля выражалась сама природа дьявола.

Имя "дьявол" соответствует греческому слову *diabolos*, которое состоит из слов *dia* и *ballo*. Слово *dia* несет идею "проникновения", а слово *ballo* означает "бросать" что-то, например, мяч или камень.

В буквальном смысле слово *diabolos* описывает *удары, которые повторяются снова, снова и снова*, пока наконец стена или преграда не ослабевает настолько, что *через нее можно свободно проникнуть*.

Таким образом, имя "дьявол" (*diabolos*) не просто идеально подходит главному врагу веры; оно указывает также на то, как он действует.

Дьявол бьет неоднократно снова, снова и снова, пока в конечном счете ему не удается сломить психическое сопротивление человека. Когда это сопротивление сломлено, он бьет изо всех сил, чтобы про-

никнуть в мышление и сделать человека своим пленником.

Так действует враг! Он непрестанно атакует своей ложью, голословными обвинениями, угрозами, злобными намеками. Он стремится к тому, чтобы вы изнемогли и можно было одолеть вас в момент вашей слабости.

Он старается проложить дорогу к вашему разуму *(methodos)*, а затем с помощью "умственных игр" *(noemata)* привести ваши чувства в состояние замешательства. Потом его обман достигает такой точки, что вы на самом деле начинаете верить в его угрозы - и таким образом ваши ложные представления становятся реальностью в вашей жизни.

Итак, вы должны *"надеть на себя всеоружие* (пояс, броню, обувь, ножные латы, щит, шлем, меч и копье)*, которое дано Богом, чтобы вы могли иметь взрывную и динамичную силу, стоять прямо и гордо и не позволять дьяволу прокладывать дорогу к вашему разуму"* (Ефесянам, 6:11. Толкование не принадлежит Синодальному изданию).

Глава девятая

Борьба с начальствами и властями

В 6-й главе Послания ефесянам Павел поясняет, против кого идет наша борьба. Он говорит: "Потому что наша брань не против крови и плоти, но против начальств, против властей, против мироправителей тьмы века сего, против духов злобы поднебесных (Ефесянам, 6:12).

Обратите особое внимание на то, как Павел начинает этот стих. Он говорит: "Потому что *наша брань...*". В самом начале стиха Павел делает очень сильное, глубокое и волнующее заявление.

Слово "брань" соответствует греческому слову *pale*, которое обозначает рукопашную борьбу. В то же время от слова *pale* происходит слово *Palastra* - здание, в котором проходили состязания по боевым видам спорта. *Palastra* - огромное здание, которое по виду напоминало дворец. Это и был дворец боевых видов спорта, где спортсмены совершенствовали свое атлетическое мастерство. Утром, днем и вечером вы могли увидеть самых посвященных, решительных и отважных спортсменов, которые тренировались и обучались мастерству в этом прекрасном здании.

В Паластре в основном тренировались *боксеры, борцы и панкратисты*. Эти виды спорта были самыми варварскими и опасными. Почему? Приведу цитату из моей книги "ЖИЗНЬ В ЗОНЕ СРАЖЕНИЯ":

"Во-первых, бокс тех дней отличался от того, который известен нам сегодня. В то время состязания по боксу были *крайне жестокими* - настолько жестокими, что спортсменам не позволялось выходить на ринг без шлема. В противном случае их головы были бы полностью разбиты.

Лишь немногие боксеры древнего мира доживали до таких лет, что уходили из спорта по возрасту. Большинство умирало на ринге. Из всех античных видов спорта бокс считался *самым* рискованным и смертельно опасным.

Более того, этот бокс был настолько жестоким и грубым, что боксеры надевали особые перчатки, которые были *оплетены железными прутьями с шипами!* На некоторых перчатках эти железные прутья имели *зубцы,* как у охотничьего ножа, чтобы делать глубокие надрезы на коже противника.

Вдобавок к этому боксеры использовали утяжеленные перчатки, при помощи которых можно было нанести более опасный удар. Когда вы рассматриваете произведения древнегреческого искусства, вы часто можете увидеть изображения боксеров, лица, уши и носы которых были полностью деформированы вследствие ударов этой особо опасной перчаткой.

Изучая греческое искусство, тоже часто можно увидеть изображения боксеров с кровоточащими носами и глубокими ранами на лице, которые появились в результате нанесения ударов этими самыми перчатками с зубцами и шипами. Очень часто спортсмены наносили такие сильные удары, что полностью выбивали глаза противнику.

Невероятно, но вдобавок ко всей жестокости этого вида спорта *не было никаких установленных правил* ведения боя, кроме одного - вы не могли захватывать кулак противника. Это было единственным правилом игры! В том боксе не было разделения на раунды, как сегодня. Бой продолжался до тех пор, пока один из противников не *сдавался* или не *умирал* на ринге.

В одном документе, который датируется первым веком н. э., сказано о боксе: "Победа боксера достигалась ценой крови". Это был в высшей мере насильственный спорт.

Затем еще был такой вид спорта, как *спортивная борьба*.

Надо сказать, что борцы тоже часто вели бой до смерти. Одним из самых популярных приемов было схватить противника за пояс сзади, подбросить в воздухе и быстрым движением переломить ему позвоночник. Чтобы заставить противника сдаться, как правило, применялось удушение. Это было общепринятым методом. Итак, мы видим, что спортивная борьба была еще одним крайне жестоким видом спорта.

В этом виде спорта наблюдалось снисходительное отношение к любой тактике: *перелому пальцев, перелому ребер, выдавливанию глаз и т.д.* И хотя спортивная борьба была менее опасным видом спорта, все-таки и здесь велись самые ожесточенные схватки.

Затем были еще борцы *pankratium*.

Pankratium был видом спорта, который объединял в себе два предыдущих. Само название этого вида состоит из корней двух греческих слов: слова *pan*, которое означает "все", и слова *kratos*, которое означает "проявленная сила". Таким образом, слово *pankratium* описывает 'кого-то, кто обладает огромной силой, превосходящей все другие силы', 'кого-то, кто сильнее всех". Такую цель - быть сильнее всех - и преследовали эти бойцы. Соревнующиеся стремились всеми силами доказать, что их невозможно победить и что они "самые крутые"!

Им позволялось наносить удары ногами и кулаками, кусать, выдавливать глаза, ломать пальцы и ноги, делать все, что только может прийти в голову!

Удары можно было наносить по всему телу. Фактически с телом противника можно было делать что угодно, потому что и *этот вид спорта не предусматривал никаких правил или ограничений.*

Сохранилось древнее высказывание об этом виде спорта *pankratium*: "Если вам сказали, что ваш сын умер, можете верить этому, но если вам говорят, что он потерпел поражение, не верьте". В этом виде спорта было больше убитых, чем сдавшихся или побежденных. Как и другие виды спортивной борьбы, и этот был *крайне жестоким.*

Выживают самые выносливые

Теперь Павел использует эту иллюстрацию, чтобы описать нашу брань с невидимыми, демоническими силами, которые стремятся уничтожить нас. Он говорит: "Потому что наша брань не против крови и плоти, но против начальств, против властей, против мироправителей тьмы века сего, против духов злобы поднебесных".

Используя слово "брань", которое соответствует греческому слову *pale,* Павел раскрывает идею *ожесточенной борьбы и очень напряженного сражения,* проводя тем самым параллель между нашей войной с демоническими силами и боевыми видами спорта!

Это означает, что в нашем сражении с демоническими противниками не существует никаких правил! Все дозволено! Разрешены любые приемы нападения. Отсутствует судья, который бы дал сигнал о прекращении боя, увидев, что противник пытается сломать вам кости или задушить вас.

В бою выигрывает самый упорный и выносливый. Поэтому вам необходимо быть лучше оснащенным и подготовленным до того, как начнется бой. (Более детально о том, как готовиться к сражению, читайте в книге "ЖИЗНЬ В ЗОНЕ СРАЖЕНИЯ".)

Обратите внимание, что далее говорит Павел: "Потому что наша брань *не против крови и плоти...*". На первый взгляд может показать", что это утверждение Павла противоречит тому, о чем я писал в этой книге ранее. В этой книге я утверждаю, что в большинстве случаев мы ведем бой с плотью, а происходит он в нашем разуме.

Противоречит ли то, что я говорю, тому, что говорит Павел? Абсолютно нет! Нашим истинным духовным противником является невидимое войско нечистых духов, которые действуют за сценой. За каждым несчастьем и моральным падением стоит пагубная деятельность этих злых сил тьмы. *Однако они не могут ничего сделать,* если *плоть не содействует им!* Следовательно, они приходят искушать, прельщать, обманывать и атаковать плоть и разум.

Поэтому мы должны победить свою плоть прежде, чем начнем бороться с дьяволом. Если мы живем святой жизнью, постоянно распиная плоть, мы способны нейтрализовать любую атаку врага, которую он попытается вести против плоти. Почему это так? Потому что мертвые не способны реагировать на что-либо! Вы можете толкать мертвого, плевать на него, проклинать его, пытаться мучить его или обманывать - он не способен как-либо отреагировать на это.

Итак, большинство демонических атак пройдет без каких-либо последствий, если мы живем, распиная плоть, и считаем себя "мертвыми для греха" (Римлянам, 6:6,7,11).

Начальства и власти

Кто они - эти злые силы, которые постоянно скрытно действуют, чтобы обманывать, прилыгать, контролировать плоть и разум?

Павел продолжает: *"Потому что брань не против крови и плоти, но против начальств, против властей, против мироправителей тьмы века сего, против духов злобы поднебесных".*

Здесь Павел предлагает следующую классификацию демонических сил: 1) начальства, 2) власти, 3) мироправители тьмы века сего, 4) духи злобы поднебесные.

Прежде чем перейти к рассмотрению каждого из них в отдельности, отметим следующее. Павел в этом стихе употребляет слово "против" относительно дьявола *четыре раза!* Вы спросите, что тут особенного? Грамматически правильным было бы употребить слово "против" один раз, отнеся его ко всем четырем явлениям. Однако Павел решил повторить это слово "против" снова, снова, снова и снова.

Когда какая-нибудь истина повторяется в Писании, это всегда делается с целью *выделить* ее. Например, в 14-16-й главах Евангелия от Иоанна можно увидеть, что Иисус называет Святого Духа именем "Утешитель" четыре раза. Это означает, что Господь Иисус Христос пытался вложить в наши сердца очень важную истину о Святом Духе. В тех же главах Евангелия от Иоанна говорится, что Господь Иисус Христос три раза называет Святого Духа "Духом истины". Господь повторял это, чтобы *выделить очень важную для нас истину.*

Когда Бог обращался к известным библейским героям, Он всегда звал их по имени не один, а два или три раза. Например, когда Бог звал Моисей, Он говорил: *"Моисей, Моисей..."* (Исход, 3:4). Когда Бог призвал Савла из Тарса, Он сказал: *"Савл, Савл..."* (Деяния, 9:4). Самуил занимал такое важное место в Божьем плане, что когда Бог призывал Самуила, Он звал его по имени не один, не два, а целых три раза. Бог звал: *"Самуил... Самуил... Самуил..."* (1 Царств, 3:4-8).

Итак, когда Бог говорит об истинах первостепенной важности или взывает к особо важным библейским героям, Он всегда повторяется. И, возвращаясь к Посланию ефесянам (6:12), мы видим, что Святой Дух повторяет слово "против" *четыре раза в одном стихе!* Это означает, что Святой Дух говорит нам что-то *очень, очень, очень важное.*

Слово "против", которое четырежды употребляется в этом стихе, является переводом греческого слова *pros*. Слово *pros* всегда указывает на что-то, что находится впереди, гаи обозначает "встречу лицом к лицу". В Евангелии от Иоана (1:1) это же слово употреблено для описания взаимоотношений Отца и Иисуса. Там говорится: "В начале было Слово, и Слово было у Бога...".

Предлогу "у" соответствует греческое слово *pros*. Более правильным было бы перевести этот стих так: *"В начале было* Слово (Иисус), *и Слово* (Иисус) *было лицом к лицу с Богом.*

Это отображает картону такой близости Отца и Иисуса, что они могли чувствовать дыхание друг друга. Это отчетливо рисует близость взаимоотношений, которые существуют в Троице.

И теперь то же слово, которое описывало близость взаимоотношений Отца и Сына, используется для описания близкого контакта с невидимыми демоническими силами, которые приходят, чтобы атаковать нас.

Это означает, что в нашей христианской жизни будут моменты *непосредственного контакта* с силами тьмы. Слово pros в Послании ефесянам (6:12) можно было бы перевести так: "...лицом к лицу с начальствами, глаза в глаза с властями, нос к носу с мироправителями тьмы века сего и плечом к плечу с духами злобы поднебесными".

Звание и ранг дьявола

Все серьезные исследователи Библии сходятся в том, что язык Послания ефесянам (6:12) - язык военный. Кажется очевидным, что Павел получил откровение о том, что царство сатаны организовано подобно войскам.

Во главе царства тьмы находится группа демонических духов, которую Павел называет "*начальства*". Слово "начальства" соответствует старому греческому слову *archas*, которое было использовано для обозначения "древних, древних времен". Кроме того, оно определяет человека, "занимающего высокое и главенствующее положение или высокий ранг в структуре власти".

Используя слово *archas*, Павел говорит нам, что во главе сатанинского царства находится группа демонических духов, которые с древних времен, возможно с времен падения Люцифера, "занимали высокое и главенствующее положение или высокий ранг в структуре власти".

Затем Павел упоминает "власти" как злые силы, которые являются вторыми в перечне рангов царства тьмы. Слово "власти" является переводом греческого слова *exousia*, описывающего "власть, которая передается". Это говорит нам о том, что существует группа демонических духов, рангом пониже, которым сатана дал власть делать все, что они хотят. Эта вторая группа демонов обладает властью делать зло.

Следующие, кого упоминает Павел, - "мироправители тьмы века сего". Какая удивительная фраза! Она является переводом греческого слова *kosmokrateros*, которое состоит из слов *kosmos* и *kratos*. Слово *kosmos* несет идею "порядка" или "устройства", а слово *kratos* означает "необузданная сила".

Когда эти два слова соединяются в слово *kosmokrateros*, они описывают "необузданную силу, которая была укрощена и организована". Это слово использовалось греками для описания некоторых аспектов военной жизни.

Почему? Потому что армия, как правило, состояла из молодых людей, которые обладали большим потенциалом "необузданной силы". Но для того чтобы эта необузданная сила была действенной, ее надо было укротить и организовать *(kosmos)*.

Так, молодые солдаты, которых переполняла энергия, были обучены повиновению, дисциплине и порядку. *Это являет собой картину армейской жизни.* В результате все эти мужчины, которых раньше отличала необузданная сила, представляли собой военную мощь.

Теперь Павел использует этот образ относительно царства сатаны! Фраза "мироправители тьмы века сего" сказывает на то, что дьявол руководит полчищами своих демонических духов, как войсками! Он расставляет их по званиям и рангам, отдает им приказы, дает задания, а затем посылает их, как войска, которые полны решимости убивать.

Несомненно то, что мы обладаем большей властью, чем дьявол. У нас больше силы, чем у дьявола. И Тот, Кто живет в нас, больше того, кто живет в мире. В свете этого однажды я задал Господу вопрос: "Если наша власть сильнее и если мы имеем больше силы, и если Тот, Кто живет в нас, больше того, кто в мире, то почему верующие люди терпят так много поражений?"

Мне никогда не забыть, что Святой Дух прошептал моему сердцу: *"Потому что у Церкви нет того, что есть у дьявола!"* Я быстро спросил: "Господь, что это?" И тогда Господь оживил для моего понимания Послание ефесянам (6:12). Слово *kosmokrateros* ожило в моем сердце, и тогда я понял! Слово это - военный термин, который связан с понятиями дисциплины, организации и посвящения!

Дьявол так серьезно относится к делу уничтожения человечества, что организовал свои силы и сделал их подобными *военным полкам!* Они расставлены у него по званиям и рангам и полностью оснащены, в то время как простой верующий, пусть даже исполненный Святого Духа, не может удержаться в одной и той же церкви больше года!

Да, наша власть сильнее власти сатаны, и мы имеем больше силы, чем дьявол, и Тот, Кто в нас, больше того, кто в мире. Церковь Иисуса Христа переполнена могущественной силой - *но в настоящее время эти силы так разобщены и раздроблены в Теле, что нуждаются в дисциплине, организации и посвящении.*

Церковь Иисуса Христа не имеет недостатка в силе и власти. Но ей существенно недостает организации, дисциплины и посвящения. Для того чтобы изменить это, мы должны подтянуться в поместной церкви и осознать себя армией Господа! *Если мы будем иметь дисциплину, организацию и посвящение, какие дьявол имеет в своем лагере, Божья армия будет демонстрировать всемогущество Божьей силы!*

В конце Павел упоминает "духов злобы поднебесных". Слово "злоба" соответствует греческому слову *poneros,* которое использовалось, чтобы подчеркнуть что-то "дурное", "низкое", "порочное", "нечестивое", "злобное". Павел не зря приводит эти слова в конце стиха. Оставив их напоследок, он указывает на окончательную цель царства тьмы: эти силы посылаются из мира духов, чтобы заставить человечество страдать от зла, низости, порока и нечестивости.

Имена и прообразы дьявола в Библии

Все исследователи Библии прошлого и настоящего сходятся в мнении о том, что мы имеем врага, который ненавидит Евангелие, питает отвращение к Церкви и ищет любого удобного случая, чтобы опорочить миссию Иисуса Христа.

Дьявол может проникнуть в жизнь верующего в основном из-за халатности. Враг находит в непосвященном, необновленном Словом Божьим, разуме *лазейку* и начинает вести брань против разума и плоти святых.

Вместо того чтобы прятаться от врага, мы должны обратить свой взор к Библии и узнать, что она говорит о нем.

В Ветхом и Новом заветах мы встречаем многие имена и прообразы дьявола. Каждое из них открывает разные грани его извращенной, изворотливой натуры, способов его воздействия на нас.

Он известен как:
Аваддон (Откровение, 9:11)
Клеветник (Откровение, 12:10)
Противник (1 Петра, 5:8)
Ангел света (2 Коринфянам, 11:14)
Аполлион (Откровение, 9:11)
Веельзевул (Матфея, 10:25, 12:24)
Велиар (2 Коринфянам, 6:15)
Дьявол (Ефесянам, 6:12; 1 Петра, 5:8; Откровение, 12:9)
Дракон (Откровение, 12:9)
Лукавый (Матфея, 6:13)
Человекоубийца (Иоанна, 8:44)

Князь мира сего (Иоанна, 12:31)
Князь бесовский (Матфея, 9:34)
Князь, господствующий в воздухе (Ефесянам, 2:2)
Рыкающий лев (1 Петра, 5:8)
Сатана (Луки, 1:18)
Змий (Откровение, 12:9)

Эти имена и образы дьявола отображают четыре основных аспекта его натуры: 1) *способность разрушать,* 2) *стремление извращать,* 3) *желание контролировать,* 4) *намерение манипулировать разумом.*

Стремление сатаны разрушать

Из семнадцати имен и образов, перечисленных выше, два говорят о ненасытном желании сатаны разрушать.

В книге "Откровение" (9:11) приведены два имени, характеризующих дьявола, - *Аваддон* и *Аполлион.* "Аваддон" является еврейским именем, а "Аполлион" - греческим, и оба они означают одно - *"губитель".*

В отношении сатаны в книге "Откровение" (9:11) говорится: "Царем над собою имела она ангела бездны; имя ему по-еврейски *Аваддон,* а по-гречески *Аполлион".*

Можете быть уверены, что, обладая его характером и действуя по его указаниям, демонические духи (над которыми сатана властвует, как царь, согласно книге "Откровение", 9:11) имеют намерения его хозяина; они посланы в мир, чтобы "уничтожать".

Извращенная натура сатаны

Из всех имен, приведенных выше в тексте, пять описывают извращенную натуру дьявола: Веельзевул, Велиар, Дракон, Лукавый и Человекоубийца.

Веельзевул

Во времена Ветхого завета имя Веельзевул первоначально употреблялось филистимлянами, чтобы описать божество Аккаронское. Буквальный перевод этого слова - "господин нечистот" (2 Царств, 1:2-6) или "господин мух". Первоначально это имя произносилось как Ваальзовул. Позже евреи изменили его, и оно стало звучать как Веельзевул, что внесло некоторую неопределенность. Новое имя (Веельзевул) означает "господин навозной кучи".

Здесь представлены две очень сильные и важные стороны характера сатаны. Прежде всего он показан как Ваальзовул - "господин нечистот" или "господин мух". Мы можем представить себе дьявола как господина демонических духов. Очевидно, что в сознании филистимлян нечистые духи не отличались от отвратительных, грязных мух.

Во-вторых, он представлен как Веельзевул - "господин навозной кучи". Изменив таким образом имя, иудеи сообщают нам нечто очень важное о дьяволе. Его самого и его злых духов, как противных, грязных мух, влечет к "навозным кучам", к среде, где превалирует все плотское, подверженное тлению, все портящееся и плохо пахнущее. Именно в такой среде процветает сатана.

Велиар

Греческое имя *Велиар* означает "бесполезный" или "негодный". Это имя всегда употреблялось в связи с нечистотой и порочностью. Где бы оно ни употреблялось - в Новом или Ветхом завете, оно использовалось для описания особенно злых людей. Например, в 1-й книге Царств (2:12) говорится, что сыновья Илии были "люди негодные" ("сыновья *Велиара*").

Сыновья Илии служат великолепной иллюстрацией, отражающей значение слова *Велиар*. Они были блудниками, ворами, непокорными детьми и поклонялись идолам. Эти ужасные качества так твердо укоренились в их характере, что на них сошел суд Божий и они были уничтожены в один день. Согласно 1-й книге Царств (2:12) они были "людьми негодными". Они переняли это ужасное поведение от сатаны, который воплощает в себе все значение слова *Велиар*.

Дракон

Слово *"дракон"* также употребляется в книге "Откровение" (12:9) для описания дьявола. Там говорится: "И низвержен был великий *дракон*, древний *змий*, называемый диаволом и сатаною, обольщающий всю вселенную, низвержен на землю, и ангелы его низвержены с ним".

Из этого стиха ясно, что слова *"дракон"* и *"змий"* употреблены для описания извращенной и безумной натуры дьявола. Применяя оба эти термина, автор подчеркивает, что дьявол является ядовитой тварью, готовой ужалить.

Лукавый

Следующий образ дьявола мы можем найти в молитве Господа. В Евангелии от Матфея (6:13) приводится молитва, которую произнес Господь Иисус: "И не введи нас в искушение, но избавь нас от лукавого". Греческий язык передает смысл более точно: "Освободи нас от *злого*".

Такое употребление слова говорит нам, что Иисус смотрел на дьявола как на *"злого"*. Никто не знал дьявола лучше, чем Иисус; поэтому нам важно понять, почему Иисус так называл его.

Человекоубийца

И опять же Господь Иисус был тем, кто открыл нам, что сатана - *человекоубийца*. В Евангелии от Иоанна (8:44) описывается, что говорил Иисус книжникам и фарисеям: "Ваш отец диавол, и вы хотите исполнять похоти отца вашего; он был *человекоубийца* от начала и не устоял в истине... ".

Эта человеконенавистническая натура сатаны впервые проявилась тогда, когда он подтолкнул Каина убить своего брата Авеля (Бытие, 4:8). Эта человеконенавистническая натура сатаны побудила Ирода убить всех детей в возрасте до двух лет в Вифлееме. Мы можем увидеть его натуру убийцы в мученической смерти миллионов христиан в ранний период Церкви и сегодня там, где царит несправедливость. *Стремление убивать является частью извращенной натуры сатаны.*

Желание сатаны контролировать

Сильное желание дьявола контролировать духовный мир и естественный мир, всякое правительство или институт власти является подтверждением тому, что Библия называет его *"князем мира сего"*, *"князем бесовским"* и *"князем, господствующим в воздухе"*.

Князь мира сего

Называя его *"князем мира сего"*, даже Иисус признавал, что дьявол имеет временный контроль над определенными сферами на этой земле.

Вы должны помнить, что сам сатана лично предлагал Иисусу "царства мира сего" во время сорокадневного поста и испытания в пустыне. На протяжении этих сорока дней "князь мира сего" атаковал Иисуса, который противостоял дьявольской силе до последнего, пока дьяволу не пришлось спасаться бегством. Когда Иисус говорит о временном господстве дьявола на земле, Он основывался на личном опыте.

Князь бесовской

В Евангелии от Матфея (9:34) сатана назван *"князем бесовским"*. Слово "князь" соответствует греческому слову *archontas* и указывает на того, кто "занимает главенствующее положение в структуре власти".

Его титул "князь бесовской" наиболее отчетливо показывает, что дьявол занимает самое высокое положение среди демонических духов. Слово "князь" подчеркивает, что в дьявольской системе существует определенная структура власти. Мы уже встречались с этим в Послании ефесянам (6:12).

Князь, господствующий в воздухе

Апостол Павел назвал сатану *"князем, господствующим в воздухе"* (Ефесянам, 2:2).

Напомню, что слово "князь" соответствует греческому слову *archontas,* которое означает: "тот, кто занимает главенствующее положение в структуре власти".

Это находится в полном соответствии с Посланием ефесянам (6:12), которое утверждает, что дьявол контролирует злые духовные силы различного ранга. Отсюда мы узнаем, что в распоряжении дьявола находятся начальства, власти, мироправители тьмы века сего и духи злобы поднебесные.

Сатана, манипулятор человеческого разума

И, наконец, мы подошли к последней группе имен, прозвищ и образов сатаны в Библии. Имена, включенные в последнюю категорию, показывают, что сатана поистине является *мастером "умственных игр"*.

Сюда вошли шесть имен, прозвищ и образов, которые подчеркивают способность сатаны извращать, обманывать и запутывать человеческий разум. Он назван *противником, клеветником, ангелом света, дьяволом, рыкающим львом* и *сатаной*.

Противник

Имя "*противник*" имеет особое значение, когда делается попытка понять, как действует дьявол. Это имя является переводом греческого слова *antidikos,* которое состоит из двух греческих слов: *anti* и *dikes*.

Слово *anti* означает "против". Однако на более древнем греческом оно использовалось для определения психического состояния человека, находящегося на грани умопомрачения. Такой человек был очень опасен, мог навредить кому-то, если его не остановить. Слово *anti* несет смысл отрицания.

Вторая часть слова *antidikos* ("противник") соответствует греческому слову *dikos. Dikos* является корнем слова "праведность" и выражает такие понятия, как справедливость, правда, честность и праведность.

Составленные в одно слово, они обозначают кого-то, "кто является противником праведности". Так как слово *anti* несет значение враждебности, можно сделать еще один перевод: "враждебный праведности" или "тот, кто желает разрушить праведность и предать ее забвению". Это означает, что дьявол не просто пассивно занимает позицию оппонента по отношению к праведности или праведным людям; *он активно преследует их и делает все, что в его силах, чтобы уничтожить их!* Он *ненавидит* праведность!

Так или иначе, он старается сломать человека мыслями о грядущих испытаниях или воспоминаниями о прошлом. Все это он проделывает в надежде лишить нас чувства праведности pi чувства собственного достоинства перед Богом и другими людьми.

Именно поэтому Петр сказал: "Трезвитесь, бодрствуйте, потому что *противник* ваш диавол ходит, как рыкающий лев, ища кого поглотить" (1 Петра, 5:8).

Рыкающий лев

Это подвело нас к еще одному имени дьявола. Петр называет его *"рыкающим львом"*. Вообразите, какой *ужас* наводит рычание льва на беззащитного человека!

В этом случае можно сказать, что рычание опаснее, чем укус. Послание колоссянам (2:15) победоносно провозглашает: "Отняв силу у начальств и властей, властно подверг их позору, восторжествовав над ними Собою".

Своей смертью на кресте и воскресением из мертвых Иисус Христос лишил демонические силы власти, которой они обладали, и Его победа над ними была настолько неоспоримой, что Он "властно подверг их позору, восторжестовав над ними Собою" (более подробно см. в книге "ЖИЗНЬ В ЗОНЕ СРАЖЕНИЯ").

Однако же это не остановило дьявола от того, чтобы и поныне издавать грозный рев. Он лжет и путает наши мысли, угрожает поражением, вселяет необоснованный страх в наши души. Ведет постоянные атаки на разум, что приводит верующих к поражению. Это постоянное "рычание" в душах - очередная попытка противника выбить нас из сил и заставить осуждать себя.

Обратите внимание на то, что объект нападения он ищет среди тех, кого он может поглотить. Слово "ищет" указывает на то, что не каждый станет жертвой его тактики.

Он не может поглотить любого; он должен найти того, кого он сможет поглотить: он *ищет тех, кто сляб в вере, кто не знает Божьего Слова, кто изолирован от других верующих и не обладает достаточным опытом для того, чтобы устоять под огнем постоянных лживых, голословных обвинений дьявола.*

Это те, кого "рыкающий лев" ищет, чтобы "поглотить". Слово "поглотить" соответствует греческому слову *katapino* и означает "проглотить полностью".

Ангел света

И, конечно, сатану называют *"ангелом света"*. Во 2-м послании коринфянам Павел говорит о лжепророках, лжеучителях, лжеапостолах и просто лжецах, которые пытались просочиться в Коринфскую церковь: "И не удивительно, потому что сам сатана принимает вид Ангела света" (2 Коринфянам, 11:14).

Это еще одна картина его мастерского манипулирования; он искусно умеет выдавать себя за того, кем по сути не является! И снова его атаки направлены против разума человека. Это еще раз свидетельствует о том, что дьявол всегда старается с помощью лжи запутать чье-то мышление.

Дьявол

Сатану, конечно же, называют и *"дьяволом"*. В Новом завете, например, он упоминается под этим именем более сорока раз!

Имя "дьявол" взято из греческого слова *diabolos*. Оно состоит из слов *dia* и *balos*. *Dia* означает "сквозь" и несет идею "проникновения". Слово *balos* происходит от слова *ballo,* которое означает "я бросаю", как бросают мяч или камень.

Соединенные в одно слово, они описывают процесс неоднократного бросания мяча или камня, пока тот не преодолевает преграду и не оказывается по другую сторону.

"Дьявол" - это имя, которое не только характеризует самого заклятого врага человечества, но и точно описывает манеру его действий. Его имя означает: "тот, который бьет постоянно, бьет снова, снова и снова по стенам нашего разума, пока в конце концов не пробьет его и не проникнет внутрь".

Сатана

И, наконец, враг Бога и человека назван "сатаной". Это имя произошло от еврейского слова *shatana* и означает "ненавидеть и клеветать". Оно более пятидесяти раз употребляется в Ветхом и Новом заветах и часто также обозначает ложное и голословное обвинение.

Предпосылки духовной брани

Зная об этом заклятом враге, Павел писал Эфесской церкви и побуждал "облечься во всеоружие Божие" (Ефесянам, 6:11).

Однако прежде чем "облечься во всеоружие", они должны были "отвергнуть ложь" (4:25), "говорить истину каждый ближнему своему" (4:25). Павел повелевал им: "Гневаясь не согрешайте: солнце да не зайдет во гневе вашем" (4:26), "и не давайте места диаволу" (4:27), "кто крал, вперед не кради" (4:28), "никакое гнилое слово да не исходит из уст ваших" (4:29), "и не оскорбляйте Святого Духа Божия" (4:30), "всякое раздражение и ярость, и гнев и крик, и злоречие со всякою злобою да будут удалены от вас" (4:31).

Мы не должны забывать, что святая жизнь является необходимой предпосылкой к победе в духовной войне. Если этим сферам в нашей жизни не уделяется должного внимания, т.е. мы живем без искреннего посвящения себя Богу и смирения перед Ним, то мы оставляем лазы, сквозь которые сатана может проникать в нашу жизнь и осуществлять свои планы.

Пронзительные крики, визги, возгласы, топанье ногами, танцы, другие приемы ведения духовной войны бессмысленны, если мы допустили (осознано или просто по небрежности), чтобы наш разум был открыт для всех и для каждого. Недостаток посвящения и наши поступки, которые мы продолжаем совершать вопреки Божьему повелению, приведут к тому, что в момент нападения со стороны дьявола нас постигнет полное поражение.

А святой и смиренный перед Богом человек, который оберегает свой разум облечен во всеоружие Божье, является великим орудием в руках Всемогущего Бога!

В Послании ефесянам (6:10-18) Павел выявляет основные элементы духовной брани, которые нам необходимо знать и применять в своей жизни.

Чтобы вести успешное сражение с этими невидимыми силами, которые идут войной против нас, нам, по словам Павла, дана особая сверхъестественная сила.

Бог не оставил нас обнаженными перед врагом; Он обеспечил нас духовным оружием, которое дает нам способность контратаковать и разрушать любые планы, которые дьявол замышляет против нас.

*Римский воин первого столетия,
снаряженный поясом, броней, ножными латами и обувью с шипами,
продолговатым щитом, шлемом и мечом.*

Глава десятая

Пояс истины

В этой главе мы начнем рассматривать отдельные предметы всеоружия, которые Бог дал Церкви. В Послании ефесянам (6:14-18) Павел говорит:

"Итак станьте, препоясавши чресла ваши истиною, и облекшись в броню праведности, и обувши ноги в готовность благовествовать мир; а паче всего возьмите щит веры, которым возможете угасить все раскаленные стрелы лукавого; и шлем спасения возьмите, и меч духовный, который есть слово Божие; всякою молитвою и прошением молитесь во всякое время духом... ".

Как сказано ранее, 6-я глава Послания ефесянам не является первым местом в Писании, где Павел перечисляет предметы духовного всеоружия. В 1-м послании фессалоникийцам, в самой первой книге Нового завета, Павел также приводит такой перечень.

В 1-м послании фессалоникийцам (5:8) Павел говорит: "Мы же, будучи сынами дня, да трезвимся, облекшись в броню веры и любви и в шлем надежды спасения".

Эта ранняя версия, как мы видим, отражает более узкий взгляд на духовное всеоружие по сравнению с тем, что мы находим в 6-й главе Послания ефесянам. Раннее представление Павла о всеоружии было еще не полностью сформированным, и он говорил о "броне веры и любви". Другой предмет, который упоминается в этом раннем тексте помимо брони, - шлем спасения.

Расширенный список духовного всеоружия

Что произошло за время между написанием этих двух посланий? В 1-м Послании фессалоникийцам список предметов всеоружия, представленный Павлом, очень краток. В Послании ефесянам он дает исчерпывающий список.

А произошло вот что: в течение этих лет Святой Дух начал говорить к Павлу, точно так же как Он говорит сегодня к нам. В то время как Павел начал размышлять над тем немногим, что он знал о духовном оружии, Святой Дух постепенно раскрывал для него этот предмет. С годами Святой Дух полностью сформировал взгляд Павла на духовное оружие.

Таким образом, в 6-й главе Послания ефесянам мы уже видим целую картину - полное откровение Святого Духа о всеоружии, которое Бог дал в распоряжение верующему.

Обратите внимание, как Павел начинает этот отрывок в Послании ефесянам (6:14). Он говорит: "*Итак станьте...*". Слову "станьте" соответствует греческое слово *stemi*, которое означает "встать прямо". Это образ человека, который убежден в своей правоте и поэтому стоит с высоко поднятой головой и расправленными плечами.

Воображение Павла наверняка рисует образ римского воина, который гордится тем, что он воин. Именно такую картину Святой Дух рисует нам в этом стихе. Когда вы облечены во всеоружие Божье, вы вполне можете стоять прямо, будучи полностью уверенным в Боге!

Обратите внимание на следующее утверждение: "Итак станьте, *препоясавши чресла ваши истиною...*". Теперь мы подошли к первому- предмету всеоружия в расширенном списке Павла: *римскому поясу*.

В качестве повтора...

На голове у римского воина был огромный *шлем*. Он представлял собой искусно сделанный, богато украшенный различными декоративными элементами, красивый предмет. Именно поэтому Святой Дух называет наше спасение "шлемом спасения": наше спасение является самой удивительной, прекрасной и волнующей вещью, которую Бог когда-либо создавал для нас!

Вдобавок к этому римский воин носил *броню*, которая начиналась от шеи, спускалась на бедра и в виде металлической юбки доходила до колен. Основная часть брони состояла из двух больших медных или латунных пластин. Одна пластина закрывала грудь, а другая - спину. Эти пластины соединялись большими латунными кольцами на плечах и по бокам. Броня внешне напоминала рыбью чешую и называлась "кольчугой".

Кроме того, римский воин носил *ножные латы* и металлические *сандалии* с очень опасными шипами.

Обратите внимание, что тело римского воина было полностью закрыто. Голову защищал шлем, броня закрывала верхнюю часть тела, обувь прикрывала ноги. Он был покрыт металлом с головы до пят. Всеоружие *полностью закрывало* его.

Ножные латы были очень красивыми и узорчатыми. Они были изготовлены из металлических пластин, обычно медных или латунных, которые обворачивались вокруг голени и икры ноги, начинаясь у колен и опускаясь до ступней. Тяжелая металлическая пластина служила подошвой, и крепкие кожаные полосы покрывали края ступни. К подошве были прикреплены шипы, длиной от двух до семи сантиметров.

Обратите внимание, какое количество металла носил на себе этот человек! На нем были металлический шлем, металлическая броня, ножные латы и обувь из металла, а к поясу был прикреплен небольшой крючок, на который подвешивался щит, также частично изготовленных из металла.

Вдобавок к этому римский воин имел пику или копье, которое он носил в особом чехле на задней части пояса.

Самое важное оружие

Павел говорит: "Итак станьте, препоясавши чресла ваши истиною...".

Сначала я думал, что пояс, по всей вероятности, был очень красивым, как и другие предметы, перечисленные в этом тексте. Но на самом деле пояс был самой непривлекательной, некрасивой, незаметной частью вооружения, которое имел римский воин.

Если римский воин носил такую великолепную медную броню, кто бы заметил этот пояс? Если бы вам надо было описать, во что одет человек, разве бы вы начали с пояса? Он почти не виден. Вы бы, наверное, начали свое описание с пиджака, потом перешли к рубашке, галстуку, обуви. Но вы бы не начали с пояса, не правда ли?

Пояс кажется такой незначительной вещью - но это только до той поры, пока вы его не снимете! Когда же вы снимаете пояс, вы обнаруживаете, насколько он важен! Снимите его, и вы потеряете штаны, а когда теряете штаны, тогда и рубашка свисает почти до колен, и вы выглядите просто ужасно!

Если на вас нет пояса, с вас все спадает. Вы ходите, постоянно поддерживая свои штаны. Вы не чувствуете себя уверенным, вы не способны быстро двигаться!

Пояс в вооружении римского воина выполнял очень важную функцию: на нем держались все части вооружения. Даже если солдат был облечен во всеоружие, все падало с него, если пояса не было на месте. *Считалось, что пояс был самым важным предметом вооружения римского солдата.*

Например, на поясе был подвешен его щит. Если бы у воина не было пояса, некуда было бы повесить массивный щит. Если бы солдат не имел пояса, некуда было бы повесить меч. Без пояса некуда было бы поместить копье. Без пояса кольчуга развевалась бы на ветру. Пояс держал их вместе!

Если бы пояс плотно не обтягивал тело воина, его оружие одно за другим спадало бы с него. Пояс был совершенно необходим римскому солдату. Без него солдат не мог бы уверенно вести бой. Наличие же пояса убеждало его в том, что все части вооружения крепко держатся на своем месте, давая ему возможность двигаться быстро и драться с яростью.

Поэтому Библия говорит: "Итак станьте, *препоясавши чресла ваши истиною.*

Видимая часть вооружения

Основная часть вашего духовного оружия является невидимой. Например, вы не можете физически видеть "броню праведности". Вы не можете физически видеть свою "обувь мира", "духовный меч" или "копье ходатайства". Это *невидимое оружие.*

Но вы можете видеть один вид оружия. Только один предмет духовного вооружения является видимым - "пояс истины".

Пояс истины - это написанное Божье Слово! Только это духовное оружие приняло физическую, естественную форму и перешло из духовной сферы прямо в наши руки! *Это самое важное оружие, которым мы обладаем.*

Если бы вы увидели римского солдата, разве бы вы начали описание его внешнего вида с пояса? Нет. Вы бы, наверное, сказали: "О, посмотрите на его шлем! Посмотрите на эту обувь и на эту броню! А какой щит, какой меч, какое копье! Да, чуть не забыл - на нем еще есть пояс".

Однако подход Святого Духа был совсем другим. Он обратил внимание на талию - на середину человека - и начал описывать духовное всеоружие с пояса солдата. Этим Бог делает важное заявление: Бог говорит, что самое существенное то, что находится в "середине" человека. Если этот предмет убрать, все вооружение развалится на части.

Точно так же когда вы игнорируете Божье Слово и перестаете ежедневно применять его в своей жизни, вы осознанно позволяете своей духовной жизни разойтись по швам!

Разница между *logos* и *rhema*

Важно указать, что существуют два вида Божьего Слова. Есть *logos* - написанное Слово и есть *rhema* - свежее, живое, идущее прямо от Бога слово.

Будьте благоразумны и признайте, что вы не можете получать слово *rhema* каждый раз, когда вам этого хочется, но зато вы всегда можете обратиться к *logos* - написанному Слову, Библии. *Когда нет другой* возможности получить слово от Бога, ваша Библия по-прежнему у вас под рукой!

Может, это и не кажется вам таким волнующим, как получение сверхъестественного слова от Господа. Но помните, Павел приравнивает Божье Слово к поясу римского солдата. Он ничем не привлекал взгляд: он был обычным, тусклым, бесцветным. У каждого солдата имелось такое "барахло"!

Многие люди точно так же смотрят на Библию. У них в доме столько библий, что они перестали дорожить Словом. Они могут отбросить ее в сторону и сказать: "Я не намерен больше изучать ее. Я изучал и изучал ее так долго, что устал от этого. Ничего нового она мне дать не может".

Отложите Библию (ваш "пояс истины") в сторону, и через некоторое время вы начнете терять *осознание* собственной праведности. Отложите в сторону ваш пояс истины, и постепенно вы лишитесь *ощущения* мира. Отложите ваш пояс истины, и вы почувствуете, что угасает радость вашего спасения. Если вы выбросите из своей жизни пояс истины, очень скоро вы начнете терять способность верить и жить в вере.

Вы абсолютно не можете функционировать как верующий, если Божье Слово не является действенным и не играет центральную роль в вашей жизни. Вы можете продержаться без него какое-то время за счет того, что накопили в прошлом, но не надолго.

Если вы уберете пояс - Божье Слово, ваша духовная жизнь развалится на части, дайте только время. Демонические атаки будут пробивать невидимый барьер, который оберегал вас, и в вашей жизни начнется хаос.

Единственный путь к духовному успеху

За последние несколько лет Бог дал мне возможность проповедовать в сотнях церквей и на тысячах богослужений. Во время своих поездок я сделал кое-какие наблюдения.

Некоторые служители пытались построить свои церкви на основе хвалы и поклонения. Хвала и поклонение - это чудесно, но только на этом невозможно строить церковь. Хвала и поклонение не являются поясом!

Другие делали попытку построить свои церкви исключительно на молитве. Конечно, молитва - это необходимо! Сегодня мы отчаянно нуждаемся в том, чтобы особое ударение делалось на молитве, *молитва не является поясом! Только пояс может удержать все вместе - как в жизни отдельного верующего, так и в церкви.*

Библия является единственным предметом духовного оружия, который можно видеть глазами и реально ощущать, держа его в руках. Нам настолько важно иметь Слово Божье, что Бог допустил, чтобы Его божественное Слово перешло из духовного мира в естественный, чтобы мы могли держать его в своих руках и физически обладать им. Это очень важное оружие, это самое важное оружие из всех, которые Бог дал нам. Подумайте об этом: вы на самом деле можете держать это оружие в руках!

Павел провозглашает, что этот "пояс истины" является настолько важным и сильным оружием, что любой обладающий им человек может быть "совершен... ко всякому доброму делу приготовлен" (2 Тимофею, 3:17).

Если *вы* хотите быть облеченным во всеоружие Божье, вам следует начать с того, чтобы отвести

Божьему Слову центральное место и главную роль в своей жизни и сделать его тем "поясом", который соединяет все остальное вооружение. Библия должна иметь главенствующее положение, она должна быть законом, правителем и непререкаемым авторитетом в вашей жизни.

В чем состоит цель вашей жизни? Желаете ли вы преуспеть с своей духовной жизни? Хотите ли вы поразить филистимлян, которые постоянно атакуют вас? Хотите ли вы быть духовно подготовленными?

Написанное Слово обладает способностью приготовить вас "ко всякому доброму делу". Слово "приготовить" соответствует греческому слову *exartidzo*, которое означает "полностью экипировать" или "полностью снабдить". Это слово употреблялось при описании повозок или кораблей, "полностью снабженных" необходимыми приспособлениями или механизмами.

Используя это слово, Павел говорит нам, что Богом вдохновленное Слово снабдит нас нужным "механизмом" для того, чтобы иметь Божью силу и удержать положение победителя над дьяволом.

Как жить в праведности

Когда вы надеваете на себя этот пояс и не снимаете его, все держится на своих местах. Хотите ли вы научиться наслаждаться праведностью, которой наделил вас Бог? Автор Послания евреям говорит: "Ибо, судя по времени, вам надлежало быть учителями; но вас снова нужно учить первым началам слова Божия, и для вас нужно молоко, а не твердая пища. *Всякий, питаемый молоком, несведущ в слове правды, потому что он младенец*" (Евреям, 5:12,13).

Согласно этому стиху, пренебрегая Божьим Словом в своей жизни, вы сознательно *мешаете* развитию вашего понимания праведности. Если же вы усиленно читаете Божье Слово, размышляете над ним, молитесь о прочитанном и изучаете его, вы обнаружите, что чудесное, всепоглощающее ощущение праведности станет естественной частью вашего мышления!

Начните игнорировать Божье Слово, и пройдет немного времени, чтобы вы почувствовали осуждение почти во всех сферах своей жизни. Люди, которых в момент спасения Бог провозглашает праведными, не осознают свою праведность, если не ставят Слово на первое место.

Итак, если вы хотите носить броню праведности и наслаждаться ею, сначала наденьте пояс истины - возьмите написанное Слово, Библию. Слово даст вам это чувство праведности.

Как иметь мир

Хотели бы вы иметь больше мира в своей жизни? Павел рассказывает нам, как можно достичь этого. Он говорит: "И да владычествует в сердцах ваших мир Божий..." (Колоссянам, 3:15).

С естественной точки зрения, существует не так много людей, которые переживают в своих сердцах этот "владычествующий" Божий мир. Напряженная работа и повседневная спешка определяют ритм нашей жизни, и большинство людей живут в суматохе и постоянном недовольстве.

Вместо того чтобы позволить миру Божьему "владычествовать" в своих сердцах, большинство верующих страдают от резкой смены настроения. Они склонны к изменчивости чувств, что сильно мешает поискам направления в жизни. *Поэтому вы должны позволить миру Божьему владычествовать в вашем сердце.*

Слово "владычествовал" соответствует греческому слову *brabeuo*, которое использовалось при описании "судьи" или "арбитра", следящего за соблюдением правил в спортивном состязании.

Этот человек был судьей; он был правителем; он определял, кто является победителем в этой игре! Используя это слово, Павел по сути говорит: *"Позвольте Миру Божьему быть арбитром и определять ход вашей жизни..."*.

Как можно достичь такого состояния, чтобы мир превалировал над всем другим в вашей жизни? Как добиться того, чтобы разум, чувства, страх и разочарование перестали управлять вами?

Павел продолжает: "Слово Христово да вселяется в вас обильно, со всякою премудростью; научайте и вразумляйте друг друга псалмами, славословием и духовными песнями..." (Колоссянам, 3:16).

Обратите особое внимание на призыв: *"Слово Христово да вселяется в вас обильно..."*. В этой фразе есть два ключевых слова: "вселяется" и "обильно".

Слово "вселяется" соответствует греческому слову *enoikeo*, которое означает "поселиться". Передается идея "вселиться в дом" или "устроиться уютно, как у себя дома".

Слово "обильно" соответствует греческому слову *plousios*, которое несет идею "крайней расточительности" и "роскошной жизни".

Поэтому когда Павел говорит: "Слово Христово да вселяется в вас обильно", на самом деле это звучит так: "Пусть Слово Христово .поселится в вашей жизни и станет чувствовать себя там уютно, как у себя дома; окажите ему самый роскошный, великолепный прием, какой только можете...".

Что происходит, когда вы делаете Божье Слово абсолютным приоритетом в вашей жизни? *Мир Божий* начинает царить в вашей жизни, начинает судить и вести вашу жизнь каждый день.

Как научиться быть сильным в вере

Как иметь настоящую, действенную веру? Как "щит веры" может стать 'реальностью в вашей жизни?

В Послании римлянам (10:17) Павел говорит: "Итак вера от слышания, а слышание от слова Божия".

Вы говорите, что хотите быть сильным в вере? Тогда обратитесь к Слову и пребывайте в нем. Пусть оно будет самым важным в вашей жизни! Только Божье Слово может производить стойкую, действенную веру.

Я надеюсь, что вы понимаете, почему Святой Дух начал рассказ о духовном оружии с пояса: *если на вас нет пояса истины, вы не сможете воспользоваться остальным оружием.*

Шлем и меч

Теперь мы подошли к "шлему спасения"! Слово "спасение" соответствует слову *sodzo,* которое раскрывает идеи "освобождения, безопасности, сохранности, здравости ума и исцеления".

Хотели бы вы жить, имея чувство свободы, безопасности, здравость ума и исцеление, которые приобретены для вас Христом? Хотели бы? Тогда вам следует надеть шлем! А как это можно сделать?

В Послании ефесянам (6:17) нас призывают: "И шлем спасения возьмите...", а в 1-м послании фессалоникийцам (5:8) говорится, что спасение является "шлемом". Какая существует связь между спасением и разумом? Павел сказал Тимофею: "Притом же ты из детства знаешь священные писания, *которые могут умудрить тебя во спасение..."* (2 Тимофею, 3:15).

Сила Божьего Слова отличается тем, что делает нас достаточно мудрыми, чтобы осознать спасение. Когда мы наполняем свой разум Божьим Словом, мы начинаем реально переживать свободу, безопасность, сохранность разума, здравость мышления и исцеление.

Писание надевает вам на голову шлем спасения! В то время как вы обновляете свой разум Божьим Словом, оно становится вашим духовным шлемом.

В 6-й главе Послания ефесянам говорится, что в добавление к спасению, которое мы носим, как шлем, мы имеем могущественный меч, названный "мечом духовным". Хотели бы вы постоянно держать в руках этот "меч духовный"? Как можно достигнуть этого? *Где можно найти этот меч?*

Где римский воин находил свой меч, когда он ему был нужен? В ножнах, прикрепленных к *поясу!* Поэтому, чтобы иметь меч всегда под рукой, солдат должен был постоянно носить свой *пояс*.

Что символизирует пояс в 6-й главе Послания ефесянам? *Написанное Божье Слово.* В большинстве случаев, когда мы нуждаемся в слове от Господа, мы берем его из Библии - точно так же, как меч римского воина можно было изъять из ножен, которые находились на поясе. *Пояс и меч были соединены.*

Сегодня многие говорят: "Господи, я нуждаюсь *в слове!* Господи, мне необходимо, чтобы Ты проговорил ко мне особенным образом! Боже, в моей жизни настал момент кризиса. Мне нужно получить от Тебя *слово, Господь!*" В качестве ответа они жаждут увидеть сон, видение или услышать пророчество. Они идут в церковь с надеждой на то, что кто-то скажет им слово знания или слово мудрости.

Я прославляю Бога за сны, видения, пророчества, слова знания и слова мудрости. Однако существует что-то более *надежное,* чем слово знания, слово мудрости или пророчество. Петр сказал: "И притом мы имеем *вернейшее пророческое слово...*" (2 Петра, 1:19).

Значит, вы говорите, что вам необходимо особое *слово* от Господа? Нуждаетесь ли вы в слове *rhema*, "мече духовном"? Вот как вы можете обрести его: пребывайте в Слове, читайте и изучайте его, и вы наверняка получите слово *rhema*.

Как говорил автор Послания евреям: "Ибо слово Божие живо и действенно и острее всякого меча обоюдоострого: оно проникает до разделения души и духа, составов и мозгов, и судит помышления и намерения сердечные" (Евреям, 4:12). Когда вы пребываете в Божьем Слове, оно свободно проникает в ваше сердце. Вы обладаете мечом, который "проникает до разделения души и духа, составов и мозгов" и будет "судить помышления и намерения" вашего сердца.

Что происходит, если вы игнорируете пояс - Божье Слово - и решаете испытать счастье, идя по другому пути? Многие святые поступали так. Они легкомысленно снимали свой пояс, забывая о Библии и говоря: "Я уже пытался найти ответ в Библии и устал от этого. Я могу иметь силу и власть и без того, чтобы проводить время за чтением Божьего Слова".

Думая так, верующий сознательно снимает с себя пояс и отбрасывает его. Вы можете жить так какое-то время, но вскоре все у вас начнет расползаться. Вскоре вы услышите какой-то металлический звук, и вот броня спадает с вашего тела! Меч падает на землю! Копье валится на пол!

Что же произошло? Вы сняли свой пояс; и теперь ничто уже не сдерживает вашу духовную жизнь. Обнажив себя, вы открываетесь врагу, который может напасть на вас с бедами и несчастьями. Никогда не забывайте: *Слово является опорой для всего остального!*

Победа или поражение - это зависит от вашего выбора

Я хочу, чтобы вы поняли, что если вы ежедневно не пребываете в Божьей силе и Божьем Слове, то вы и не облечены в духовное оружие, данное вам Богом.

Без Божьего Слова, действующего в вашей жизни, вы теряете опору для остальных предметов духовного оружия. Значит, вы не имеете возможности сражаться. Ваше сражение закончилось, не начавшись. Вы потеряли право на победу тем, что пренебрегли самой важной частью всеоружия: Божьим Словом.

Это Слово удерживает на месте осознание праведности, а вам необходимо осознание собственной праведности. Это Слово удерживает на месте ваш мир, а вы нуждаетесь в мире. Мир является сильным оружием не только для защиты, но и для нападения.

Когда враг будет наступать, размахивая боевым топором, без шлема спасения, защищающего ваш разум, вас будут переполнять неверие и сомнения. В итоге враг попытается украсть у вас свободу, трезвый ум и исцеление.

Некоторые люди сидят в темноте, надеясь получить слово *rhema* от Бога! Вы получите ваше слово *rhema,* когда включите свет, возьмете свою Библию и начнете размышлять над Божьим Словом. Внезапно один из этих стихов будто спрыгнет со страницы и станет могущественным клинком в вашей руке и в ваших устах.

Способность Бога воспроизводить

Обратите внимание на то, что пояс покрывал поясницу римского солдата. Почему он так защищал эту часть своего тела? Потому что он хотел сохранить свою способность воспроизводить.

Так как пояс символизирует Божье Слово, а в естественном смысле он служил защитой воспроизводительной способности мужчины, это говорит нам о чем-то очень значительном. *Это ясно показывает нам, что наша способность приносить плоды для Бога прямым образом зависит от наших взаимоотношений с Божьим Словом.*

Вы становитесь духовно бесплодным, если Божье Слово не является действенным в вашей жизни: вы ничего не можете делать, не можете приносить плодов, не имеете помазания и исцеляющей силы. *Когда вы забрасываете чтение и изучение Божьего Слова, вы ничего не производите.*

Даже сам Бог творит, производит и воспроизводит с помощью Божьего Слова. В Послании евреям (11:3) говорится: "Верою познаем, что веки устроены словом Божиим...".

Бог устроил мир с помощью Своего Слова!

Знаете, что произошло с вами, когда вы были спасены? 1-е послание Иоанна (3:9) говорит: "Всякий, рожденный от Бога, не делает греха, потому что *семя* Его пребывает в нем; и он не может грешить, потому что рожден от Бога".

Слово "семя" соответствует греческому слову *spermata*. Отсюда мы получили слово "сперма".

Вот картина нового рождения! Точно так же, как женщина беременеет от семени мужчины и в ее чреве происходит зачатие, по словам Иоанна, в момент, когда мы рождаемся свыше, Бог вводит в наш человеческий дух Свое божественное "семя".

Как только оно попадает в нас, это божественное семя сразу же начинает производить в нас жизнь и характер Христа.

Благодаря этому божественному "семени" *(spermata)* мы уже не способны жить так, как жили до встречи с Господом. В этом "семени" заключены зачатки жизни, характера и качеств Бога, точно так же как мужское семя несет в себе генетическую информацию о цвете глаз, цвете волос и темпераменте отца. Как только в нас заложили Божью природу, эта божественная жизнь навеки разбивает силу греха *начиняет царить в нашей жизни!*

Как выглядит Божье "семя"? Что представляет собой Божье "семя"? Петр говорит нам: "Как возрожденные не от тленного семени, но от нетленного, *от слова Божия,* живого и пребывающего в век" (1 Петра, 1:23).

Бог сотворил мир с помощью Божьего Слова и возродил вас с помощью Своего божественного "семени". Все, что производит Бог, Он производит с помощью Своего Слова.

Самая грубая ошибка, которую совершают верующие

Возможно, вы спрашиваете Господа: "Почему в моей жизни царит такая путаница?" Возможно, вы задаете вопрос: "Куда пропал мой мир? Куда исчезло то осознание победы, которое я имел?"

Я верю, что Господь задает вам ответные вопросы. Он спрашивает вас: "Где тот пояс, который Я дал тебе? Почему ты не уделяешь время для чтения Моего Слова[1] Кто снял с тебя твой пояс?"

Когда вы снимаете свой пояс, ваша одежда спадает! И поэтому я твердо советую вам - если вы намерены участвовать в духовном сражении, наденьте ваш пояс, потому что без него от одного удара врага все ваше вооружение спадет.

Некоторые верующие допускают грубую ошибку, думая так: "Я знаю, что должен уделить сегодня время изучению Божьего Слова, но у меня действительно нет времени. Я подожду до следующего воскресенья, когда пойду в церковь. Наш пастор - такой отличный учитель! Я знаю, что он хорошо накормит меня Словом".

Наконец, приходит долгожданное богослужение. После него они отправляются домой, а на следующий день они, осознавая, что должны провести некоторое время за чтением Слова, опять говорят: "Я подожду до следующего богослужения. Последнее церковное служение было просто великолепным! Уверен, что следующее будет еще лучше".

Позвольте мне задать вам вопрос: вы все еще просите маму одевать вас? Что бы она подумала, если бы вы попросили: "Мама, одень меня?" Она бы сказала: "Ты о чем? Ты на самом деле хочешь, чтобы я одевала тебя? Ты уже не младенец. Иди и оденься сам!"

Но именно это делают многие верующие! Когда они приходят на богослужение в воскресенье или в другой день, зная, что в течение недели они не читали Слово, они говорят: "Пастор, не одели бы вы меня? Не наденете на меня пояс? Пожалуйста, оденьте меня?"

Хочу, чтобы вы поняли: проповедь Божьего Слова за кафедрой должна служить только подтверждением того, что вы уже услышали лично от Бога во время чтения Его Слова в течение недели.

Проповеди вашего пастора не должны быть *единственным* Словом, которое вы слышите; они предназначены для того, чтобы Святой Дух подтянул пояс, который уже надет на вас.

Когда верующий каждый день слышит Слово от Бога благодаря личному общению, затем идет в церковь и там слышит проповедь Божьего Слова, его пояс затягивается крепче. Тогда его праведность еще лучше "сидит" на нем. Его мир и все остальное соединены еще лучше.

Когда оба элемента изучения Слова - индивидуальное чтение Слова и публичная проповедь - действуют вместе, Тело Христово одето хорошо.

Почему Святой Дух в 6-й главе Послания ефесянам начал описывать наше всеоружие с пояса? Потому что Он хотел указать на неоспоримую важность пояса истины. Таким образом через Павла Святой Дух сказал: "Итак станьте, препоясавши чресла ваши истиною...".

Давид о центральном месте Слова

Возможно, никто в Библии не понимал важности того, что Слово должно занимать центральное место в жизни человека, так. как Давид. Вы можете почувствовать любовь Давида к Слову, когда читаете 118-й псалом:

"Блаженны непорочные в пути, ходящие *в законе Господнем.*

Блаженны хранящие *откровения Его,* всем сердцем ищущие Его...

Ты заповедал *повеления Твои* хранить твердо.

О, если бы направлялись пути мои к соблюдению *уставов Твоих!*

Тогда я не постыдился бы, взирая на все *заповеди Твои...*

Буду хранить уставы Твои...

Как юноше содержать в чистоте путь свой? - Хранением себя по *слову Твоему.*

Всем сердцем моим ищу Тебя; не дай мне уклониться от *заповедей Твоих.*

В сердце моем сокрыл я *слово Твое,* чтобы не грешить пред Тобою.

Благословен Ты, Господи! научи меня *уставам Твоим.*

Устами моими возвещал я все *суды уст Твоих.*

На пути откровений Твоих я радуюсь...

О заповедях Твоих размышляю...

Уставами Твоими утешаюсь; не забываю *слова Твоего...*

Странник я на земле; не скрывай от меня заповедей Твоих".

Вы можете ясно увидеть, что Слово для Давида было самым главным. Видите, как Давид любил "пояс истины" и как он нуждался в нем? Давид говорил: "Мне он необходим! Я размышляю о нем. Я не удаляюсь от него. Пожалуйста, не скрывай его от меня. Открой его мне. Я обещаю Тебе, что буду жить согласно ему. Я буду думать о нем. Я буду соблюдать его".

Ключ к победе и успеху

Давид понимал, что Слово является ключом к полной победе и полному успеху в жизни. В стихах 20-25 Давид молит:

"Истомилась душа моя желанием *судов Твоих* во всякое время. Ты укротил гордых, проклятых, уклоняющихся *от заповедей Твоих.*

Сними с меня поношение и посрамление, ибо я храню *откровения Твои.*

Князья сидят и сговариваются против меня; а раб Твой размышляет *об уставах Твоих.*

Откровения Твои - утешение мое, советники мои."

Когда вы ведете духовное сражение, знайте, что злые силы - вроде тех, что сговаривались против Давида, - станут и против вас. Но Слово говорит, что Бог снимет их поношения и оскорбления, потому что вы размышляете о Его откровениях. Другими словами, этот "пояс истины" подготовит вас к тому, чтобы вы могли отбить злобные силы.

В стихах 57-59 Давид говорит:

"Удел мой, Господи, сказал я, соблюдать *слова Твои*.

Молился я Тебе всем сердцем: помилуй меня *по слову Твоему*.

Размышлял о путях моих, и обращал стопы мои *к откровениям Твоим*."

Давид говорит: "Господи, Слово Твое будет самым главным и важным в моей жизни!"

Он продолжает в стихах 60-63:

Спешил и не медлил соблюдать *заповеди Твои*.

Сети нечестивых окружили меня; но я не забывал *закона Твоего*.

В полночь вставал славословить Тебя *за праведные суды Твои*.

Общник я всем боящимся Тебя и хранящим *повеления Твои*."

Лучший совет, который содержит Слово

Здесь, в 63-м стихе, содержится лучший совет, который вы когда-либо можете услышать в своей жизни! Давид говорит: "Общник я всем боящимся Тебя и хранящим повеления Твои".

Я советую вам и Слово советует: общайтесь с людьми, которые живут по Слову. *Вам необходимо иметь вокруг людей, которые понимают, что Слово должно занимать центральное положение в жизни.*

Давид говорит: "Мои товарищи любят Твое Слово так же сильно, как и я". Будьте мудрыми в выборе друзей. Будьте рядом с людьми, которые, как и вы, живут в тесном общении с Господом и Его Словом.

В стихах 129 и 130 Давид говорит:

"Дивны *откровения Твои;* потому хранит их душа моя.

Откровение слов Твоих просвещает, вразумляет простых."

И снова Давид провозглашает: "Господь, Твое Слово находится в центре моей жизни!"

В стихах 131-134 он продолжает:

"Открываю уста мои, и вздыхаю; ибо *заповедей Твоих жажду.*

Призри на меня и помилуй меня, как поступаешь с любящими *имя Твое.*

Утверди стопы мои *в слове Твоем,* и не дай овладеть мною никакому беззаконию.

Избавь меня от угнетения человеческого, и буду хранить *повеления Твои.*"

Обратите внимание, насколько Давид нуждается в Слове: он *жаждет* его! Давид уверен в том, что Бог избавит его, потому что он хранит повеления Его. Стихи 135 и 136:

"Осияй раба Твоего светом лица Твоего, и научи меня уставам Твоим.

Из глаз моих текут потоки вод оттого, что не хранят *закона Твоего.*"

Давид говорит: "Они не прислушиваются к Твоему Слову, и это убивает их. Они не соблюдают Твой закон, и это разрушает их. Они потерпели полный крах. Беззаконие и грех берут верх над ними!"

Почему Давид говорит это? Потому что Давид знает, что, предоставив Божьему Слову центральное место в своей жизни, вы спасаете себя от гибели. Затем, в стихах 153-157, Давид говорит:

"**Воззри на бедствие мое, и избавь меня**; ибо я не забываю *закона Твоего.*

Вступись в дело мое, и защити меня; *по слову Твоему* оживи меня.

Далеко от нечестивых спасение, ибо они *уставов Твоих* не ищут.

Много щедрот Твоих, Господи; *по суду Твоему* оживи меня.

Много у меня гонителей и врагов; но *от откровений Твоих я* не удаляюсь."

Другими словами, люди, которые не исследуют Божье Слово, не испытывают благословений своего спасения (стих 155). Давид как будто говорит: "Вопреки им я нашел убежище в Твоем Слове".

В стихах 158-160 Давид говорит:

"**Вижу отступников, и сокрушаюсь**; ибо они не хранят *слова Твоего.*

Зри, как я люблю *повеления Твои*; по милости Твоей, Господи, оживи меня.

Основание слова Твоего истинно, и вечен *всякий суд правды Твоей.*"

Давид говорит: "Никогда не обманет Божье Слово. Оно всегда истинно. Оно занимает центральное место в моей жизни. Оно освобождает, защищает и хранит меня". Основной темой 118-го псалма является утверждение Давида, что Слово Божье занимает центральное место в его жизни. Можно сказать без тени сомнений, что Давид имел на себе "пояс истины"!

Многие люди цитируют стих из книги "Откровение" (12:11), который говорит: "Они победили его (дьявола) кровию Агнца и словом свидетельства своего...".

Что это за свидетельство? Слово Божье. Это единственное свидетельство, которым мы обладаем!

Путь к победе

Библия говорит: "Итак станьте, препоясавши чресла ваши истиною...". Когда вы надеваете на себя пояс Слова и принимаете решение отдать ему центральное место в вашей жизни, вы на пути к победе во всех жизненных сражениях!

После того как вы "надели" Божье Слово, может, вы не сразу почувствуете себя праведным, но продолжайте "носить" его, и ваше чувство праведности будет бить ключом!

Возможно, вы не сразу почувствуете мир, но Библия обещает: "Твердого духом Ты хранишь в совершенном мире..." (Исаии, 26:3). В оригинале этот стих звучит так: "Ты сохранишь в совершенном мире того, кто мысли свои постоянно устремляет на Тебя...". (Примечание переводчика.)

Как можно постоянно устремлять мысли к Господу? Пребывая в Слове и позволяя слову Христову обитать в вас обильно. Тогда мир Божий будет владычествовать в вашем сердце.

Вы говорите, что вам необходим меч? Вам необходимо особое слово *rhema*, слово от Господа? Слово Божье является своевременным и действенным; оно острее любого меча обоюдоострого.

Вы говорите, что вам нужна вера? "Итак вера от слышания, а слышание от слова Божия" (Римлянам, 10:17).

Вы говорите, что вам необходим щит? Читайте Божье Слово. Прислушивайтесь к Божьему Слову. Размышляйте над Божьим Словом. Оно вложит щит прямо вам в руки.

Надев "пояс истины", вы можете овладеть всеми другими предметами всеоружия и применять их в своей духовной жизни. С ним ничто уже не спадет с вас. С ним вы можете стремительно двигаться, яростно и твердо противостоять врагу.

Без него вас ждут большие проблемы!

Если вы намерены противостоять нападению противника на ваше тело, разум, семью, друзей, деньги и бизнес, мой вам совет, прямо из Божьего Слова, возьмите и наденьте на себя этот пояс.

Латунная кольчуга римского воина первого столетия.

Глава одиннадцатая

Броня праведности

Павел продолжает говорить нам о нашем духовном оружии и называет следующий его предмет. Он говорит: "Итак станьте, препоясавши чресла ваши истиною, и облекитесь в броню праведности" (Ефесянам, 6:14).

Праведность является оружием; она - наша броня! Вы можете спросить: "Как праведность может быть оружием? Почему Павел называет ее броней? Каким образом она может служить нам оружием?"

Мы знаем, что праведность является оружием, потому что Павел называет ее оружием в 6-й главе Послания ефесянам. Он упоминает ее в одном контексте с "поясом истины", "щитом веры", "шлемом спасения", "мечом духовным" и "копьем ходатайства". Во 2-м послании коринфянам (6:7) праведность снова упоминается как оружие. Там говорится: "В слове истины, в силе Божией, с *оружием правды*...". Здесь праведность четко названа "оружием". Другим местом Писания, где праведность названа оружием, является отрывок из Книги пророка Исайи (59:17), где говорится: *"И Он возложил на Себя правду, как броню..."*.

Чтобы понять, почему Павел называет праведность броней, перечисляя предметы духовного оружия в 6-й главе Послания ефесянам, сначала вам следует узнать кое-что о броне римского солдата.

Броня была очень красивым и эффектным предметом вооружения римского солдата. Если бы вы подошли к римскому солдату, вы бы не заметили его пояс, обувь, меч или шлем, которые также представляли собой удивительные предметы.

Первое, что замечал каждый, глядя на воина, была его красивая броня. Броня начиналась у шеи и опускалась до колен. Она состояла из двух металлических пластин. Одна пластина закрывала грудь, а другая - спину. Они скреплялись крепкими латунными кольцами на плечах солдата. Очень часто эти металлические пластины на груди и на спине состояли из мелких пластинок, в результате чего броня напоминала рыбью чешую. Это был самый тяжелый предмет вооружения. Иногда вес его превышал 18 кг. Известно, что броня некоторых воинов достигала 35 кг и больше! Вспомните, что кольчуга Голиафа весила примерно 60 кг!

Красота брони

Броня была чрезвычайно искусно сделана и очень красива. Она изготавливалась из меди или латуни; чаще из латуни. Когда римские воины двигались, происходила удивительная вещь.

Если долго тереть два куска металла один о другой, они приобретают особый блеск. И хотя пластинки кольчуги уже были блестящими, в результате трения они сияли еще больше. Именно так происходило с кольчугой римского воина. Когда он двигался, в этой кольчуге, маленькие, похожие на чешую пластинки терлись одна о другую, приобретая красивый блеск.

Латунь имеет цвет золота, и на солнце она ярко сияет; особенно если это хорошая латунь. Солнечные лучи отражаются в броне, являя собой изумительное зрелище.

Такой красивой броня римского воина была тогда, когда он пользовался ею и ходил в ней. Если бы ее положили в темную комнату и никогда не пользовались ею, она оставалась бы красивой только потому, что была изготовлена из латуни. Однако ее употребление делало ее с каждым разом все более и более прекрасной.

Случалось ли вам ехать по дороге и неожиданно быть ослепленным светом, отраженным от какого-либо металлического предмета, так, что вы даже не могли видеть дороги? Можете себе представить этого римского воина в его кольчуге, которая так ярко сверкала? При дневном свете он был похож на радугу, сияющую везде, куда бы он ни шел.

А как, по-вашему, выглядел целый легион воинов, маршировавший в лучах солнца? Весь склон горы или долина, по которой они проходили, начинали сиять! Почему? Потому что они шли в своей яркой, сияющей броне.

Наша праведность является оружием, настоящим оружием. В Послании ефесянам (6:14) она названа "броней праведности". Это не только *оружие защиты,* оберегающее нас от ударов врага; это и *оружие нападения,* которое помогает нам, когда мы нападаем на врага.

Кто-то хочет причинить вам боль

Человек, который не принимает участия в сражении, не должен носить такое оружие. Вы носите такое оружие только потому, что существует кто-то, кто хочет причинить вам вред!

Именно поэтому Святой Дух говорит нам, что мы имеем праведность, которая защищает нас, как "броня". В Послании ефесянам (6:11) мы видели, что когда мы облечены "во всеоружие Божье", мы способны "стать против козней диавольских". Дьявол хочет напасть на нас. Он хочет убедить нас в том, что мы *праведны*; что мы не представляем никакой ценности как для Бога, так и для людей.

Помните, слово "дьявол" взято из греческого слова *diabalos,* которое описывает "того, кто бьет еще, и еще, и еще, пока наконец не проникает в разум со своими голословными и лживыми утверждениями". Так как он имеет такое жгучее желание проникнуть в разум человека и парализовать и разум, и чувства, он особенно радуется, когда находит верующих, которые не знают, что они праведники. Они становятся легкой добычей!

Он усмехаясь шепчет им: "Ты самый плохой верующий из всех когда-либо живших на земле. Ты на самом деле думаешь, что Бог хочет иметь с тобой какие-то дела? Бог не может использовать тебя, ты глупец!"

Если вы не укрепили на себе вашу "броню праведности", эти лживые слова несомненно проникнут в ваш разум и коснутся ваших эмоций; это будет сильный удар врага, который нанесет вам серьезные раны.

Люди, которые не знают, что им дана праведность, обычно живут под осуждением. Почему? Потому что дьявол приходит, чтобы осуждать их. Люди, которые не знают, что им дана праведность, живут с чувством вины. Враг приходит, чтобы забрасать их ложью и клеветой, которые проникают в ум и эмоции и заставляют этих людей чувствовать себя неудачниками.

С другой стороны, когда верующий знает, что Бог сделал его праведным - когда его "броня праведности" крепко держится на своем месте, - не имеет значения, сколько стрел враг пускает в этого верующего, потому что ни одна из них не пронзит его. Ни одно слово осуждения, ни одна клевета, ни одно ложное обвинение не долетят до вас, если вы надели "броню праведности".

К несчастью, девяносто процентов Тела Христова живут, испытывая осуждение. Они ходят, тяжело опустив плечи и понурив голову. Одних враг обманул до такой степени, что они не способны уверенно молиться. Других он убедил в том, что они никогда не были *достаточно хорошими,* чтобы быть использованными Богом.

Слово ясно говорит нам в 14-м стихе рассматриваемого нами отрывка, что мы должны "стоять прямо, расправив плечи, с высоко поднятой головой, как гордый и побеждающий солдат".

Когда вы понимаете, что Бог наделил вас праведностью и что эта данная Богом праведность служит теперь вам великолепной броней, это положительным образом влияет на ваше отношение к себе! Вы обретете новую уверенность в своей жизни. Осознание собственной праведности прибавляет человеку уверенности и дает ощущение власти.

Когда эта уверенность начнет действовать, вы будете делать очень много для Бога. Иногда люди, которые не знают вас, могут принять вашу новую смелость, вашу уверенность, которые основаны на данной Богом праведности, за сумасбродство и высокомерие.

Нет, вы просто человек, который узнал, что "в Нем он сделался праведным пред Богом" (2 Коринфянам, 5:21).

Вы узнали, что Бог надел на вас великолепный, прекрасный, яркий и сияющий предмет вооружения, который называется "броня праведности". Вы только что открыли для себя, что вы больше не должны терпеть лживые угрозы дьявола, потому что вы *"снаряжены для битвы"!*

Правильное отношение к войне

Когда римские воины отправлялись в сражение, командующий офицер говорил им: "Не возвращайтесь в лагерь, пока враг не будет полностью уничтожен. Если вы не убьете противника, можете не возвращаться и даже не показываться здесь".

Этим солдатам говорили: "Лучше вам умереть на поле боя, чем вернуться сюда с известием о том, что враг одержал победу. Приходите только как победители или вообще не приходите".

Можете не сомневаться, что такие слова оказывали сильное влияние на солдат. Они моментально начинали себя внутренне готовить к сражению! Недели и месяцы длилась подготовка. Они делали все, что могли, чтобы подготовить свой ум и выработать правильное отношение к бою - *потому что состояние вашего ума и ваше отношение к бою имеют самое непосредственное отношение к тому, каков будет его исход.*

Если вы уже до начала сражения умственно и эмоционально подавлены, вам не следует принимать бой! Почему? Потому что ваш отрицательный настрой уже предопределил исход сражения. Вы непременно потерпите поражение.

Развивая в себе осознание "праведности" и привыкая видеть себя в свете того, что было совершено на кресте, вы получите божественный вклад уверенности и смелости, что всегда будет ставить вас в положение победителя!

Вы должны умственно подготовить себя. Именно поэтому Петр сказал: "Посему (возлюбленные), препоясавши чресла ума вашего, бодрствуя, совершенно уповайте..." (1 Петра, 1:13). Здесь показан образ греческого бегуна. Чтобы бежать лучше и быстрее, он берет свою одежду и засовывает ее края за пояс. Так она не будет мешать ему во время бега. Он "препоясывает" свою одежду.

Петр повелевает нам, образно говоря, поднять свободно свисающие края своего ума, заправить их за пояс и бежать свою дистанцию без помех. Другими словами, чтобы пробежать свою дистанцию и довести бой до победы, *мы должны умственно и эмоционально подготовить себя:*

Чтобы проделать эту важную работу - подготовиться эмоционально и умственно, вы должны осознавать свою праведность, так как это положительным образом повлияет на ваше отношение к себе! Если вы точно знаете, что на вас надета "броня праведности", вы можете встретиться лицом к лицу с любым врагом и победить его!

Вам обязательно надо знать, что Бог наделил вас праведностью! Крайне важно, чтобы вы сделали это знание ключевым моментом вашей умственной подготовки. Даже тогда, когда вы совершенно убеждены в вашей праведности перед Богом, дьявол по-прежнему будет пытаться подбросить вам мысль о том, что это совсем *не так.*

Писание о праведности

Чтобы четко установить тот факт, что Бог сделал вас праведным, полезно обратить внимание на некоторые места Писания, говорящие о праведности.

Во 2-м послании коринфянам (5:21) Павел говорит: "Ибо не знавшего греха (Иисуса) Он сделал для нас жертвою за грех, чтобы мы в Нем сделались праведными пред Богом".

Мы праведны! Когда вы начинаете размышлять об этой истине и когда она действительно начинает утверждаться в вашем разуме, меняется ваше отношение к самому себе. В вас начинает развиваться осознание праведности!

Когда праведность влияет на ваше отношение к себе - когда вы уже не говорите, что *хотите* быть праведным, но сознаете, что *являетесь* праведным, - это дает вам чувство уверенности!

Другое важное место в Писании, касающееся праведности, можно найти в Послании римлянам (3:21, 22). Эти стихи говорят: "Но ныне, независимо от закона, явилась правда Божия, о которой свидетельствуют закон и пророки, *правда Божия чрез веру в Иисуса Христа во всех и на всех верующих*.

Согласно этим стихам, данная Богом праведность по праву принадлежит всем верующим. Что еще можно сказать, чтобы доказать, что все верующие одеты в праведность?

В Послании римлянам (5:17) Павел говорит: "Ибо, если преступлением одного (Адама) смерть царствовала посредством одного, *то тем более приемлющие обилие благодати и дар праведности будут царствовать в жизни посредством единого Иисуса Христа*".

Это означает, что когда верующему по Божьей благодати дана праведность и когда этот верующий наконец осознает, что является праведным, это *изменяет* его. Он уже не видит себя маленьким, незначительным, забитым. Это влияет на его отношение к самому себе и дает ему такую уверенность, что он поднимается над своими проблемами и становится хозяином своей жизни!

Вы можете спросить: "Если все верующие сделались праведниками и стали хозяевами жизни, как цари, то почему так много верующих постоянно терпят поражение?" Потому, что они не обновляют свои умы Божьим Словом, чтобы мыслить правильно! Потому, что, считая себя недостойными, они ведут себя, как люди недостойные. Потому, что они, не осознавая свою важность, и ведут себя, как люди, которые ничего из себя не представляют. Потому, что они не считают себя праведными и ведут себя, как неправедные люди.

Когда вы узнаете о том, что вас провозгласили праведным, вы расправляете плечи и говорите: "Посмотрите на меня! На мне броня праведности! Я праведность Божья в Иисусе Христе!"

Это знание полностью изменяет верующего!

Новый источник уверенности

Когда вы начинаете носить вашу "броню праведности", это придает вашей духовной жизни новую удивительную уверенность.

В 1-м послании Иоанна (5:13-14) говорится: "Сие написал я вам, верующим во имя Сына Божия, дабы вы знали, что вы, веруя в Сына Божия, имеете жизнь вечную. И вот, *какое дерзновение мы имеем...*".

Слово "дерзновение" соответствует греческому слову *parresia,* которое в других местах Писания переведено как "смелость" или "прямота". Это слово рисует картину человека, который говорит о разных вещах прямо и откровенно; настолько прямо и откровенно, что это начинает походить на высокомерие.

В продолжение Иоанн говорит: "И вот, какое дерзновение мы имеем к Нему, что, когда просим чего по воле Его, Он слушает нас; а когда мы знаем, что Он слушает нас во всем, чего бы мы ни просили, - знаем и то, что получаем просимое от Него".

Осознание праведности будет влиять на вашу молитвенную жизнь! Если вы не знаете о том, что праведны перед Богом, вы не можете молиться с уверенностью. Если вы не осознаете, что вам дана броня праведности, то ни одно из ваших дел вы не будете делать с уверенностью.

Люди, которые не знают, что являются праведными, произносят молитвы нищих духом, подавленных людей. Надо сказать, что если прислушаться к некоторым молитвам, можно определить, надета на человека "броня праведности" или нет. У многих людей молитвы наполнены духом поражения и неудачи.

С другой стороны, когда человек надел свою "броню праведности", его молитвы дышат силой и властью. Такой человек знает, что эта броня дает ему право войти в присутствие Божье и молиться с великим дерзновением.

Бессильная религия в сравнении с религией, обладающей силой

В 3-й главе книги "Деяния апостолов" описывается, что Петр и Иоанн в час молитвы шли в храм, когда вдруг они увидели человека, который на протяжении многих лет был хромым. Писание говорит: "Петр и Иоанн шли вместе в храм в час молитвы девятый. И был человек, хромой от чрева матери его, которого носили и сажали каждый день при дверях храма, называемых *Красными,* просить милостыни у входящих в храм...".

Обратите внимание, что каждый день этого человека приносили к дверям храма, называвшимся *"Красные".* "Красные" не было истинным их названием. Их называли так за их изумительную красоту, которой они отличались (старое русское слово "красный" означало "красивый", например, "красная девица"). Они были дивно украшены различными колоннами и другими архитектурными деталями.

Какими бы красивыми ни были эти ворота, они не могли исцелить этого человека. Мы видим картину мертвой, безжизненной религии - чудесное, построенное по всем правилам здание, где царила полная тишина из-за того, что люди боялись показаться "непочтительными" или "нерелигиозными".

Но несмотря на соблюдение всех установленных норм, на благоговение прихожан, нужды этого человека оставались неудовлетворенными. Мы видим, что может предложить человеку мертвая религия: *абсолютно ничего*.

Далее рассказывается о том, что сделал этот хромой человек, увидев Петра и Иоанна. Писание говорит: "Он, увидев Петра и Иоанна пред входом во храм, просил у них милостыни. Петр с Иоанном, всмотревшись в него, сказал: взгляни на нас" (Деяния, 3:3,4).

Библия повествует, что Петр всмотрелся в него. В оригинале в 3-м стихе использовано слово *eis*, которое означает "вовнутрь". Это говорит, что Петр подошел к хромому человеку и пристально посмотрел ему прямо в глаза. Привлекши к себе все внимание человека, Петр громко сказал: "Взгляни на нас!"

Зачем Петр сделал это? Он знал, что обладает чем-то, что может навеки изменить жизнь хромого человека. Как только вы осознаете, что владеете "броней праведности", вы захотите, чтобы *все* вокруг смотрели на вас. Как Петр, вы будете знать, что у вас есть что предложить нуждающимся! Осознание праведности всегда влияет на ваши взаимоотношения с людьми.

Следующие стихи говорят: "И он пристально смотрел на них, надеясь получить от них что-нибудь. Но Петр сказал: серебра и золота нет у меня; а *что* имею, то даю тебе..." (Деяния, 3:5,6).

Слово "что" является плохим переводом с оригинала. Эта фраза должна звучать так: "...а *Кого* имею, даю тебе...". Петр не намеревался давать этому человеку что-то; он хотел дать ему "Кого-то" - Иисуса Христа! Петр и Иоанн высвободили тогда Божью силу в тело хромого человека, и он был исцелен!

Почему Петр и Иоанн могли действовать с такой уверенностью? Потому что они знали, что являются праведными! Праведность влияет на ваше отношение к самому себе и на ваше отношение к другим людям и ситуациям вокруг вас. *Когда понимание собственной праведности оказывает на вас свое положительное влияние, вы обретаете уверенность, которая вам необходима, чтобы идти и делать работу Божью.*

Прежде чем уйти с головой в битву с врагом, вы должны получить эту уверенность. Враг будет пытаться оклеветать и запятнать вас. Он будет говорить вам, что вы ни на что не годитесь. Он будет пытаться убедить вас в том, что Бог не намерен использовать вас, что никто не будет вас слушать.

Именно поэтому вам так жизненно необходимо знать, что Бог дал вам "броню праведности". *Когда вы носите эту броню, все изменяется.*

Праведность: оружие защиты

Праведность является оружием защиты. Исаия так говорил о праведности как об оружии защиты: "Радостью буду радоваться о Господе, возвеселится душа моя о Боге моём; *ибо Он облек меня в ризы спасения, одеждою правды одел меня...*" (Исайи, 61:10).

Обратите внимание, что это одеяние *покрывает и защищает* вас с головы до ног. Используя такое выражение, Исаия говорит нам, что праведность будет действовать как наша защита.

В Книге Исайи (51:7,8) пророк провозглашает: "Послушайте Меня, *знающие правду,* народ, у которого в сердце закон Мой! Не бойтесь поношения от людей, и злословия их не страшитесь. Ибо, как одежду, съест их моль, и, как волну,, съест их червь; а *правда Моя пребудет вовек, и спасение Мое - в роды родов"*.

Когда вы одеты в праведность, вы не должны бояться того, что дьявол или люди могут навредить вам. Ваша праведность будет защищать и поддерживать вас, в то время как ваши враги будут съедены, как одежда молью и как шерсть червем. Божий дар праведности в вашей жизни, однако, останется навсегда; он будет переходить от поколения к поколению!

Когда вы ходите в праведности, она служит вам защитой от клеветы и коварных стратегий врага.

Несчастья не оказывают сильного влияния на праведного. Псалом 36:17 говорит: *"Ибо мышцы нечестивых сокрушатся, а праведников подкрепляет Господь"*.

Праведный всегда выдержит до конца любую атаку. В то время как враг пытается уничтожить влияние праведного на окружающих, книга Притчи (10:30) провозглашает: *"Праведник во веки не поколеблется..."*.

Насколько важно ходить в праведности? Очень важно, если вы не хотите *"быть поколебленным"*. Если ваша броня праведности не укреплена на своем месте, то противник, когда вы начнете сражение с ним, сделает все, что в его силах, чтобы серьезно *"поколебать"* вас!

Праведность: оружие нападения

Броня, которую носил римский воин, была очень приятной на взгляд и прекрасно защищала его от ударов противника. Но это еще не все.

Не забудьте, что броня была изготовлена из блестящей и сияющей золотистой латуни. Когда солдат расправлял плечи и лучи солнца попадали на металлическую поверхность брони, ослепительный блеск ударял в глаза тем, кто смотрел на него.

Сияние его брони настолько ослепляло глаза противнику, что он не мог дальше сражаться. В такой ситуации броня служила *оружием нападения*.

Когда вы действительно начинаете жить праведно, то стоит вам только появиться там, где царит тьма, и тьма убежит от вас. Злые силы всегда бегут от праведности, потому что их глаза не могут вынести ее сияния! Праведность не только подготовит вас в духовном плане; праведность окажет влияние и на вашу *физическую* жизнь. *Праведность делает вас заметным.*

Когда вы одеты в праведность, вы осознаете, что облечены во всеоружие; вы облечены в Господа Иисуса Христа. Когда вы носите эту броню, вы становитесь таким же сияющим и могущественным, как Сам Иисус! С броней, укрепленной на своем месте, ваша жизнь распространяет сияние Божьей славы на окружающих.

Расправьте плечи и будьте решительным! Вы - "праведность Божья" во Христе Иисусе! На вас надета "броня праведности".

Каждый римский воин имел прекрасную латунную броню. Однако если воин намеревался использовать ее, он должен был надеть ее. Как я сказал раньше, чем дольше он носил эту броню, тем красивее она становилась, так как отдельные пластинки кольчуги, напоминающие рыбью чешую, от трения делались более блестящими.

Именно это происходит, когда вы начинаете жить праведной жизнью. Вы испытываете то, что испытывали римские солдаты: ваша броня со временем становится все более и более красивой.

Продолжайте идти... продолжайте маршировать... продолжайте продвигаться вперед, не давайте врагу своими разговорами лишить вас возможности наслаждаться вашей праведностью, данной вам Богом.

Когда вы будете постоянно носить "броню праведности", осознание вашей святости будет гасить ложные ощущения неполноценности и осуждения.

Живя праведной жизнью, с каждым новым шагом вы будете становиться все более и более великолепным в глазах Бога и все более и более опасным для глаз врага.

Металлические ножные латы и обувь с шипами римского вона первого столетия

Глава двенадцатая

Обувь мира

В 6-й главе Послания ефесянам Павел продолжает разъяснять тему "Всеоружие Божье". Он говорит: "И обувши ноги в готовность благовествовать мир" (Ефесянам, 6:15).

Обувь римского солдата не была обычной. Во-первых, она была изготовлена частично из меди или латуни - обычно из латуни - и состояла из двух частей: 1) *ножных лат* и 2) *сандалий*. Эта обувь была крайне опасной для любого противника.

Ножные латы были изготовлены из металлических пластин, которые были очень красиво обработаны. Они начинались от колен и доходили до ступни. Металлические пластины были специально сделаны так, чтобы плотно обхватывать голень. Как говорилось ранее, эти металлические предметы, напоминающие трубы, делали обувь воина похожей на медные сапоги!

Сандалии также состояли из двух частей. Сверху и снизу ступню закрывали пластины из латуни. Пластины удерживались вместе очень прочными кожаными ремнями. К подошве были приделаны *чрезвычайно опасные шипы длиной от двух до семи сантиметров*. Если воин принимал участие в активных боевых действиях, то шипы на его сандалиях были длиннее. *Эта была обувь убийц!*

Именно об этой обуви думал Павел, когда писал: "И обувши ноги в готовность благовествовать мир". Когда вы узнаете, как выглядела эта обувь и насколько опасными были эти шипы, вы сможете понять, как удивительно то, что Павел использовал такую иллюстрацию для описания "мира".

Согласно Павлу, "мир" является устрашающим оружием; он применяется как для *защиты,* так и для *нападения.* Мир будет не только оберегать вас; мир является также грозным оружием, которое при правильном использовании удерживает противника на его месте - *под вашими ногами!* Один хороший удар ногой, и враг раздавлен!

Обратите внимание, что Павел говорит: "И обувши ноги...". Слово "обувши" соответствует греческому слову *hupodeomai,* которое является составным словом и состоит из слов *hupo* и *deo.* Слово *hupo* означает "под", а слово *deo* означает "связать". Соединенные в одно слово *(hupodeomai),* они передают следующую идею: "что-то очень крепко привязать к ступне".

Поэтому здесь идет речь не об обуви, которая свободно может спасть с ноги. Это обувь, которая *чрезвычайно крепко* привязана к ноге.

Теперь Павел использует это же слово, чтобы сказать, что мы должны привязать "мир" к нашей жизни очень крепко. Если этого не произойдет, жизненные дела собьют "мир" с его места. Поэтому мы должны твердо укрепить мир на месте; мы должны "привязать" его к нашему разуму и нашим чувствам так же крепко, как римский солдат привязывал к ноге свою обувь.

Когда "мир" твердо укрепился на своем месте в нашей жизни, тогда мы готовы действовать! Поэтому Павел продолжает: "И обувши ноги в готовность...". Слово "готовность" является переводом слова *etoimasin,* которое несет идею "подготовленности".

Тем не менее, когда речь идет о римских солдатах, слово *etoimasin* рисует военного человека, обувь которого крепко прикреплена к ногам, и таким образом он имеет "твердую опору для ног". Будучи уверенным, что его обувь не спадет с ног, он готов выйти на поле боя и встретиться с врагом.

Поэтому слово "готовность" (*etoimasin*:) несет идею "твердости", "устойчивости" или "твердого основания". Так как Павел тщательно подбирал слова и выбрал именно это слово, чтобы указать на действие мира в нашей жизни, это ясно говорит нам, что когда мир положен в основу нашей жизни, мы имеем 'твердую опору для ног".

Этот мир дает нам такое твердое основание, что мы можем смело действовать по вере, не обращая внимания на то, что мы видим или слышим. Такой мир наделяет нас способностью глядеть врагу прямо в лицо и не срашиться трудностей.

Павел далее говорит: "И обувши ноги в готовность благовествовать *мир...*". Слово "мир" соответствует древнему греческому слову *eirene,* которое несет идею "превалирующего или всепобеждающего мира". Использованное Павлом в качестве приветствия в начале послания, это слово означает "благословения и процветание во всех областях вашей жизни".

Применяя это слово, Павел провозглашает, что когда человек принимает Евангелие в свое сердце, с ним приходят благословения и процветание. В сущности слово "мир" (*eirene*) указывает на то, что Божьи благословения будут настолько обильными и действенными в вашей жизни, что удалят из вашей жизни прежний хаос и заменят его "преобладающим миром" во всех сферах вашей жизни.

Когда нарушен этот сверхъестественный "мир" и хаос пытается занять свое прежнее положение в вашей жизни, это является знаком того, что вы находитесь в осаде.

Однако присутствие хаоса и отсутствие мира необязательно говорят о том, что враг атаковал вас. Это может быть и знамением того, что вы нарушили какие-нибудь принципы Писания или не повиновались Божьей воле.

Прежде чем рваться в бой с дьяволом, посмотрите в зеркало! Источником наших трудностей не всегда является дьявол. Будьте честными сами с собой и с Богом. Исследуйте свою жизнь, чтобы увидеть, не *вы* ли сами стали причиной того, что в вашей жизни недостает мира.

Прежде чем обвинять в своих личных неудачах кого-то другого или кричать, что дьявол намеревается украсть ваш "мир", посмотрите сами на себя и проверьте, не оставили ли *вы* сами где-нибудь лаз, что и явилось причиной осложнений.

Божий совершенный план заключается в том, чтобы этот превалирующий и всепобеждающий мир господствовал в вашей жизни! Если такой мир твердо укрепился в вашем разуме, в ваших чувствах, в вашей душе, то вряд ли дьявол сможет смутить вас! Этот мир дает вам твердое основание под ногами. Какие бы сильные удары ни наносил дьявол, как бы ни бита вас жизнь, *господствующий и всепобеждающий мир будет удерживать вас на вашем мест*!

Два вида мира

Существуют два вида мира, которые верующий может испытать в своей жизни. Во-первых, это *мир с Богом*. Мир с Богом - это то, что переживает человек, когда он приходит к Господу в поисках спасения. После того как человек покаялся и враждебная по отношению к Богу натура ветхого человека исчезла, берет начало новый *мир с Богом*.

Как говорил Павел: "И чтобы посредством Его примирить с Собою все, умиротворив чрез Него, Кровию креста Его... И вас, бывших некогда отчужденными и врагами, по расположению к злым делам..." (Колоссянам, 1:20,21).

Мир с Богом - это духовное состояние, в котором может пребывать каждый верующий. Мир с Богом приходит, когда исчезает барьер между Богом и человеком и прежде отчужденный разум обретает состояние *гармонии* с Ним. Это и есть истинное обращение человека к Богу. Тогда человек впервые испытывает *мир с Богом*.

Помимо *мира с Богом,* который является правом по рождению каждого верующего, существует еще и *Божий мир*. Можно иметь *мир с Богом*, не зная в то же время *Божьего мира*. *Мир Божий* по своей сути отличается от *мира с Богом*.

Многие люди имеют мир с Богом благодаря тому, что они пережили новообращение, но при этом они не живут в *Божьем мире*. Вместо того чтобы жить в господствующем мире, который выше понимания, они живут в постоянном раздражении, тревоге, беспокойстве и суматохе.

Вот потому "мир" дан нам в качестве оружия. *Мир Божий является оружием защиты*. Он защищает нас от раздражений, тревог, беспокойства и всего остального, что дьявол может попытаться использовать против нас, чтобы мы не могли наслаждаться жизнью.

Господствующий мир

Хотя мы уже рассматривали этот стих, позвольте мне сделать это еще раз с целью подчеркнуть его важность. Павел говорит: "И да владычествует в сердцах ваших мир Божий..." (Колоссянам, 3:15).

В этом стихе Павел повелевает нам позволить миру Божьему "владычествовать в наших сердцах...". Слово "владычествовать" является ключом к пониманию этого всепобеждающего, господствующего сверхъестественного *Божьего мира*.

Слово "владычествовать" соответствует греческом) слову *brabeuo*. Слово *brabeuo* использовалось, когда надо было описать спортивного судью или рефери в древнем мире. Почему Павел использовал это слово для иллюстрирации *Божьего мира,* царящего в наших сердцах? Этим он говорит нам, что верующий может прийти в такое состояние, когда Божий мир, а не раздражение, беспокойство и тревога начинают определять его решения. Можно так перевести этот стих: "*Позвольте Божьему миру устанавливать правила в вашей жизни...*", "*Позвольте Божьему миру судить вашу жизнь и ваши поступки...*", "*Позвольте Божьему миру быть арбитром ваших эмоций и ваших решений...*".

Дьявол пользуется необновленными областями нашего разума в своих целях и стремится превратить их в "американские горки", когда в один день вы чувствуете эмоциональный подъем, на другой день - эмоциональный спад, и так все идет по кругу.

Более того, даже если бы не было дьявола, который атакует вас, достаточно стремительного потока жизни, который постоянно швыряет вас взад и вперед. Особенно в эти трудные дни, в которые мы живем, нам необходимо научиться позволять Божьему миру "владычествовать" в наших сердцах!

Когда этот сверхъестественный мир царит в ваших сердцах, когда этот сверхъестественный мир судит вашу жизнь и действует как арбитр в сфере ваших эмоций и ваших решений, дьявол не может найти опорный пункт в вашей жизни для своих действий; он не может играть с вашими чувствами или вашим разумом - потому что ваши эмоции и ваш разум управляются Божьим миром!

Видите теперь, почему Павел включил понятие "мир" в отрывок из Писания, где говорится о духовном оружии? Когда вы имеете Божий мир, нападки врага безуспешны. Они теряют свою силу благодаря тому, что верующий имеет всепобеждающий, господствующий Божий мир.

Мир: оружие защиты

Не забывайте, что в качестве иллюстрации Божьего мира Павел использовал обувь римского воина. Чтобы увидеть, почему он делает это, мы должны внимательно рассмотреть, как была сконструирована обувь римского воина и чем она служила воину. Павел использует этот образ, чтобы отобразить "мир".

Ножные латы начинались от колена и доходили до верхней части ступни. Почему, по-вашему, обувь римского воина начиналась от колена и прикрывала нижнюю часть ног? Почему эти ножные латы были изготовлены из меди или латуни?

Верхняя часть обули была очень важной для солдата! Эта часть вооружения защищала в бою ноги солдата от ушибов, рваных ран и переломов.

Любое из этих ранений привело бы к серьезным последствиям. Ушиб ухудшил бы способность быстро реагировать на атаку врага. Рваная рана вызвала бы большую потерю крови и лишила солдата сил. А в случае перелома солдат не мог бы даже стоять на ногах, чтобы защитить самого себя. Более того, находясь в таком плачевном состоянии, солдат мог бы легко лишиться головы!

Зная об этих потенциальных опасностях, римский солдат должен был сделать все, чтобы защитить свои ноги. Травма ноги наверняка бы сделала бой более напряженным и трудным.

Командиры посылали римских солдат на выполнение трудных заданий. Иногда эти походы были опасными. Им приходилось проходить через *каменистые поля,* преодолевая *тяжелые препятствия.*

Преодолевая труднопроходимые каменистые местности, солдат, у которого не были защищены ноги, подвергался риску получить серьезные раны и ушибы. Но так как латунные ножные латы плотно обхватывали ноги воинов, они могли проходить через самые сложные местности, не получив *ни одной царапины ни одного синяка*!

Эти *ножные латы* защищали их от опасности и давали им уверенность, которая была им необходима для завершения миссии.

Точно так же Бог может дать вам задание, выполнение которого будет сопряжено с большими трудностями. Если в вашей жизни не действует защищающий вас *Божий мир,* можно с уверенностью сказать, что в результате тяжело складывающихся взаимоотношений и проблемных ситуаций вы "набьете себе шишек".

Если же Божий мир царит в вашем сердце, в вашем разуме и управляет вашими эмоциями, вы можете пройти через самые "каменистые" ситуации без единой царапины и без единого синяка! Итак, *Божий мир* дает вам возможность успешно выполнить любую миссию, которую Бог поручит вам в этой жизни!

Римский солдат должен был проходить не только каменистые, но и *тернистые места.* Если вам когда-нибудь приходилось проходить там, где растут тернистые растения, вы знаете, как это может быть опасно!

Если вы запутаетесь в ветках таких растений, тернии могут буквально разодрать вам ноги!

Но римские солдаты редко получали даже царапины! Их ноги не кровоточили, их ноги не болели, их ноги никогда не были повреждены этими страшными терниями - *потому что их ноги были полностью закрыты и защищены латунными ножными латами, плотно обхватывающими ноги и предназначенными именно для таких опасных случаев*. Верхняя часть обуви защищала ноги солдат от повреждений.

С вами может происходить подобное. Если вы проходите через каменистую местность в вашей жизни, твердо нацелившись на победу, враг может попытаться лишить вас этого стремления к победе, заставив пройти через тернистое поле. Вашим "тернистым полем" может быть сложная финансовая ситуация, неудачный брак, болезни, трудности в служении или на работе.

Если в вашей жизни действует Божий мир, то вы пройдете через "тернистые" ситуации так же, как вы преодолевали "каменистые". Господствующий Божий мир будет так влиять на вас, что вы сможете преодолеть сложнейшие ситуации, и ни один укол шипа не пронзит ваши чувства и ваш разули!

Другая причина того, что римские солдаты носили эти латунные ножные латы, состояла в том, что излюбленной тактикой врага было наносить удар в голень и, повалив солдата на спину, лишить его возможности как следует защитить себя и не дать отрубить себе голову.

Враг стремительно подбегал и делал такой сильный удар в голень, что часто это приводило к перелому ноги. Потом он вытаскивал свой меч и обезглавливал упавшего на землю.

Латунные ножные латы защищали римских солдат от нападений такого рода. Было крайне трудно, или вовсе невозможно, сломать ногу, которую защищали *латы*. Они были изготовлены из латуни и предназначались именно для того, чтобы защищать солдата в таких случаях. Если на ногах римских воинов были латы, они могли быть уверены, что никакой враг не сможет сломать им ноги и отрубить голову.

Эти защитные латы наделяли солдата способностью проходить через самые скалистые места и *не поранить себя*. Эти защитные латы позволяли солдату проходить через страшные тернии *и не получить даже царапин*. Враг мог неоднократно бить римского воина в голень, но благодаря этим защитным латам *ему не надо было опасаться переломов*.

Как мир защищает вас

Теперь понятно, почему Павел видел мир как оружие защиты? Когда вы имеете Божий мир, он защищает вас от порезов, царапин, ушибов и синяков. Он, подобно латам, оберегает ваш разум и ваши чувства от моральных травм и от страха, которые нанесли бы ущерб вашей жизни и вере.

Если *Божий мир* действует в вашей жизни, вы можете проходить через самые сложные и опасные ситуации, не получив ни единого ушиба, синяка или другой травмы. Когда *Божий мир* царит в вашей жизни, вы можете пройти любой "тернистый" путь, который враг создает на вашем пути с целью уничтожить вас, вашу семью, ваш бизнес или вашу церковь. Вы просыпаетесь утром и понимаете: "Я оказался в такой сложной ситуации, *но в то же время меня, как никогда раньше, переполняет радость!* В чем причина того, что неприятности меня вовсе не беспокоят? Почему я не получил никаких травм? *Потому что в моей душе царит полный мир!*"

Так как вы обладаете Божьим миром, этот сверхъестественный мир дает вам необходимую защиту. Вы способны выходить их невероятно сложных ситуаций без единой царапины, если имеете божественный мир!

Возможно, среди ваших знакомых есть люди, которые остаются очень сильными и полными радости даже тогда, когда переживают большие трудности в своей личной жизни. Может быть, вы задумывались над этим: "Как им удается выдержать такое давление и не потерять рассудок?"

Существует лишь один ответ: *живите, имея Божий мир*. Когда вы имеете *Божий мир,* вы даже не осознаете, каким трудным на самом деле является ваше положение! Божий мир действует как ваше ограждение, и вы даже не осознаете, что проходите через тернии. Когда вы находитесь под защитой Божьего мира, то вы, возможно, даже не понимаете (хотя все другие это понимают!) того, что враг пытается нанести вам смертельную рану.

Как можно проходить через все эти потенциальные опасности, даже не замечая их и не получая никаких ран? Это возможно благодаря Божьему миру, который подобно ножным латам римского солдата защищает вас настолько надежно, что вы можете спокойно жить, зная, что никакие явления не будут вам помехой.

Защита от атак дьявола

Вам необходимо знать наверняка одну вещь: дьявол будет пытаться нанести вам удар в голень и свалить вас! Я *гарантирую* вам это!

Начните верить в свое исцеление, и вы увидите, что дьявол будет наблюдать за происходящим и начнет создавать проблемы в каких-либо других сферах, например, в финансовой! Он не хочет, чтобы вы были исцелены. Чтобы помешать вашему исцелению, он может прибегнуть к разным фокусам!

Начните верить в свое материальное процветание - и увидите, что дьявол не будет просто наблюдать за тем, как Божьи благословения начинают литься в вашей жизни.

Нет! Дьявол не хочет, чтобы вы получили то лучшее, что Бог имеет для вас! Когда вы начинаете расти и обретаете обещанные благословения, он начинает колотить вас и пытается добиться того, чтобы вы сдались. Можно сказать, он пытается нанести вам удары в голень, переломать вам ноги, а затем снести вашу голову! Его противостояние будет очень жестоким.

Что защитит вас от таких ударов? Что защитит ваш разум и ваши чувства от таких нападок? *Божий мир.* Божий мир является оружием, которое защитит вас и убережет в самых сложных обстоятельствах.

Этот сверхъестественный мир делает нападки врага неэффективными. Если враг не может нарушить ваш мир, то он не способен помешать вам! Он может лишь попытаться сделать это, но ваш мир парализует его усилия. В таком случае он не будет иметь возможность успешно атаковать вас, потому что вы погружены в *Божий мир.* Этот мир является одним из самых важных предметов духовного оружия, которым вы обладаете!

Возможно, вы думаете: "Моя жизнь разваливается на части! На данный момент я чувствую каждый удар, который наносит мне враг, и эти удары кажутся мне *очень сильными.* Когда я проходил через каменистые и тернистые места, я это чувствовал! Это оставило на мне след - всевозможные ушибы и раны. Я до сих пор все еще чувствую каждый ушиб, каждую царапину и каждый порез так остро, будто эти шипы по-прежнему пронизывают мой разум и мои эмоции".

Если с вами действительно так происходит, вам необходимо облечься в *Божий мир*. Он защитит вас и поможет пройти через самые сложные периоды вашей жизни.

В то время как вы будете духовно расти, вы столкнетесь с новыми препятствиями. Поэтому вы должны иметь господствующий и всепобеждающий *Божий мир* - иначе враг загонит вас в умственный и эмоциональный тупик, и вы уже не сможете быть полезным в Божьем Царстве.

Как охранять свое сердце

На этот счет Павел также говорил: "И мир Божий, который превыше всякого ума, соблюдет сердца ваши и помышления ваши..." (Филиппийцам, 4:7).

Слово "соблюдет" является переводом греческого слова *tereo*, которое означает "хранить, охранять, защищать или вводить войска". Это образ группы римских солдат, которые стоят на посту, охраняя то, что нуждается в охране.

Используя это слово, Павел говорит нам, что Божий мир будет хранить вас и оберегать ваше сердце и ваш разум! Мир будет окружать ваше сердце и ваш разум точно так же, как римские солдаты окружают важных лиц и особо важные территории.

Как эти солдаты стоят на посту, не давая кому-либо проникнуть в охраняемые ими особые места, так мир служит нам для того, чтобы ни страх, ни беспокойство, ни другие дьявольские трюки не нарушали течения нашей жизни. Когда мир действует в нашей жизни, он "превыше всякого ума"; он защищает, оберегает и охраняет нас.

В Книге пророка Исайи (26:3) говорится: "Твердого духом Ты хранишь (охраняешь, как солдат, оберегаешь и защищаешь) в совершенном мире; ибо на Тебя уповает он".

Шипы, позволяющие стоять твердо

Приходилось ли вам чувствовать когда-нибудь, что дьявол пытается помешать вам осуществить Божью волю? Случалось ли с вами такое, что как только Бог повелевал вам стоять на каком-то из библейских обетований, дьявол сразу же начинал говорить вам, что это бессмысленно и что у вас ничего не получится? Переживали ли вы когда-нибудь подобные нападки врага?

Может быть, вы верите в то, что Бог совершит чудо в вашей жизни, а дьявол пытается лишить вас веры и помешать вам войти в вашу обетованную землю. *Когда ступни ваших ног покрыты миром, даже стадо слонов не может сдвинуть вас с места или сбить вас с ног!*

На подошве обуви римских солдат были очень опасные шипы, длиной от двух до семи сантиметров. Они играли двойную роль.

Во-первых, эти шипы не давали солдату скользить и делали шаг твердым. Когда кто-то имеет обувь с семисантиметровыми шипами на подошве и эти шипы глубоко вонзаются в землю, такого человека очень трудно сдвинуть с места!

Бог дает нам сверхъестественный мир, чтобы мы твердо стояли на земле. Этот мир дает нам возможность сказать: "Что бы я ни видел и ни слышал, я не сдвинусь с места! Мне безразлично, насколько трудна ситуация; *Божий мир* позволяет мне твердо стоять на месте, и я не сделаю ни шагу, пока Божья работа в этой области моей жизни не будет завершена полностью".

Другими словами, *Божий мир дает вам способность твердо стоять на месте!* Дьявол может совершать все новые и новые атаки, но человек, в жизни которого действует *Божий мир,* не сдвинется с места. *Этот мир помогает вам устоять на месте!*

Человек, в жизни которого активно действует *Божий мир,* подобен высокому пальмовому дереву, которое стоит на пути сильного урагана. Свирепые ветры могут наклонять дерево почти до земли, но когда кончится буря, верхушка пальмы поднимется. Несмотря на то, что ураган был очень сильным, корни держали дерево на месте.

В Послании ефесянам (6:14) Святой Дух через Павла сказал: *"Итак станьте..."*. В 1-м послании коринфянам (16:13) Павел побуждает нас: *"Бодрствуйте, стойте в вере..."*. Затем во 2-м послании коринфянам (1:24) Павел говорит: *"... ибо верою мы тверды..."* (в английском варианте: *"... ибо верою мы стоим..."*).

Пытались ли вы когда-нибудь "стоять верою"? Пытались ли вы верить в чудо? Пытались ли вы когда-нибудь верить в то, что ваша финансовая ситуация изменится к лучшему? Пытались ли вы когда-нибудь верить в то, что ваши взаимоотношения с каким-то человеком станут лучше? Такая вера включает в себя гораздо больше, чем может показаться на первый взгляд!

Когда вы "стоите верой", враг будет стараться лишить вас ее, зная, что без веры вас ждет поражение. Враг не хочет, чтобы вы продолжали "стоять верой".

Что наделит вас способностью удержаться на ногах, когда свирепые ветры оппозиции нападут на вас? Вас удержит на месте Божий мир, точно так же как корни удерживают дерево, когда дуют сильные ветры. Когда ступни ваших ног покрыты Божьим миром, он позволяет вам твердо стоять на месте. Возможно, кто-то из ваших родственников страдает от неизлечимой болезни. Доктор сказал, что жить ему осталось недолго. Друзья советуют вам "принять это как неизбежность" и привыкнуть к мысли о потере дорогого вам человека. Дьявол шепчет вам на ухо, что он не выздоровеет.

В тот момент, *когда вы должны будете решить, "стоять ли вам верой" за исцеление,* весь мир будет пытаться лишить вас этой веры. И тогда вы должны будете прочно установить ваши ноги на почве Божьего Слова и провозгласить: "Мне все равно, что говорят врачи, мне все равно, что нашептывает мне дьявол, - я верю, что Бог будет действовать в его жизни. Мы не сдвинемся с места, пока это не произойдет! Мы твердо намерены продолжать "стоять верой"!"

Только *Божий мир* может сохранить в вас такую уверенность. Кто-то будет пытаться заставить вас отступить от обетования Божьего Слова, и только Божий мир подскажет вам, какие заявления надо принимать во внимание, а какие нет.

Возможно, вы переживаете финансовый кризис. Может быть, вы верили в то, что Бог исправит эту ситуацию, а дьявол говорил вам: "Ты будешь банкротом. Тебя перестанут уважать в обществе. Весь город будет говорить о тебе. Бог не совершит чуда, о котором ты так молишься и на которое так надеешься! Я знаю, что ты жертвовал деньги в церкви! Тебе не надо было это делать! Теперь ты в них действительно нуждаешься! Если бы ты не отдал деньги Господу, сейчас бы не было таких неприятностей!"

Что будет удерживать вас в самом центре Божьей воли, когда дьявол приходит, чтобы внести неразбериху в ваш разум и в ваши чувства? Что будет поддерживать в вас вату веру? Что позволит вам "стоять верой" и не сомневаться в истинности Божьего Слова? *Божий мир.*

Как обрести непоколебимую веру

Когда в вашей жизни действует Божий мир, он прикрепляет к подошве вашей обуви шипы, которые помогут вам устоять на месте! *Сверхъестественный Божий мир делает вас непоколебимый.*

Многие верующие не получают от Бога то, о чем просят, так как они не имеют *Божьего мира*. От первого же удара, от первых лживых мыслей, которые им подбрасывает дьявол, они раскисают и "выбрасывают белый флаг".

Они говорят: "Хорошо, дьявол, ты можешь занять то место, которое я пытался удержать с верой. Конечно же, мой родственник никогда не поправится. Конечно, я буду банкротом. Мне следует просто сдаться. Наверное, ты прав, дьявол, мне не надо было слушать Божье Слово и давать десятину и пожертвования Господу".

Знайте - дьявол всегда будет называть причиной ваших финансовых проблем то, что вы давали деньги Господу. Он всегда будет напоминать вам, что те десять долларов, которые вы отдали, исправили бы вашу финансовую ситуацию.

В вашей христианской жизни множество раз вы будете слышать голословные заявления дьявола. Поэтому вы должны научиться прочно стоять на основании Божьего Слова, и "стоять на этом верой" - не колеблясь и не поддаваясь угрозам и лжи дьявола.

Мир - это божественное оружие, которое будет оберегать вас от злых атак. *Божий мир* будет охранять вас тогда, когда сатана будет пытаться смутить ваш разум. *Божий мир* будет защищать ваше сердце и ваши чувства даже тогда, когда сатана попытается сделать все, чтобы вы потеряли голову. *Мир Божий является миром, оберегающим вас!*

Мир: оружие нападения

До этого момента мы говорили о *защитной* природе мира; мы узнали, что мир защищает. Теперь мы увидим, что мир является также оружием *нападения*.

В Послании римлянам (16:20) Павел говорит: "Бог же мира сокрушит сатану под ногами вашими вскоре".

В первую очередь обратите внимание на слово "сокрушит". Оно соответствует греческому слову *suntribo,* которое исторически использовалось, чтобы показать акт "размельчения и полного раздавливания" винограда для получения вина. Приходилось ли вам нечаянно наступать на виноградину, отчего она полностью расплющивалась под пяткой или под пальцами? Неприятно, правда? Этот образ несет идею слова "сокрушит".

Слово "сокрушит" (*suntribo*) использовалось также, чтобы показать действие "ломки и раздробления костей". Здесь тоже подразумевается, что кости сломаны так, что их уже невозможно ни соединить, не восстановить - *эти кости раздроблены до неузнаваемости.*

Таким образом, Послание римлянам (16:20) поучает, что единственное место, которое может занять сатана, находится под нашими ногами - там он полностью покорен, раздавлен, как виноград, и его кости (образно говоря!) сломаны и раздроблены!

Важно запомнить, что этот акт "раздавливания" и "раздробления" сатаны совершен во взаимодействии с Богом. Одним нам не под силу справиться с этим заклятым врагом. Помните, он является падшим ангелом. Но несмотря на это он в большой мере сохранил свой изначальный интеллект. Он умный, хитрый и чрезвычайно сильный.

Поэтому Павел говорит: *"Бог же мира* сокрушит сатану *под ногами вашими..."*. Другими словами, существуют партнерские отношения между вами и Самим Богом. Сами по себе вы бы не могли удержать сатану под пятой. Но если Бог является вашим партнером, у дьявола нет ни малейшего шанса ускользнуть из-под ваших ног!

Иисус Своей смертью и Своим воскресением окончательно сокрушил власть сатаны над вами. Благодаря победному воскресению Иисуса из мертвых сатана был полностью разбит, сокрушен и раздавлен. Наша задача теперь - закрепить победу', которая уже достигнута, и продемонстрировать полное поражение сатаны!

Враг может пытаться помыкать вами и оказывать свое порочное влияние на вас; однако в большинстве случаев это просто-напросто пустые угрозы и иллюзии, которыми он хочет заполнить ваш разум. Если он добьется того, что вы поверили в его адские басни, ваша вера начнет истощаться, вы начнете колебаться, а он действительно займет на время господствующее положение над вами, которое ему по сути не принадлежит. *Единственное место, которое по праву принадлежит ему, - это небольшой участок земли прямо под вашими ногами!*

Вы уже имеете победу! Вы уже обладаете исцелением, чудом, материальным благословением! Иисус полностью завершая работу - на Голгофском кресте и в момент Своего воскресения из мертвых!

Пришло время идти!

Позвольте мне напомнить вам кое-что очень важное. В 1-й главе Книги Иисуса Навина описывается, как Бог дал детям Израиля обетованную землю, *ничего от них не требуя взамен*. Однако чтобы завладеть ею и насладиться этим, они должны были пойти и пройтись по земле, которую Бог дал им *как дар*. Бог сказал

Иисусу Навину: "Всякое место, на которое ступят стопы ног ваших, Я даю вам..." (Иисуса Навина, 1:3).

Но земля, которую Бог обещал им, кишела гигантами и оппозицией. Чтобы осуществилось Божье обетование для них, они должны были идти воевать. Они должны были сражаться за страну Гайскую, за город Иерихон и т.д. Язычники отнюдь не хотели отдать своих прав на владение землями и подчиняться Божьему народу. Тем не менее Гай был уничтожен, стены Иерихона рухнули, и Божий народ одержал победу, *потому что Бог был на их стороне!*

Возможно, в вашей жизни существуют области, которые сдерживают вас и из-за которых вы терпите поражение. Может быть, у вас есть привычки, которые долгие годы держат вас в плену, или трудности личного характера, которые кажутся вам непреодолимыми.

Каждая из этих проблем была решена на кресте Иисуса Христа, и их власть над вами была полностью сокрушена.

Теперь пришло время идти вам! Свобода принадлежит вам так же, как она принадлежала израильтянам времен Иисуса Навина. Теперь вы должны идти и завладеть землей!

Если дьявол настолько неразумен, чтобы стоять на вашем пути, помните, Бог рядом с вами! Между вами и Ним существует сотрудничество! Поэтому идите вперед и требуйте то, что принадлежит вам по праву, и если дьявол отказывается уйти, воспользуйтесь возможностью "раздавить его, как виноград," и "сокрушить его" до неузнаваемости. *Это ваш шанс продемонстрировать его поражение!*

С Божьим миром на вашей стороне вы намного больше дьявола! Поэтому расправьте плечи, держите голову высоко поднятой и твердо поставьте свои ноги на землю. Не слушайте адские басни сатаны. Когда он нашептывает вашему разуму и вашим чувствам свои угрозы, надавите сильнее ногой, - напомните, что ему не удастся выбраться из-под ваших ног!

Что означает "вскоре"?

Павел продолжает: "Бог же мира сокрушит сатану под ногами вашими *вскоре*". Обратите внимание, что Павел заканчивает этот могущественный стих словом "вскоре".

Слово "вскоре" соответствует греческому слову *tachos*, которое описывает большую группу римских воинов, марширующих по улице. Слово "вскоре" описывает то, *как* они маршируют.

Эти солдаты древности были обучены делать в марше короткие, тяжелые шаги, сильно ударяя ногами о землю. Поэтому когда многочисленная группа римских солдат проходила через город, топая и мощно ударяя ногами о мостовые улиц и мраморные тротуары, шум их марша был слышен повсюду.

Звук их шагов служил предупреждением жителям города. Да, это были римские солдаты, и они очень этим гордились. Их обучили никогда не останавливаться на своем пути! Если на дороге перед ними упала старая женщина, их это не заботило! Ей следовало бы знать, что нельзя попадаться на пути римских солдат!

В таких случаях им было приказано продолжать марш - топать, колотить и тяжело стучать ногами по мостовой. Представьте, что осталось от этой бедной старушки после того, как по ней маршем прошлась целая группа солдат, топча ее и наступая на нее своей обувью с шипами на подошвах!

Эта иллюстрация отображает наше победное положение во Христе Иисусе. Используя слово "вскоре", которое указывает на тяжелый, короткий шаг римских воинов, он рисует нам очень выразительную картину!

Если дьявол захочет встать на вашем пути и попытается оказать сопротивление вам и работе Бога в вашей жизни, не останавливайтесь и не просите его сойти, с дороги! Продолжайте свой марш! Просто продолжайте идти вперед, топая ногами и печатая шаг, чтобы послушно осуществить план Бога для вашей жизни. Двигайтесь вперед в вере и *нанесите максимальный ущерб!*

Как сказал Павел: "Бог же мира сокрушит сатану под ногами вашими вскоре" (Римлянам, 16:20). В этом нет сомнений! Мир Божий - это могущественное и удивительное оружие!

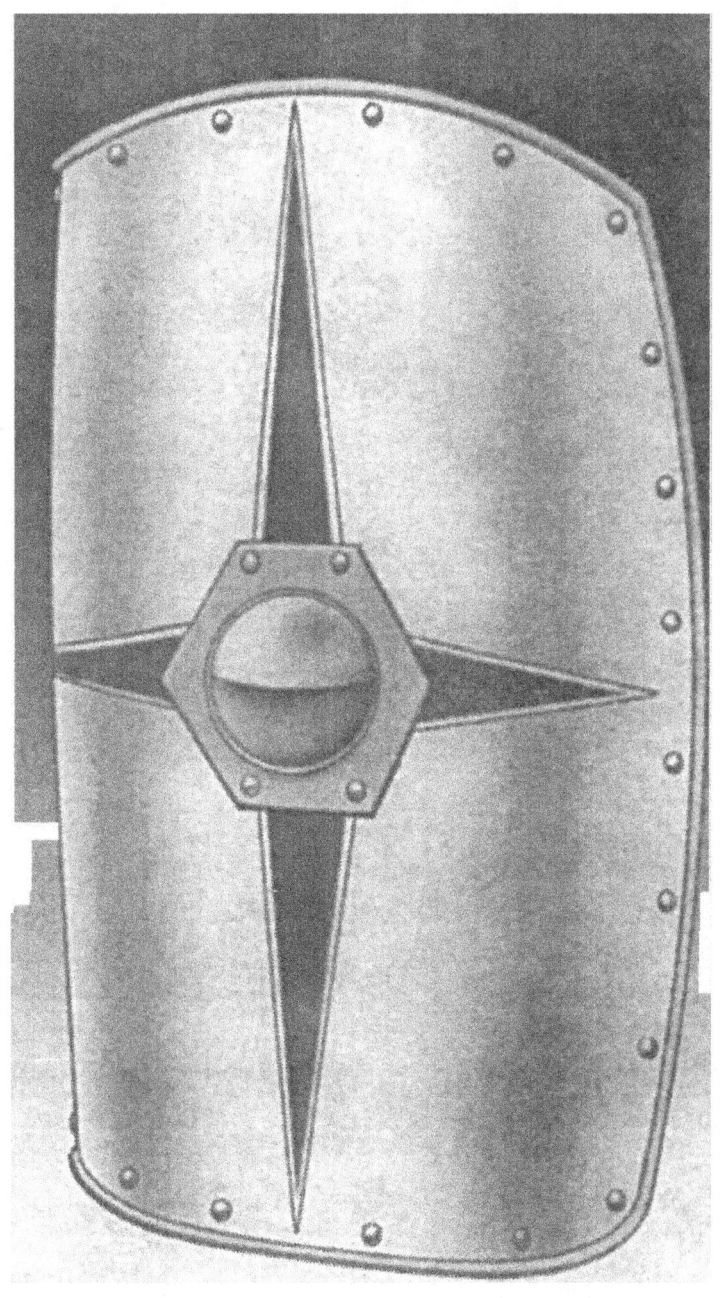

Декоративный щит римского воина первого столетия.

Глава тринадцатая

Щит веры

После того как Павел упомянул мир как оружие, он сразу же переходит к следующему предмету духовного всеоружия. Он говорит: "А паче всего возьмите щит веры, которым возможете угасить все раскаленные стрелы лукавого" (Ефесянам, 6:16).

Прежде чем начать эту главу, посвященную щиту веры, следует непременно снова сказать, что щит и пояс были не отделимы друг от друга. Когда римский воин не пользовался своим массивным щитом, тот оставался висеть на небольшом крючке, находящемся на поясе.

Пояс, как мы уже видели в десятой главе, является символом написанного Божьего Слова, Библии. К поясу истины прикреплен щит, который символизирует *веру. Другими словами, ваша вера крепко связана с Божьим Словом!*

Если вы не уделяете в своей жизни достаточного внимания Божьему Слову, то не пройдет много времени, и ваша вера начнет истощаться и угасать, потому что присутствие веры определяется присутствием Божьего Слова в вашей жизни. Вера и Божье Слово *неразделимы.*

Именно поэтому Павел сказал: "Итак вера от слышания, а слышание от слова Божия" (Римлянам, 10:17). Вера и Божье Слово так уникально связаны между собой, что там, где нет Слова, там нет и веры – а если нет веры, то это только потому, что отсутствует Божье Слово.

Когда Павел писал этот отрывок о духовном всеоружии, он начал его с пояса истины. Почему, глядя на римского солдата, который имел на голове большой шлем, который носил сияющую кольчугу, латунные ножные латы, особо изготовленное копье, обоюдоострый меч и большой продолговатый щит, он начинает свое описание с *пояса,* обхватывающего талию солдата?

Святой Дух говорит нам что-то очень важное: Божье Слово является центральным и самым значительным по сравнению со всем остальным, что мы имеем в Боге.

Ваша способность жить с прекрасным чувством праведности полностью зависит от того, занимает Божье Слово центральное место в вашей жизни или нет. Перестаньте читать Слово, и через какое-то время вы начнете терять чувство праведности.

Ваша способность жить в мире определяется тем, уделяете вы Божьему Слову главенствующее место в своей жизни или нет.

Когда Слово Божье занимает такое место, Божий мир становится арбитром ваших решений и защитой вашего разума и ваших чувств. Перестаньте читать Слово - пройдет немного времени, и ваше чудесное ощущение мира сменится беспокойством о делах этой жизни.

Точно так же ваша способность иметь крепкую веру определяется присутствием Божьего Слова в вашей жизни. Павел сказал "Итак вера от слышания, а слышание от слова Божия" (Римлянам, 10:17). Если в вашем расписании дня Божьему Слову не отводится важное место, то вы не будете возрастать в вере, так как вера возрастает тогда, когда вы сеете Божье Слово в ваше сердце.

Обновление вашего разума Божьим Словом оказывает огромное влияние на внешнее проявление вашего спасения. И хотя вы рождены свыше и находитесь на пути к небу, вы не сможете наслаждаться вашим спасением теперь - *в этой жизни*, - если не позволите изменяющей силе Божьего Слова действовать в вашем разуме.

Более того, в вашем распоряжении не будет духовного меча, если на вас не будет пояса истины. Меч римского солдата находился в ножнах, прикрепленных к поясу. Это еще один довод в пользу того, что нам необходимо написанное Божье Слово. То слово *rhema*, в котором вы так отчаянно нуждаетесь, по всей вероятности, придет прямо из Божьего Слова благодаря тому, что Святой Дух оживит какой-нибудь стих в вашем сердце.

Вы не всегда будете иметь слово *rhema*, чтобы строить на нем свою жизнь или получить направление в жизни. Спасибо Богу за такое особое слово от Господа! Когда оно приходит, оно приносит сердцу' радость! Но не основывайте свою христианскую жизнь только на таком "слове от Господа". Научитесь основывать свою жизнь на надежном Божьем Слове, Библии, поясе истины. Этот предмет духовного всеоружия всегда будет под рукой, и на него всегда можно положиться. К нему вы хможете даже прикоснуться! И если вы имеете при себе это наиважнейшее оружие, со временем вы будете обладать всем необходимым, чтобы жить победоносной христианской жизнью.

Щит веры

У римских солдат были щиты двух видов. Один использовался во время парадов и церемоний, а другой - в бою.

Первый щит на греческом назывался *aspis*. Он был маленьким, имел круглую форму и являлся декоративным предметом.

Этот щит был удивительно красивым! Лицевая часть его имела гравировку и была украшена разными узорами. Часто в центре щита находились изображенные художником сцены предыдущих битв. Щит *aspis* был очень красивым, но слишком маленьким, чтобы использовать его в настоящей схватке с врагом.

Второй щит/ которым пользовался римский солдат, - тот, о котором говорит Павел в Послании ефесянам (6:16), когда называет его "щит веры". Это слово, означающее щит, соответствует греческому слову *thureos,* которым греки обозначали широкую и высокую дверь. Римляне использовали это слово для обозначения своего боевого щита потому, что он *имел форму двери.* Он был широким в средней части и длинным, и в противоположность первому щиту, который был слишком маленьким, чтобы служить защитой для солдата, отлично защищал от выпущенных из пращи камней или стрел противника.

Щит *aspis* не мог бы служить прикрытием для солдата в момент военного столкновения. И каким бы прекрасным и привлекательным объектом для обозрения он ни был на парадах и церемониях, он был слишком маленьким и оставлял солдата незащищенным от смертельных ударов.

Однако *второй щит полностью закрывал человека*! Так как Святой Дух в качестве иллюстрации веры выбрал именно второй щит *(thureos),* Он хотел показать нам, что Бог дает достаточно веры, чтобы мы были полностью прикрыты ею - точно так же, как щит полностью закрывал римского солдата!

В Послании римлянам (12:3) говорится: "... по мере веры, какую каждому Бог уделил". Какую меру веры Бог дал вам? Он дал вам столько веры, сколько необходимо для того, чтобы она полностью закрывала вас!

Пусть вас не волнует и не раздражает то, что другим Бог дал больше веры, чем вам. Будьте спокойны, помня о том, что Бог вложил в вас достаточно веры, чтобы вы были покрыты ею с головы до ног! Эта вера, *как широкий и длинный щит, идеально подходит для того, чтобы покрыть каждую нужду, которая возникнет в вашей жизни.*

В большинстве случаев щит римского воина состоял из многочисленных слоев животных шкур, которые были плотно соединены. Как правило, шесть слоев животных шкур были специально отдублены и так плотно соединены, что они становились крепкими, как сталь.

Кожа сама по себе является довольно прочным материалом, а представьте себе, какими прочными и непробиваемыми могут быть шесть слоев! Так как щит римского солдата был изготовлен из таких шкур, он был *очень крепким и чрезвычайно прочным.*

И наша вера является очень крепкой и чрезвычайно прочной; более крепкой и прочной, чем вы думаете! Враг может биться и биться о вашу веру, но она выдержит любую атаку.

Щит веры, которым Бог наделил вас, - это сильная, стойкая и прочная вера.

Как заботиться о вашем щите веры

Так как щит римского солдата был изготовлен из кожи, солдату было необходимо хорошо заботиться о нем!

Несмотря на то, что шесть слоев шкур животных были достаточно крепкими и прочными, через какое-то время они могли задубеть и стать ломкими, если о них правильно не заботиться.

Чтобы сохранять щит в отличном состоянии, солдат уделял особое время для обработки щита. Каждое утро, проснувшись, он брал свой щит и небольшой пузырек с маслом. Пропитав маслом кусок ткани, он начинал тщательно протирать им щит, чтобы кожаная часть щита была упругой и гибкой.

Игнорирование этой необходимой процедуры было равноценно смерти.

Так как этот щит был изготовлен из кожи, без соответствующей обработки он бы потерял гибкость, стал жестким и ломким. Если не осуществлять за ним правильный уход, то под давлением он начинал трескаться и в результате мог развалиться на куски. Поэтому когда солдат не ухаживал за своим щитом, наказанием была смерть.

Если римский солдат хотел долго жить, ему было необходимо ежедневно брать пузырек с маслом и втирать масло в щит.

Так как щит является символом нашей веры, то и наша вера, как этот щит в иллюстрации Павла, требует *частого помазания* от Святого Духа.

Без свежего прикосновения силы Духа в вашей жизни ваша вера станет жесткой и ломкой. Если вы игнорируете свою веру, не развиваете ее должным образом и не стремитесь к тому, чтобы свежее помазание Божьего Духа сошло на вашу жизнь, то ваша вера не будет достаточно гибкой, эластичной и упругой, чтобы выдержать атаки врага. *Вера, о которой должным образом не заботятся, под напором трудностей почти всегда ломается и распадается на куски.*

Многие верующие совершают трагическую ошибку, предполагая, что они могут жить прошлыми переживаниями с Господом. Слава Богу за эти переживания, но мы не можем себе позволить почивать на лаврах прошлого!

Людей, которые делают акцент на вере, часто обвиняют в том, что они живут, опираясь не на веру, а на свои предположения. Но еще хуже, когда верующий перестает развивать свою веру и не заботится о том, чтобы вера постоянно получала новое помазание благодаря присутствию и силе Святого Духа, но в то же время старается действовать в силе!

Не стоит надеяться, что ваша вера всегда находится в наилучшем состоянии! *Надежнее будет придерживаться убеждения, что вера всегда нуждается в новом помазании!* Имея такой подход, вы всегда будете искать все необходимое для того, чтобы ваша вера оставалась живой, здоровой и действенной!

Существовала еще одна причина, по которой щит римского воина изготавливался из кожи животных: прежде чем уходить в бой, солдаты опускали свои щиты в воду и оставляли их там до той поры, пока они не *пропитывались* водой. В чем состояла цель такого действия?

В бою враг применял стрелы, которые несли огонь! Но даже если огненные стрелы и достигали цели, попав на поверхность пропитанных водой щитов, они не могли зажечься! Такая обработка щита всегда давала римскому солдату преимущество перед врагом, так как щит легко погашал огонь противника!

Когда вера постоянно погружена в воду Божьего Слова (Ефесянам, 5:26) и полностью пропитывается ею, эта вода Слова способна погашать горящие стрелы врага.

Итак, чтобы щит римского солдата был в хорошем состоянии, требовалось ежедневно обрабатывать его *маслом* и *водой*.

Точно так же мы, для того чтобы сохранить в превосходном состоянии наш "щит веры", должны следить за ним со всей серьезностью. Мы должны делать все, чтобы всегда иметь в нашей жизни новое помазание Святого Духа и чтобы наша вера была пропитана водой Слова. Пропитанная Словом вера всегда будет погашать атаки дьявола!

Что означает "паче всего"?

Некоторые люди ошибочно предполагают, что вера важнее других предметов духовного всеоружия. *Это не так!* Пояс истины - написанное Слово, Библия - является самой важной частью вооружения, которым мы обладаем!

Что дает нам повод считать, что Божье Слово важнее, чем вера? *Вера приходит от Божьего Слова!* Так как же может "щит веры" быть важнее "пояса истины", Божьего Слова? Давайте не будем ставить телегу впереди лошади! Однако Павел сказал: *"А паче всего возьмите щит веры..."*.

Что тогда означает фраза "паче всего"?

Фраза "паче всего" соответствует греческой фразе *epi pasin*. Слово *epi* означает "над". Слово *pasin* означает "все". Эту фразу нельзя связывать с тем, что щит веры важнее всех других предметов всеоружия. Фраза *epi pasin* просто описывает *положение щита относительно других предметов*. Эту фразу можно перевести так: *"Перед всеми другими..."*. Или так: *"Покрывая все остальные..."*.

Это говорит нам, что вера должна стоять *"перед всеми"* другими, чтобы *"закрывать"* их собой. Вера предназначена не для того, чтобы находиться радом или робко прятаться за спиной. Вера должна быть *"впереди"*, чтобы полностью *"закрывать"* собою верующего.

Поэтому фраза "паче всего" говорит нам, что щит веры должен закрывать нас и защищать от возможной опасности - особенно тогда, когда мы идем завоевывать новые земли для Божьего Царства. Он служит оружием защиты, которое находится *"впереди всех других частей всеоружия..."*. Фраза "паче всего" описывает положение, а не степень важности.

Когда наш щит веры занимает свое место "впереди" и "закрывает" нас, он исполняет функцию, которую предопределил ему Бог! Поэтому Павел говорит: *"А паче всего возьмите щит веры, которым возможете угасить все раскаленные стрелы лукавого"*.

Обратите внимание на слова Павла: "*... возьмите щит веры...*". Слово "возьмите" является переводом греческого слова *analambano,* которое состоит из слов *ana* и *lambano.*

Слово *atia* означает "вновь", а слово *lambano* означает "поднять или взять в руки". Соединенные вместе, эти слова передают идею "поднять что-то рукой или снова подобрать что-то".

Это явно говорит о том, что наш щит веры можно поднять, а можно и положить. Выбор за нами. Более того, если человек в определенный момент своей жизни отложил свою веру и перестал верить в то, что Бог работает в его жизни, ему не поздно снова взять ее.

Ни один обученный римский воин не отправился бы в бой без своего щита. Щит был обязательным предметом! Он был гарантией того, что воин избежит смертельных ударов противника. Только щит разделял солдата и врага. Солдат знал, что, отправляясь в сражение без щита, он обрекает себя на. погибель.

Многие верующие, к несчастью, ошибочно считают, что они могут пренебрежительно относиться к своей вере. Это явное заблуждение. Поэтому Павел говорил Тимофею: "Имея веру и добрую совесть, которую некоторые отвергнувши, потерпели кораблекрушение в вере" (1 Тимофею, 1:19).

Когда верующие "отвергают" свою веру, это всегда ведет к духовному "кораблекрушению". Преуменьшая значение своей веры и пренебрегая ею, некоторые из наших братьев и сестер в Господе делают себя полностью незащищенными перед врагом.

Одни христиане критикуют других за то, что те за последние годы уделяют излишнее внимание вере. Если вы понимаете важность веры и ее влияние на вашу жизнь и в физическом, и духовном смысле, то вы не можете не осознать, почему необходимость веры невозможно переоценить.

Цель щита веры

Павел продолжает: "А паче всего возьмите щит веры, которым возможете угасить все раскаленные стрелы лукавого".

Слово *"которым"* можно перевести "с *помощью которого...*". Слово "возможете" соответствует греческому слову *dunamis*, которое указывает на "взрывную силу" или "действенную силу". Отсюда мы получаем слово "динамит".

Эту фразу лучше было бы перевести так: "... с помощью этого щита вы будете иметь взрывную, действенную силу...".

Итак, когда вы имеете при себе щит веры - если к тому же этот щит веры имеет помазание Святого Духа и пропитан Божьим Словом, - это дает вам способность действовать в "взрывной и действенной силе".

Петр говорит, что нас хранит Божья сила через веру (1 Петра, 1:5). Существует невидимая связь между Божьей силой и действием веры в вашей жизни. Когда эти две составные взаимодействуют, они создают непроходимую защитную стену, которая оберегает от любых нападений врага. Другими словами, когда соединяются Божья сила и вера, они становятся настоящим щитом для верующего!

Если эти два элемента вместе действуют в вашей жизни, то вы становитесь неуязвимым и вооруженным до зубов! Взаимодействие силы и веры будет служить духовной подготовкой к тому, чтобы вы могли удерживать "бронированную" позицию против врага, не опасаясь серьезных ударов с его стороны!

Когда в вашей жизни действуют Божья сила и вера, вы становитесь, как танк; вы обладаете способностью двигаться вперед, не опасаясь никаких поражений! Это не означает, однако, что дьявол не попытается остановить вас; он, конечно же, попытается! Именно поэтому Павел говорит: "...которым возможете угасить все раскаленные стрелы лукавого".

Раскаленные стрелы лукавого

Вы можете спросить: "Что это за раскаленные стрелы лукавого?"

В этом стихе слову "стрелы" соответствует очень специфическое греческое слово, которое использовалось как военный термин. Древнегреческий историк Фукидид *(Thucydides)* использовал это же словосочетание, чтобы рассказать об этих ужасных "стрелах, которые несли огонь".

Во времена Нового завета военные пользовались стрелами трех видов. Прежде всего были простые стрелы, которые походили на те, которые и сегодня кто-то может пускать из лука. Были стрелы, обмазанные дегтем, которые пускались по воздуху. И были стрелы, наполненные горючей смесью, которая воспламенялась при столкновении с препятствием.

В Послании ефесянам (6:16) стрелы названы 'раскаленными стрелами". Так как слова, которые использует Павел в этом стихе, идентичны тем, которые использовал греческий историк Фукидид, можно точно определить, какие стрелы подразумевал Павел.

Павел думал о стрелах, которые "несли огонь"! Чтобы быть более точным, он показывает стрелу, представляющую собой длинный тонкий отрезок тростника, наполненный воспламеняющейся жидкостью, которая при соприкосновении с препятствием взрывалась.

Эти стрелы были самым устрашающим оружием тех дней. На первый взгляд они казались почти безопасными, так как не было видно, что они были наполнены горючей смесью. Только после соприкосновения с препятствием - когда появлялось пламя - человек мог определить, что стрела несет с собой огонь и несчастье.

Стрелы с воспламеняющейся жидкостью в обыкновенных сражениях не использовались. Для этого было достаточно простых стрел. Несущие огонь стрелы использовались при захвате городов, укрепленных мест или лагерей противника.

Если армия закреплялась на определенном месте, из которого враг не мог ее выбить, то он прибегал к помощи таких смертоносных огненных стрел!

Солдаты брали отрезки стволов тростника, поднимали их в вертикальное положение и наполняли *взрывчатым веществом.* Как только стрелы были наполнены до краев, их запечатывали и маскировали под обычные стрелы, которые не выглядели такими опасными.

Так как враг не мог ворваться в лагерь и уничтожить занявшую прочное положение армию, он запускал эти стрелы прямо на укрепленную территорию. Из-за того, что *внешне они не выглядели особо опасными,* люди в лагере часто совершали смертельную ошибку - они игнорировали эти атаки. *Пока...*

Неожиданно для них эти стрелы, ударившись о стены внутри укреплений, взрывались, вспыхивало пламя и войска были застигнуты врасплох! Как только огонь загорался, враг запускал новую серию стрел. Каждая стрела несла в себе уничтожение. Эти стрелы были *бомбами* древнего мира!

Именно такую картину имел в виду Павел, когда говорил: "А паче всего возьмите щит веры, которым возможете угасить *раскаленные стрелы лукавого*".

Огонь, который разжигает самые низкие чувства

Вот такую стрелу враг хочет пустить в вашу сторону! Если у него нет легкого пути для проникновения в вашу жизнь, он может попытаться пойти против вас другим путем, скрытым для глаз.

Он может запустить огненную стрелу в сферу *ваших эмоций*. В результате соприкосновения, возможно, воспламенятся самые низкие ваши чувства и страсти!

Когда вражья огненная стрела попадает в цель - в *ваши эмоции*, - в вас могут разгореться гнев, злоба, беспокойство, неверие, раздражительность и т.д. Эти "раскаленные стрелы" посылаются для того, чтобы совершить злое действие в сфере разума и чувств.

Они наносят удар для того, чтобы вызвать в вас ярость, привести вас в состояние, которое напоминает разыгравшееся пламя, полностью вышедшее из-под контроля.

Попадала ли в вас когда-нибудь вражья стрела? Стрелы врага ежедневно поражают многих верующих - и это потому, что их "щиты веры" не были приготовлены для защиты! Если бы щит веры был помазан Духом и пропитан "водой Слова", он бы защитил их от стрел.

Щит веры должен быть "*впереди*", чтобы "*закрывать*" вашу жизнь и защищать вас от "раскаленных стрел".

Кто в ответе за поражение?

Реально дьявол и его полчища *не являются* вашей проблемой! Господь Иисус Христос разбил их Своей смертью и воскресением!

В основном вами потому все еще управляют привычки и проблемы, что вы не приняли твердого решения подчинить вашу плоть и разум освящающей работе Святого Духа.

Если бы ваш щит веры был правильно помазан Святым Духом - и если бы ваш щит веры был пропитан Божьим Словом, - при соприкосновении со щитом огонь этих стрел был бы погашен!

Раз атака вражьих стрел была успешной и вызвала в вас гнев, раздражение, беспокойство, неверие и т.д., значит, *вы* совершили какую-то ошибку! Очевидно, что вы вовремя не избавились от дурного отношения к кому-то или к чему-то или от порочных мыслей. Вы сами оставили открытой дверь в ваш разум, позволив стрелам проникнуть туда!

Если бы вы постоянно пребывали в присутствии Божьем, ваша вера имела бы помазание Святого Духа! Отсутствие елея Духа на вашей вере привело к тому, что она стала жесткой и ломкой. Причина того, что стрелы пробили ваш щит, состоит в том, что вы не сделали всего необходимого, чтобы ваша вера сохранила гибкость и прочность.

Но если бы вы отвели Слову Божьему главное место в вашем дневном расписании, ваш "щит веры" был бы пропитан "водой Слова", и он сразу же погасил бы горящие стрелы!

Как я уже говорил, человеку свойственна тенденция сваливать вину за свои просчеты на кого-то другого. Однако Бог дал каждому из нас все необходимое для того, чтобы мы могли справляться с уловками дьявола. Если нам нанесли раны, *сами в ответе за это*. Мы должны взять на себя вину за поражение и перестать винить других.

Очень важно, чтобы вы постоянно жили в присутствии Божьем, каждый день выделяя время для Божьего Слова и распиная свою плоть. Постоянно помазывая елеем Духа и пропитывая "водой Слова" ваш "щит веры", вы заботитесь о том, чтобы эти огненные стрелы не совершили того, для чего были посланы.

Когда вы избавляетесь от невидимых дня других недостатков (которые, возможно, известны только вам, Богу и дьяволу!), вы заботитесь о том, чтобы не оставить открытыми двери, через которые могут проникнуть стрелы врага и поразить ваши чувства!

Бог дал нам возможность избежать ударов этих "раскаленных стрел". Он дал нам возможность *уйти* от разрушительного столкновения.

Павел сказал: "Вас постигло искушение не иное, как человеческое; и верен Бог, Который не попустит вам быть искушаемыми сверх сил, но при искушении даст и *облегчение,* так чтобы вы могли перенести" (1 Коринфянам, 10:13).

"Щит веры" - это наш "путь к спасению", когда в нас летят "раскаленные стрелы" противника. Когда ваша вера находится "впереди" и "закрывает" вас всего, этот щит погашает каждое искушение и каждую огненную стрел), которые посылает в вашу сторону враг.

Если вы имеете при себе ваш "щит веры", эти стрелы теряют свою силу и падают на землю. И в этом ваш выход, *ваше "облегчение"!*

Гасящая огонь, бьющая рикошетом вера

Враг хочет запустить в ваш разум стрелу неверия, которая в конце концов уничтожит вас! Возможно, такая стрела говорит: "Ты умрешь от рака!" Или: "Ваш брак потерпит крушение". Может быть, стрела, которая попала в ваш разум, говорит: "Тебя ждут серьезные материальные трудности!"

Если такая стрела застревает в вашем разуме и вы начинаете *верить* в то, что она говорит, вера в эту ложь дает ей силу стать реальностью!

Если стрела неверия застревает в вашем уме и говорит, что вам грозит разорение, вы можете действительно разориться, если не избавитесь от этой лжи!

Если стрела неверия застревает в вашем уме и говорит, что ваш брак безнадежен, а вы верите в это, то ваш брак на самом деле может начать разрушаться, так как ваша вера в ложь делает ее реальностью.

"Щит веры" позволяет нам гасить и отбивать рикошетом эти лживые и голословные заявления! И потому Божье Слово повелевает нам "ниспровергать замыслы и всякое превозношение, восстающее против познания Божия" (2 Коринфянам, 10:5).

Какую опасность могут представлять для вас эти огненные стрелы, если вы отбили их и они оказались на земле? Они не способны причинить вам большой вред, если лежат у ваших ног на земле! Точно так же "щит веры" гасит огонь и разрушает адские басни, чтобы их обольщающая сила перестала действовать на вас!

Имея веру, вы можете смело сказать: "Вот летит еще одна стрела лукавого", поднять ваш "щит веры" - и наблюдать за тем, как эта стрела, отбитая рикошетом, направляется в противоположную сторону! *Когда вы обладаете верой, "раскаленные стрелы" врага не оказывают на вас влияния ни в умственной, ни в эмоциональ-*

ной, ни в физической сферах. Оттого, что римский воин смазывал свой щит маслом, щит был *скользким.* Когда солдат шел с высоко поднятым щитом, то огненные стрелы, которые попадали в щит, соскальзывали прямо на землю. Часто стрелы рикошетом отскакивали назад и взрывались прямо перед носом у врага!

Когда вы имеете помазанную веру, точно так же она защищает вас. Это дает вам чувство полной безопасности; это ставит вас в неуязвимое положение, а все атаки лукавого делает безуспешными.

Вера гасит огонь и разрушает все, что враг замышляет против вас!

Вы можете спросить: "Насколько злыми могут оказаться стрелы, которые будут запускаться в меня, чтобы замедлить мой духовный рост?" В Послании ефесянам (6:16) говорится: "... которыми возможете угасить раскаленные стрелы *лукавого*".

Слово "лукавый" соответствует греческому слову *poneros*. Оно соединяет в себе такие понятия, как "скорбь", "боль", "зло", и такие качества, как "злобный", "дурной", "порочный".

Это явно говорит нам о том, что эти злые стрелы содержат в себе скорбь и боль, что они активно распространяют огонь зла и страданий.

Я надеюсь, что вы видите, почему так важно, чтобы ваша вера была *"впереди":* потому что именно там ее место! Если вы небрежно относитесь к своей вере и не развиваете ее, вы скоро обнаружите, что эти стрелы способны принести скорбь и боль. Когда они попадают в вас, они причиняют зло!

Более того, ложь, которую дьявол посылает в ваш разум, предназначена не для того лишь, чтобы ранить вас; она будет стремиться направить свою силу на то, чтобы разрушить вас. Когда она попадает в вас, она *причиняет зло!*

Дьявол преследует только одну цель - захватить ваш разум, парализовать его страхом и переполнить его своими лживыми угрозами. Когда он завладеет вашим мышлением и заставит вас поверить в его ложь, как в истину, тогда эти стрелы начнут высвобождать свою разрушительную силу!

Несколько лет назад мы с женой посетили церковь, где одна известная женщина умерла от рака. Ее смерть вызвала шок и серьезно поколебала веру всего собрания, в результате чего они сделали следующее заключение: "Исцеление сегодня невозможно!" Враг запустил стрелу рака и страданий в тело этой женщины. От нее этот смертельный огонь начал распространяться по всему телу церкви. Они были смертельно ранены потому, что их "щит веры" не находился там, где должен был находиться, - "впереди", закрывая и защищая их! Когда эта стрела достигла цели, она высвободила свою разрушительную силу. Она была послана, чтобы убить не только эту женщину; она была послана, чтобы убить церковь!

Общая вера поместной церкви

Римский солдат, который шел на сражение, мог лишь один на один сразиться с врагом; его щита было недостаточно для того, чтобы прикрыть всю армию! Он мог обеспечить защиту самому себе и, возможно, мог вырваться вперед, но что есть один человек против целой армии?

Поэтому когда римлянам угрожало наступление армии, которая превосходила их по численности, они шли очень близко друг к другу, плечом к плечу.

По краям на массивных щитах были небольшие петли, с помощью которых щиты присоединялись один к другому.

После того как все щиты были надежно скреплены, воины в едином марше шли вперед в направлении вражеских сил. Благодаря тому, что их щиты были соединены, они выглядели, как одна огромная бронированная стена, которая двигается по полю навстречу врагу! *Соединив щиты один с другим, солдаты получали массивную стену, которая служила защитой им всем.*

Когда солдаты так шли вместе (с соединенными щитами), это давало им возможность идти вперед, прямо на врага, не имея в своих рядах почти никаких потерь.

Точно так же и Церковь Иисуса Христа, если научится едино маршировать в ногу, она будет делать успехи, которых не знала раньше, и завладеет территорией врага!

Слава Богу за то, что ваша вера будет служить вам лично; но мы должны также поблагодарить Бога за то, что, когда мы соединяем свою веру с верой других, от этого Тело Христово значительно выигрывает в целом!

Если ваша вера находится впереди, как щиты римских солдат, то не имеет значения то, сколь многочисленны силы противника. Вы можете смело идти вперед на врага, потому' что в вашем распоряжении находится огромная, великая общая вера святых!

Имеются ли в вашем щите трещины?

Если вы небрежно относитесь к этому "щиту веры" - если никогда не ищете помазания Духа и не пропитываете свою веру Божьим Словом, - то вам не следовало бы принимать участие в сложных сражениях. Ваш щит находится не в лучшем состоянии!

Вера, которой пренебрегают, становится ломкой и хрупкой. Если вы примете вызов врага, имея в своем распоряжении щит, который потерял гибкость и прочность, он даст трещину в самый важный момент конфликта. Если вы будете размахивать треснувшим щитом перед носом у врага, вас ждет множество неприятностей!

Если, однако, ваша вера не повреждена - если она помазана Божьим Духом и пропитана Божьим Словом, - вы можете держать свою веру, как щит, перед лицом врага и каждая стрела, которую он попытается пустить в вас, упадет на землю.

Если ваша вера нуждается в помазании

Если ваша вера нуждается в свежем помазании, вы должны прийти к Тому, Кто обладает всем помазанием, и позволить Ему дать вам новую дозу помазания Святого Духа.

Именно об этом говорит Давид: "... я умащен *свежим елеем?* (Псалом 91:11).

Слово "умащен" соответствует греческому слову *chiro*. Изначально это слово служило медицинском термином. Когда к доктору приходил человек с мышечными болями, врач смазывал руки маслом и начинал втирать это масло в растянутые мышцы своего пациента.

В буквальном смысле слово "помазать" означает "втирание" или "намазывание масла на что-то". Я называю помазание *прямым контактом*.

Таким образом, когда мы называем человека помазанным, на самом деле мы говорим, что "над ним рука Божья" и что Бог "втирает" сильное присутствие Святого Духа в его жизнь или в его служение.

Если во время проповеди чувствуется помазание, это оттого, что рука Божья лежит на ней. Если в песне чувствуется помазание, это оттого, что рука

Божья лежит на ней. Ощутимое помазание в каком-то человеке говорит нам о том, что Бог возложил на него Свою руку. Помазание приходит тогда, когда Бог возлагает Свою руку; помазание является результатом того, что Бог изливает сильное присутствие Святого Духа.

Поэтому, если ваша вера нуждается в свежем помазании Святым Духом, вы должны прийти к Тому, Кто имеет все помазание! Лишь Он один может дать вам то, в чем вы нуждаетесь. Откройте Ему свое сердце и позвольте, чтобы Он по-новому возложил Свою руку на вашу жизнь и веру!

Когда Бог возлагает Свою руку на вашу жизнь и вашу веру, за этим следует сильное помазание! Это происходит *наверняка!*

В заключение

Когда вы имеете при себе "щит веры", вы можете отбить ложь и голословные обвинения врага и не бояться ранений.

Возможно, в прошлом вы пытались делать шаги веры, но разочаровывались. Вы не получили исцеление, ваше здоровье еще ухудшилось и вы стали думать, что ваша вера никогда не будет действовать. И теперь из-за этого вы боитесь поверить Богу и сделать новый шаг веры.

Вы, наверное, чувствовали, как злые стрелы врага попадали в вас, потому что ваша вера не находилась, как должно, "впереди". Это злые стрелы, которые приносят скорби, боль, страдания, умственные расстройства и т.д.

Эти стрелы посланы в вашу душу; они наносят удары по вашему уму и по эмоциям. Скажу снова, дьявол знает, что ум является центром стратегического контроля вашей жизни. Если он может завладеть вашим разумом, то он может начать вести настоящую войну против вас как человеческого существа.

Чтобы защитить свой ум от "раскаленных стрел", посланных с целью обмануть и уничтожить вас, вам необходимо взяться за свой "щит веры"!

Богато украшенный шлем, щитки и ярко-раскрашенный плюмаж римского воина первого столетия.

Глава четырнадцатая

Шлем спасения

Между частями Божьего всеоружия существует идеальный баланс. Оно имеет три вида оружия защиты, три вида оружия нападения и одно нейтральное оружие.

Кольчуга, щит и шлем являются оружиями *защиты*. Они обеспечивают безопасность и дают вам уверенность в том, что вы можете идти вперед в своем духовном развитии.

Три вида оружия *нападения* - это обувь, меч и копье. Они наделяют вас способностью продемонстрировать полное поражение сатаны.

Нейтральным оружием является пояс, который символизирует Божье Слово. Это центральная часть всеоружия, которая соединяет все другие части вооружения. Без этой важнейшей части духовного вооружения - написанного Слова - все остальные предметы не могли бы нести правильную функцию в вашей жизни.

Позвольте мне напомнить вам, что все предметы всеоружия пришли *от Бога*. Чтобы использовать их и видеть их действие на практике, вам необходимо жить в присутствии Бога.

Как вы берете *от Него* свою силу и свою новую природу, вы должны брать *у Него* свое вооружение. Он является источником всего, что мы имеем, *включая духовное оружие*.

Шлем спасения

В этой главе мы будем рассматривать "шлем спасения". Павел продолжает перечислять духовное всеоружие, говоря: "И шлем спасения возьмите..." (Ефесянам, 6:17).

Шлем был восхитительной по красоте частью всеоружия. Он был удивительно изящным и обильно украшенным.

Шлем римского солдата больше походил на произведение искусства, чем на обмундирование! Его шлем был *прекрасным!* Это не был просто кусок металла, обработанный так, чтобы он подходил к голове солдата; шлем римского воина был богато украшен разнообразными гравюрами.

На шлеме, например, изображались сцены из крестьянской жизни с разного рода животными. Часто шлем был изготовлен в виде головы слона, головы лошади или другого животного.

Некоторые шлемы украшались искусственными фруктами. Представьте, как странно смотрелись эти шлемы! Глядя на солдата в таком шлеме, казалось, что у него на голове находится корзина с фруктами! Другие были похожи на людей с головами слонов и лошадей! Поэтому эти шлемы скорее напоминали скульптуры, а не оружие.

Верх шлема, будто всего этого было недостаточно, украшали большие ярко раскрашенные перья или лошадиная грива. Если солдат принимал участие в параде или какой-либо официальной церемонии, то эти перья были более длинными; они имели такую длину, что могли свободно свисать на спину солдата.

Шлем изготавливался из меди и имел особые детали, специально предназначенные для того, чтобы защищать щеки и подбородок. Он был чрезвычайно тяжелым и поэтому внутренняя его часть была выстлана губчатым материалом, который смягчал давление тяжелого шлема на голову солдата.

Эта часть вооружения была настолько мощной, массивной и тяжелой, что ничто не могло пробить ее - ни молоток, ни боевой топор.

Было бы очень трудно пройти мимо одного из этих воинов, не обратив на него внимания. Вы бы обязательно заметили человека со скульптурой на голове! Вы заметили бы человека, шлем которого расцвечен яркими перьями! *Этот шлем делал римского воина заметным!*

Самый прекрасный дар Бога

Почему Дух Святой сравнивает спасение именно с этим предметом всеоружия? Потому что ваше спасение является самым прекрасным, самым изысканным, самым изящным и удивительным даром, которым вас когда-либо одаривал Бог!

Павел называет этот чудесный подарок "шлемом спасения". Более того, он использовал пример со шлемом римского воина, чтобы выразить важную мысль.

Он уподобил спасение одному из этих ярких шлемов - шлемы были заметны всем! И чтобы он *наверняка* был виден всем, в верхней части шлема красовались пышные яркие перья.

Этот пример Павла говорит нам о чем-то очень важном. Когда верующий убежден в том, что он спасен, - когда он реально осознает, что значит быть спасенным, и живет согласно этому, он становится заметным человеком!

Слово "шлем" соответствует греческому слову *perikephalaia*. Слово *peri* означает "вокруг", а слово *kephalaia* переводится как "голова". Когда соединяешь эти два слова, обнаруживаешь, что слово *perikephalaia* указывает на часть вооружения, которое находится "вокруг головы".

Почему римский воин нуждался в шлеме? Потому что его противник носил топор с короткой рукояткой, который называли боевым топором, и когда этот топор начинал действовать, головы летели с плеч!

Если бы римский солдат во время боя не имел на голове шлема, он несомненно лишился бы головы! Итак, шлем был не просто прекрасным предметом! Он был предметом, предназначенным оберегать голову человека.

Именно такую роль будет играть для вас спасение, когда вы носите его, как шлем на голове!

Если вы не живете, как спасенный человек, не пользуетесь всем тем, что хранит в себе спасение, вскоре вы почувствуете удар боевого топора врага, который будет нанесен вашему разуму с целью лишить вас вашей победы.

Если ваше спасение - как шлем - плотно не обнимает ваш разум, то враг придет, чтобы лишить вас понимания того, что спасение дает вам много преимуществ и благословений. Он попытается выбить у вас почву из-под ног и уговорить, что исцеление, освобождение и здравомыслие на самом деле не были частью искупительной работы Иисуса на кресте.

К концу своей "обработки" единственное, что враг оставит от вашего спасения, - это небеса. Открывая свой незащищенный разум для его лживых утверждений, вы позволяете себя обмануть.

Встреча с врагом без вашего "шлема спасения" равноценна *духовному самоубийству!*

Многие верующие пытаются делать работу для Бога, не ставя в то же время перед собой цели жить в полном осознании своего спасения, и становятся жертвами духовного убийства.

Вы должны иметь на голове этот шлем, иначе вы не принесете никакой пользы Божьему Царству.

Каким образом будет атаковать вас враг? *Он будет нападать на ваш разум!* Враг знает, что разум - центр управления вашей жизни. Он понимает, что если он может завладеть территорией, то, находясь в положении контролирующего, он может начинать посылать болезни и немощи в ваше тело и т.д.

Чтобы защищаться от таких атак, Бог дал нам "шлем спасения". Сам факт того, что Павел сравнивает спасение со шлемом, означает, что мы должны четко знать, что спасены, и знать, что подразумевает спасение!

Мы должны находить время для изучения того, что говорит Библия об исцелении; мы должны уделять время для изучения того, что говорит Библия об освобождении от злых сил; мы должны уделять время изучению вопроса нашего искупления и его роли.

Наше понимание и осознание спасения и всего, что оно в себя включает, должно укорениться в нашем разуме. Когда наш разум осознает реальность спасения, когда разум обучен правильно мыслить в вопросах спасения, это знание становится шлемом нашей жизни!

И тогда уже неважно, насколько сильно бьет дьявол и как старается обмануть нас, потому что мы знаем - *без тени сомнения,* - что приобрел для нас Иисус через Свою смерть и Свое воскресение! Как только это знание становится неотъемлемой частью нас, враг уже не может атаковать наш разум, как он делал это в прошлом.

Уверенность в спасении и во всем, что оно включает в себя, водружает на нашу голову шлем!

Вооружен и опасен

Помните повеление Павла: "Облекитесь во всеоружие Божие..." (Ефесянам, 6:11)?

Когда Бог посылает вас утверждать победу Иисуса Христа над сатаной в различных областях вашей жизни, Он не посылает вас обнаженными. Он дает вам всеоружие! Без шлема вы были бы атакованы "кознями дьявольскими" (Ефесянам, 6:11).

Очень важно понимать, как эти "дьявольские козни" действуют против нас. Для этого мы должны быстро вспомнить значение слов "козни", "злые умыслы" и "обман" (более подробно об этом читайте в 8-й главе). Эти три понятия лежат в основе вашего понимания того, как дьявол обретает успех в сражении против верующих.

Вспомним, что слово "козни" соответствует греческому слову *methodos*. Оно в свою очередь состоит из слов *meta*, которое является предлогом и соответствует русскому "с", и *odos*, означающего "путь". От этого слова мы получили слово "одометр" (прибор в автомобиле, показывающий пробег). В буквальном смысле это слово означает "с путем".

Что говорит здесь Божье Слово? Оно говорит, что дьявол осуществляет свои действия против верующего "с путем". Существует только один "вход" в жизнь верующего - дьявол обычно использует один путь, одну дорогу или одну трассу.

Дьявол не является хорошим изобретателем и его методы не отличаются большим разнообразием. У него есть только один метод, и он всегда атакует верующего одним и тем же образом. Он использует одну и ту же тропинку, ведущую в жизнь верующего. Но мы знаем, что эта тропинка ведет *куда-то*. Куда, по-вашему, она ведет?

Это приводит нас к словосочетанию "злые умыслы". Павел говорил: "... нам не безызвестны его *умыслы*" (2 Коринфянам, 2:11).

Здесь мы имеем второе понятие, которое раскрывает, как дьявол действует в жизни и разуме верующего.

Что такое "злой умысел"? Слово "умысел" является переводом греческого слова *noemata* которое в корне имеет слово *nous*, "разум". Слово *noemata* можно перевести как "манипуляция умом".

Умственные игры с дьяволом

В современном переводе этот стих, возможно, звучал бы так: "... нам не безызвестны *умственные игры дьявола*, в которые он пытается вовлечь нас". *Умственные игры!* Участвовали ли вы когда-нибудь в умственных играх с дьяволом?

Когда мы соединяем первые два понятия, мы видим, что дьявол затевает "козни" или действует "с путем". Куда же ведет этот путь? Он ведет к вашему мозгу! И если дьявол сможет найти точку опоры в вашем разуме, он обязательно будет строить свои "козни". Как только он нашел путь в ваш разум, он начинает играть с ним.

Теперь мы подошли к третьему понятию, которое имеет отношение к тому, как дьявол действует в жизни и разуме верующего. Это слово "обман", которое соответствует греческому слову *dolios*. Слово *dolios* обозначает не тот обман, который происходит случайно; оно несет смысл "обманывать целенаправленно". Это слово может быть найдено в тех стихах Нового завета, в которых идет речь о способностях дьявола к обману.

Слово *dolios* в буквальном смысле означает "приманивать с помощью наживки", как рыбу. Соединив все три эти понятия, мы ясно видим, как действует дьявол в жизни и разуме верующего.

Он приходит с "кознью", что означает "с путем". Этот дьявольский путь ведет к разуму человека. Если дьявол может лишить верующего способности противостоять ему, то он может начать вести войну в его разуме с помощью "злых умыслов" или "умственных игр".

Как только "умственные игры" набрали полный ход, он "приманивает" верующего с помощью лживых заявлений и угроз. Такой ложью он завлекает верующего, чтобы тот поверил ему.

Если верующий принимает эту ложь за истину и глотает наживку, то процесс обмана полностью завершен в его жизни.

Что такое "твердыня"?

Павел сказал: "Оружия воинствования нашего не плотские, но сильные Богом на разрушение твердынь..." (2 Коринфянам, 10:4).

Он продолжает: "...ими ниспровергаем замыслы и всякое превозношение, восстающее против познания Божия, и пленяем всякое помышление в послушание Христу" (стих 4).

Обратите особое внимание на слова Павла о том, что духовное оружие эффективно в разрушении "*твердынь*". В Теле Христовом сегодня ведется много разговоров о "твердынях". И естественно возникает вопрос: "Что такое твердыня?"

Слово "твердыня" соответствует греческому слову *ochuroma*. Это одно из самых древних слов Нового завета, которое изначально использовалось для описания "крепости". Во времена Нового завета это же слово указывало на "тюрьму".

Более точным переводом слова *ochuroma* было бы "разрушение *крепостей*". Можно также перевести его как "разрушение тюрем". Оба перевода являются правильными и раскрывают нам два важных аспекта понятия "твердыня".

Во-первых, это говорит нам, что твердыни подобны *крепостям*. Крепость является укрепленным местом; ее можно назвать еще цитаделью, фортом или замком.

Крепостные стены, которые охраняли крепость от завоевателей, обычно были чрезвычайно толстыми и непробиваемыми. Для того чтобы посторонние не могли перелезть через эти стены, они строились очень высокими. Такие стены должны были предотвращать вторжение *снаружи*.

Слово "твердыня" позже обозначало тюрьму. Для чего предназначена тюрьма? Роль тюрьмы противоположна той роли, какую играет крепость. В то время как крепость служила тому, чтобы не впустить кого-то *вовнутрь*, тюрьма не позволяла тем, кто был внутри, выйти *наружу*!

Тюрьма - это место заключения, место ареста. Подобно крепости у нее тоже есть укрепленные стены. Более того, в тюрьме люди сидят еще и за решеткой.

Тот факт, что слово "твердыня" с греческого языка можно перевести и как "крепость", и как "тюрьма", особым образом характеризует понятие "твердыня".

В первую очередь это означает, что каждый раз, когда в жизни верующего появляется "твердыня" - в разуме или эмоциях, - вокруг него вырастают такие толстые стены, что те, кто мог бы ему помочь, не способны к нему прорваться. Эти невидимые стены удерживают от чьего бы то ни было проникновения вовнутрь!

Как непробиваемые, невидимые стены, твердыни укореняются в разуме и чувствах и не позволяют людям приблизиться к вам. В этом заключается трюк дьявола - удерживать людей в изоляции и вдали от тех, кто мог бы принести свободу их жизни и разуму.

Пожалуйста, поймите, что эти твердыни не появляются в нашей жизни за ночь. Можете быть уверены, что перед тем, как враг начал атаку на ваш разум и стал наполнять его парализующим страхом, Святой Дух предупреждал вас об этом.

Так как вы разрешили лжи беспрепятственно проникнуть в ваш разум и позволили себе поверить в ложь, шаг за шагом, день за днем и час за часом дьявол использовал эти лживые утверждения и пустые угрозы для того, чтобы построить вокруг вашей жизни толстые, непроходимые стены. В конце концов вы оказались в умственном и эмоциональном плену ложных угроз дьявола.

Страх отвержения, не имеющий под собой никакой основы, не позволяет вам развивать взаимоотношения с другими людьми. Страх за будущее вашего брака, который навел на вас своими угрозами враг, мешает вам функционировать в браке так, как предназначил это Бог. Пустой страх возможной неудачи препятствует вам сделать в своей жизни что-то стоящее.

В таких случаях, когда дьявол объявляет, что ваш разум и эмоции принадлежат ему, следует приказать ему уйти. Однако перед этим необходимо сделать еще один шаг.

Первым шагом к тому, чтобы разрушить твердыни в вашей жизни, является признание собственной ответственности за случившееся. Вы допустили, чтобы ваш разум и чувства оказались в таком смятении! Поэтому абсолютно необходимо, чтобы вы покаялись в этом - *прежде, чем будете делать что-либо еще!* Пока вы не сделаете этот первый шаг, ничто не изменится.

После этого сила Бога будет постоянно помогать вам делать шаги к обновлению своего разума Божьим Словом. Таким образом вы будете обретать способность правильно думать и верить в истину Слова.

Те же стены, которые мешают другим людям проникнуть к вам, мешают вам самому выбраться из "вашей тюрьмы" и стать тем, кем предназначил вам стать Бог. Умственные твердыни заставляли вас верить в то, что вы потерпите поражение, что никому вы не нужны, что вы ничего не стоите и т.д.

Люди, которые имеют твердыни в своей жизни, стали *умственными и эмоциональными* пленниками. Враг обнаружил открытую дверь в их жизнь, проник через нее в их мышление и начал овладевать их мыслями.

Два вида твердынь

Существует два вида твердынь: рациональные и иррациональные. Рациональные твердыни разрушить труднее - потому что то, во что они заставляют человека верить, звучит очень *разумно!*

Павел имел в виду эти рациональные твердыни, когда говорил: "...ими ниспровергаем *замыслы*...". Слово "замыслы" является переводом греческого слова *logismos,* от которого мы получили слово "логика", например, как в словосочетании "логическое мышление".

Слава Богу за хороший, здравый ум. Но даже и такой ум должен быть подчинен освящающему действию Святого Духа - иначе он, как твердыня мышления, начнет диктовать вам свои условия.

Я могу только догадываться, сколько людей были призваны Богом на служение и не сделали этого потому, что утопили Божье призвание в море размышлений и доводов. Я могу лишь предполагать, сколько из них слышали голос своего разума, который говорил: "Ты не можешь начать служение! У тебя есть жена, трое детей, тебе надо выплачивать кредит за дом и автомобиль. Ты не можешь быть послушным Богу!"

Логика, столь необходимая и чудесная, но не подчиненная контролю Святого Духа, будет мешать вашей духовной жизни. Неподчиненный разум всегда будет уговаривать вас не повиноваться Божьей воле. Если вы сами не являетесь хозяином своего ума, то он начнет управлять вами и контролировать вашу способность быть послушным Богу.

Люди, которые являются большими "мыслителями", чаще всего становятся жертвами таких рациональных твердынь. Они любят рационально мыслить и поэтому склонны позволять своему разуму управлять принятием решений и держать верх над верой.

Кроме рациональных твердынь существуют иррациональные твердыни. Каждый верующий время от времени становится жертвой этих твердынь.

Иррациональные твердыни в основном связаны со страхом или беспокойством, которые не имеют под собой никакого основания. Это такие твердыни, как страх заболеть, страх умереть преждевременной смертью, страх людского неприятия, разросшийся до ненормальных размеров, страх финансовой катастрофы и т.д.

Эти иррациональные твердыни какое-то время будут существовать в разуме, в эмоциях и в воображении, а потом рассеются. Позже даже для тех, кто был контролируем этими твердынями, становится очевидным, что эти страхи полностью необоснованны и даже смешны. Часто такие глупые, но в то же время пленяющие, мысли теряют свою силу, когда вы рассказываете о них своему другу или супругу.

Иррациональные твердыни являются настолько нелепыми, что в конце концов вы пробуждаетесь от них и осознаете, что это всего-навсего трюк врага, направленный на то, чтобы поработить вас и помешать нормальной жизни. В этом суть иррациональных твердынь.

Если такие тревожные мысли еще остаются в вашем сознании и пытаются снова контролировать вас, вы должны поступить с ними согласно Божьему Слову.

Именно поэтому Павел сказал: "...ими ниспровергаем замыслы и всякое превозношение, восстающее против познания Божия, и пленяем всякое помышление в послушание Христу" (2 Коринфянам, 10:4,5).

Обратите внимание на то, что Павел не упоминает в этом стихе дьявола! Он не говорит: "...и пленяем *дьявола*...". Напротив, он говорит: "...и пленяем *всякое помышление* в послушание Христу". Истина состоит в том, что если вы не будете пленять ваши мысли, то ваши мысли *обязательно* будут пленять вас!

Позвольте мне привлечь на миг ваше внимание к слову "пленяем". Оно соответствует греческому слову *aichmalotidzo*. Это слово означает "пленять кого-то, уткнув ему в спину копье".

Выбрав именно это слово, Павел дает нам знать, что пленять собственные мысли нелегко. Мы должны принять решение пленить их. *Мы должны будем стать жестокими по отношению к себе и с силой захватить контроль над своим умом.* Если наш разум и наши эмоции пытаются ускользнуть от нашего контроля, то мы должны будем заставить их подчиниться!

А вот вам сюрприз! Слово "помышление" ("...и пленяем всякое *помышление*...") соответствует греческому слову *поета*, что имеет то же значение, что и словосочетание "злые умыслы" (*noemata*), которое мы видели во 2-м послании коринфянам (2:11). Павел снова говорит об "умственных играх"!

Теперь же он говорит нам, что эти "умственные игры" должны быть пленены "в *послушание* Христу". Слово "послушание" является переводом греческого слова *hupakoe,* которое состоит из слов *hupo* и *akouo.*

Слово *hupo* по своему значению соответствует русскому предлогу "под", а слово *akouo* означает "я слышу" или "я слушаю". От слова *akouo* мы получаем слово "акустика". Вместе два слова рисуют картину того, как кто-то *"принуждает кого-то другого подчиниться и заставляет его слушать"*!

Вспомните, Павел ведет речь об умственных твердынях и умственных играх, которые стремятся манипулировать и управлять вами. Вместо того чтобы прислушиваться к этим ложным ощущениям и голословным заявлениям, мы должны "держать свой разум в руках", приказать ему подчиниться и слушать то, что говорит Божье Слово!

В момент, когда мы решаем поступать именно так, обновление разума дает возможность чудесам происходить в нашей жизни! В этот миг и начинается истинное *умственное возрождение!*

Что такое "подавленность"?

С другой стороны, если мы позволяем своему разуму и своим эмоциям доминировать над верой и управлять нами, мы неизбежно приходим в состояние *подавленности.*

Что такое "подавленность"? Это явление можно найти в книге "Деяния апостолов" (10:38). В своей проповеди, обращенной к дому Корнилия, Петр говорит: "Как Бог Духом Святым и силою помазал Иисуса из Назарета, и Он ходил, благотворя и исцеляя всех, обладаемых диаволом, потому что Бог был с Ним".

Слово "обладаемых" (или "угнетаемых") соответствует греческому слову *katadunasteuo*, которое состоит из слов *kata* и *dunamis*. Слово *kata* указывает на что-то, что является "доминирующим" или "манипулирующим". Слово *dunamis* имеет отношение к "взрывной силе".

Мы находимся в состоянии, подавленности, когда является злая сила, чтобы "доминировать и манипулировать". Этот термин использовался для изображения злого тирана или жестокого царя, который насильственно навязывал своим подчиненным свою волю. Он говорит, что им следует есть, где жить и сколько они могут зарабатывать. Он навязывает им свою волю, не считаясь с их желаниями.

Поэтому когда человек находится в подавленном состоянии, это свидетельствует о том, что его разум и его эмоции управляются какой-то внешней силой. Враг, подобно злому тирану, приходит, чтобы угнетать человека, указывая ему, каким будет его будущее, какого он должен быть о себе мнения и есть ли у него надежда на улучшение.

Когда мы допускаем, чтобы в нашем разуме оставалась твердыня, это в конце концов приводит к серьезному состоянию подавленности. И если это состояние укореняется, оно рождает безнадежность.

Спасение защищает ваш разум

Когда спасение тесно обхватывает ваш мозг - когда оно на вас "хорошо сидит", - эта дьявольская стратегия, направленная на то, чтобы пленить вас, не может сработать! Именно поэтому спасение здесь представляется как оружие защиты. Это оружие защищает ваш разум от атак.

Если спасение прочно обхватывает ваш разум, вы никогда не станете жертвой подобной тактики. Ваш разум будет в безопасности. Вы будете полностью защищены.

Дьявол знает, что если он собирается атаковать вас, ему необходимо начинать с вашего сознания, которое является стратегическим контрольным центром всего вашего существа. 'Если враг может найти точку опоры в вашем разуме, то он может найти опору и в вашем теле. Если вы не позволяете ему распоряжаться вашим разумом, он не имеет права распоряжаться и вашим телом, и вашей семьей, и вашими финансами. Важно, чтобы вашим разумом не управлял никто другой, кроме вас самих!

Ваш мозг дан вам Богом не для того, чтобы вы положили его на верхнюю полку. Бог хочет, чтобы вы пользовались им, так как он представляет чрезвычайную важность.

Именно поэтому в 1-м послании Петра (1:13) нам повелевается "препоясать чресла ума" нашего. Бог говорит: "Подбери растрепанные концы своего ума и приведи его в нужное состояние".

Если дьяволу удастся эмоционально подавить вас, вы не сможете выдержать "долгой гонки" жизни. Если дьявол посеет в вашем разуме семя неверия и вы позволите прорасти ему, в конце концов вы окажетесь в состоянии подавленности. Ваш разум играет очень важную роль, и Бог не оставил его беззащитным; Бог дал нам шлем и назвал этот прекрасный, изящный, изысканный, богато украшенный предмет "спасением".

Ваш "шлем спасения" содержит в себе несколько вещей: вы имеете спасение от греха, спасение от ада, защиту, охрану, исцеление, здравое мышление - разнообразные благословения, данные нам Богом.

Что такое "целомудрие"?

Цель этой главы - показать, что дает нам "шлем спасения". Во 2-м послании Тимофею (1:7) Слово Божье говорит: "Ибо дал нам Бог духа не боязни, но силы и любви и

Что такое "целомудрие"? Другое толкование этого слова - "здравое мышление". Тогда что такое "здравое мышление"? Слову "целомудрие" соответствует греческое слово *sophroneo*. Это составное слово. Первая его часть происходит от слова *sodzo*, которое означает "спасенный или освобожденный". Слово *phroneo* имеет отношение к "разумному мышлению".

Соединив два слова, мы получаем "спасенный или освобожденный ум".

Другими словами, слово *sophroneo* описывает разум, который был освобожден и функционирует правильно. Вы можете сказать, что это образ *"спасенного мозга"!*

Когда ваш разум защищен и обновлен Божьим Словом, вы имеете "спасенные" мысли. Когда ваш разум обновлен, *жить жизнью веры вполне логично*. Когда вы думаете обновленным умом, вы в *послушание Богу приносите десятины и пожертвования, и это вполне логично*.

Павел как бы говорит: "Тимофей, почему ты позволяешь, чтобы страх контролировал твой разум и твои эмоции? Бог не дал тебе дух: страха, но любви и силы, и Он дал тебе освобожденный ум".

Если вы в полной мере убеждены в своем спасении, вы поступаете и говорите как спасенный человек. Если ваш разум обновлен Божьим Словом в вопросах благословений, которые несет в себе спасение, *вы поступаете и говорите как спасенный человек*. Если ваш разум исполнен осознанием Божьей доброты и благости, то *вы думаете как спасенный человек,* потому что спасение обхватывает ваш ум.

Есть люди, которые спасены уже много лет, но не мыслят как спасенные люди. Многие спасенные люди, вместо того чтобы думать о том, что Бог *может* сделать, заняты мыслями о том, чего Бог *не может* сделать. Это происходит, когда спасенные люди не живут в полном осознании своего спасения.

С другой стороны, если верующий размышляет над Божьим Словом и начинает понимать, какое множество благословений содержит в себе его спасение, он думает исключительно о том, что Бог *может* сделать!

Ваше мышление меняется, если вы носите свой "шлем спасения".

Почему это так важно? Потому что тогда, когда вы начинаете свой путь веры - когда вы стремитесь к осуществлению невозможного, - враг попытается атаковать вас умственно и эмоционально, чтобы остановить прогресс в вашей жизни.

Дьявол, возможно, говорит к вашему разуму: "Ты на это не способен! Ты не сможешь сделать это! Да и смысла в этом никакого нет! Разве ты не знаешь, что ты еще не выплатил кредит за автомобиль? Что об этом подумают твоя семья и твои друзья?"

Он может попытаться проложить себе дорогу в ваш разум, начать играть с вами в умственные игры и затем ввести вас в полное заблуждение. Поэтому не полагайтесь на удачу и сделайте все необходимое, чтобы возрастать в осознании своего спасения. Охраняйте свой разум Божьим Словом и носите свой "шлем спасения", наполняя свой ум Божьим Словом.

Когда вы носите свой "шлем спасения", вы думаете так, как думает Бог, вы рассуждаете так, как рассуждает Бог, вы верите так, как верит Бог, и вы поступаете так, как поступает Бог!

В Послании римлянам (8:6) Павел говорит: "Помышления плотские суть *смерть*...".

В Послании Титу Павел заявляет это вновь, когда говорит: "... для оскверненных и неверных нет ничего чистого, но *осквернены* и ум их и совесть".

Хотя эти стихи имеют отношение к разуму потерянного человека, существует множество верующих, которые по-прежнему живут под контролем естественного, плотского разума.

Если вы снимаете свой шлем спасения, не осознавая свое спасение, то независимо от того, сколько лет назад вы родились свыше, ваш ум станет загрязненным и оскверненным.

Не следует недооценивать то, как важно наполнять ваш разум истинным пониманием своего спасения. Спасение является могущественным оружием. Если оно правильно действует в вашей жизни, оно будет защищать ваш разум от атак!

Если же вы снимаете свой "шлем спасения", дьявол будет наносить удары по вашему разуму и вашим эмоциям, бросать вас туда-сюда, и вы станете похожим на человека, который страдает от раздвоения личности - одновременно веря Богу и сомневаясь в Нем.

Пренебрегая своим "шлемом спасения", вас может постигнуть "духовное уродство". Хотите быть духовным уродом? Если нет, то водрузите на свой ум "шлем спасения"!

Что означает слово "спасение"?

Теперь давайте рассмотрим слово "спасение". В буквальном смысле оно означает "спасен или освобожден", а в самом широком смысле - "принесен в безопасное место". Оно соответствует греческому слову *soteios*, которое можно перевести как "быть спасенным, быть избавленным от опасности, быть принесенным в безопасное место".

Вы видите, что когда человек является "спасенным", он "избавлен от опасности и принесен в безопасное место". Знание вести Евангелия освобождает ваш разум!

Когда человек спасен, он избавлен от опасности. Быть неспасенным - значит подвергать себя риску, так как в таком положении любой человек находится под властью сатаны. Но когда человек спасен, он уходит из опасного места и находит убежище.

То, что Павел смотрел на спасение как на шлем, покрывающий разум, очень правильно, так как Бог спасает вас не только духовно - *Бог спасает вас и умственно.*

Измененный разум

До спасения вы были одним из рабов на сатанинском рынке рабов, и ваш разум по привычке мыслил так же, как весь остальной мир (более подробно о сатанинском рынке рабов читайте в третьей главе). Библия говорит, что по природе все мы были 'чадами гнева" (Ефесянам, 2:3). Слово "гнев" означает, что наша жизнь была далека от Божьего стандарта. В каком же жутком положении мы находились!

Дьявол сделал с нами невероятные вещи. Он оставил метки и рубцы в разуме и чувствах тех, кто раньше находился под его контролем.

Теперь, когда вы "избавлены от власти тьмы и введены в Царство возлюбленного Сына" (Колоссянам, 1:13), вы должны позволить Божьей силе действовать в вашем разуме, чтобы обновить его и вернуть способность мыслить правильно (*спасенное мышление*).

Бог хочет, чтобы ни одна часть вашего ума не мыслила так, как мыслит мир, так, как вы думали прежде. Бог желает, чтобы ни одна клетка вашего мозга не содержала неверие - это не воля Божья. Бог предназначил, чтобы каждую клетку вашего разума занимало Новое Рождение. Бог предопределил, чтобы наш разум мыслил под контролем Святого Духа.

Вы, возможно, спросите: "Как добиться того, чтобы мой ум был в таком состоянии?" Во-первых, найдите контакт с силой Бога. Это является предпосылкой к тому, чтобы ходить в духовном всеоружии. В Послании ефесянам (6:10) говорится: "...укрепляйтесь Господом...". Когда эта сила приходит к вам, она одевает вас в духовное всеоружие.

Есть еще и второе, что вы должны сделать. В Послании ефесянам (6:17) Павел говорит: "И шлем спасения *возьмите*...". Слову "возьмите" соответствует греческое слово, которое в Новом завете сорок раз переведено как "примите". Таким образом, лучше было бы эту фразу перевести так: "И шлем спасения *примите*...".

Бог не будет насильно навязывать вам обновленный разум; вы должны *принять* этот "шлем спасения". Это означает, что в спасении своего разума вы сами играете не последнюю роль.

В чем же заключается эта роль? Вы *надеваете* спасение. Вы надеваете этот "шлем спасения" посредством изучения того, что Библия говорит о спасении. Узнайте о своем спасении все до мельчайших подробностей. Узнайте, что говорит Библия об искупительной работе Иисуса, благодаря которой вы освобождены, исцелены, защищены и обладаете здравым мышлением.

Пусть осознание вашего спасения оберегает ваш разум. Это изменит вас. Вы уже не будете ходить вечно больным. Вы уже не будете мыслить и жить, как бедняк. Вы уже не будете жить, как потерпевший поражение человек, потому что ваш разум будет исполнен осознания своего спасения, и *это новое знание начнет изменять ваше поведение и ваши переживания.*

Дьявол хочет украсть у вас все благословения, которые приготовил для вас Бог. Он намерен полностью обокрасть вас, поэтому думайте постоянно о том, что Бог сделал для вас. Пусть осознание вашего спасения станет для вас прекрасным бронзовым шлемом, который будет защищать ваш разум от ударов боевого топора врага.

Если вы позволите Божьему Слову так сильно действовать в вашем разуме, он будет обновлен. Вы обретете уверенность в своем спасении и тех благословениях, которые оно несет в себе, - спасение станет для вас *реальным* - и ваш разум обретет спокойствие; будет уже невозможно проникнуть в него, посеять в нем сомнения и неверие.

Нестабильные области вашего разума, которые враг регулярно атаковал, уже не будут подвергаться этим атакам! Ваша душа - *ваш разум и ваши чувства* - защищена "шлемом спасения".

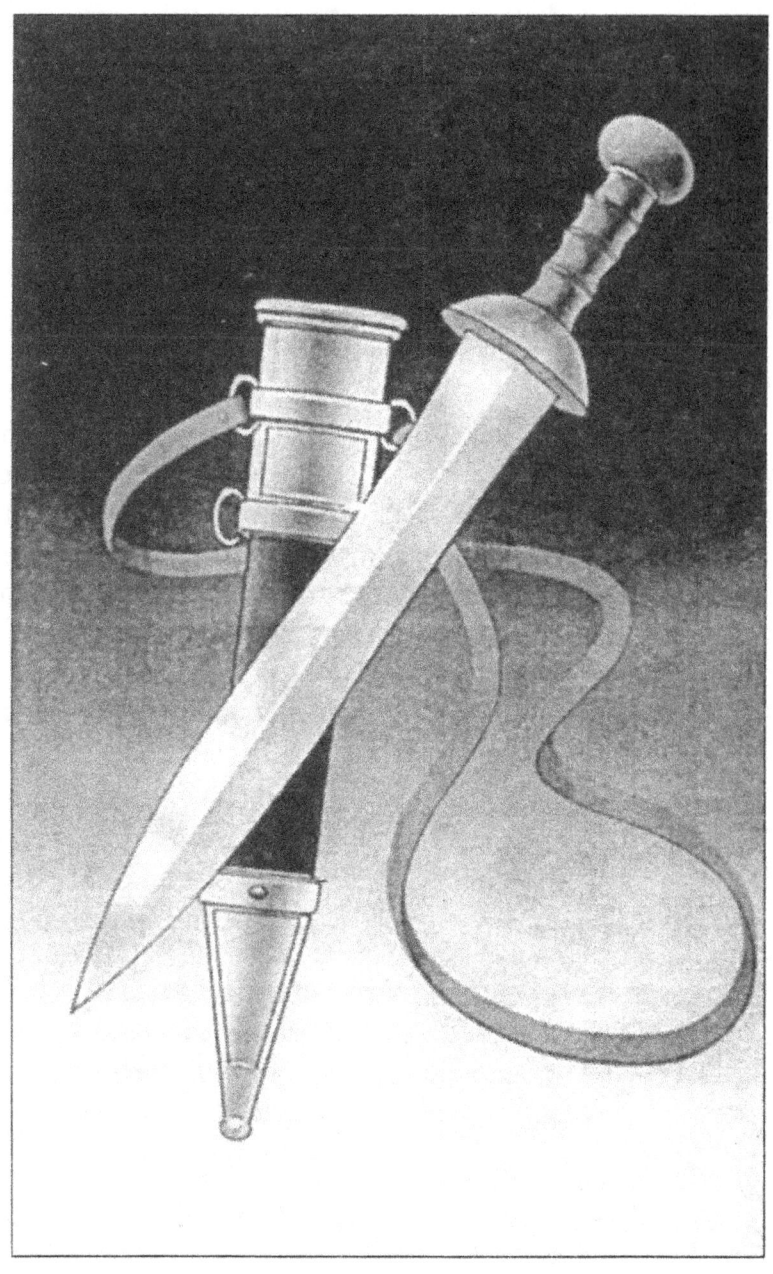

Обоюдоострый меч machaira и ножны
римского воина первого столетия.

Глава пятнадцатая

Меч духовный

Духовные сражения во всем похожи на естественные сражения. Народы ведут войны не постоянно; они сражаются лишь тогда, когда возникает какая-то проблема. А потом их войска возвращаются домой, чтобы наслаждаться миром и отдыхом, и не принимают участия в боях до тех пор, пока не возникнет в этом необходимость.

Целью этой книги не является попытка заставить вас специально искать дьявола; она предназначена для того, чтобы подготовить вас к борьбе, когда придет время сражения.

Сражаться *придется,* но это не будет каждый день. Бог дал нам всеоружие, чтобы когда придется сражаться, вы были подготовлены к тому, чтобы сохранить позицию победителя по отношению к сатане.

В этой главе мы будем рассматривать одно из самых сильных орудий нападения, которое Бог дал Телу Христову, - "меч духовный"! В Послании ефесянам (6:17) говорится: "И шлем спасения возьмите, и меч духовный, который есть слово Божие".

Мечи римского солдата

Из пяти видов мечей, которые римский солдат использовал в сражении с врагом, Святой Дух в качестве иллюстрации избрал один. Но вначале давайте рассмотрим каждый из них в отдельности.

Первый меч римского солдата назывался мечом *gladius*. Это был чрезвычайно тяжелый, широкий меч с очень длинным лезвием. Из всех мечей *gladius* был самым красивым; однако из-за его веса он был самым громоздким и неудобным для пользования.

Этот меч был настолько массивным, что солдат должен был держать его двумя руками. Чтобы размахивать этим мощным, тяжелым оружием, надо было вкладывать всю силу.

Более того, этот меч был острым только с одной стороны. Другая его сторона была тупой. После тяжелого поражения, которое они потерпели от рук карфагенцев, римляне отказались использовать эти громоздкие мечи. Они стали применять другие, меньшие по размеру и похожие на те, с помощью которых карфагенцам удалось разбить их.

Второй меч был короче и уже - примерно 40 см в длину и 6 см в ширину; значит легче того меча, которым пользовались раньше. Этот новый вариант боевого меча быстро завоевал широкую популярность в римской империи, потому что он был намного удобнее в применении.

Третий меч, который использовался в римской армии, был еще короче, чем второй. Он был настолько коротким, что больше походил на кинжал, чем на меч. Солдат носил его вдетым в маленькие ножны, спрятанные под верхней одеждой; с помощью его наносились смертельные удары прямо в сердце противника.

Четвертый меч римского солдата был длинным и очень тонким. Изначально он использовался кавалерией, в то время как более тяжелые, и потому прочные, мечи применялись пехотой. Этот длинный тонкий меч использовался также в виде спорта, напоминающем современное фехтование. Ни один солдат не пошел бы с этим мечом на сражение; в бою такой меч не принес бы успеха.

Пятый меч был тем мечом, который подразумевал Павел, когда писал о духовном всеоружии в 6-й главе Послания ефесянам. Он говорил: "*... и меч духовный, который есть слово Божие*".

Слово, которое здесь используется для описания меча, соответствует греческому слову *machaira*. Это жестокое орудие убийства - примерно 48 см длиной - было острым, как бритва, с обеих сторон. Поэтому он был опаснее любого другого меча. Самый кончик меча был загнут кверху, из-за чего меч становился чрезвычайно опасным и смертоносным.

Рана, нанесенная этим обоюдоострым лезвием, была намного опаснее всех ран, которые могли нанести другие мечи.

Прежде чем вынуть свой меч из живота врага, римский солдат, твердо держа меч обеими руками, делал резкий поворот и потом вместе с мечом вытаскивал и все внутренности пораженного противника.

Этот меч был опаснее всех имевшихся в распоряжении римлян мечей. В то время как и другие мечи были смертоносными, *одна мысль об этом мече вселяла ужас*! Он был предназначен не только для того, чтобы убивать, но и чтобы полностью раздирать внутренности врага: это было *орудие убийства*!

Что такое *rhema*?

В Послании ефесянам (6:17) Павел использует слово *machaira,* чтобы описать наш "меч духовный". Этим он провозглашает, что Бог дал Церкви оружие, которое является таким же смертельным, как этот меч! Бог дал нам оружие, которое обладает способностью разорвать нашего врага на мелкие клочья. *Это оружие называется "мечом духовным".*

Далее Павел дает больше информации об этом мече. Он говорит: "...меч духовный, *который есть слово Божие".* Павел утверждает, что *Божье Слово* является этим мечом.

"Слово" соответствует греческому *rhema*, которое является одним из самых известных греческих слов, использованных в Новом завете. Оно описывает что-то, о чем "говорится очень ясно, четко, ярко, словами, которые нельзя отрицать".

В Новом завете слово *rhema* несет идею "ожившего для понимания слова", например, в таком словосочетании, как "слово от Господа", которое Святой Дух сверхъестественно вкладывает в сознание верующего, делая его при этом живым и способным наделить особой силой!

Rhema настолько действенно, что когда Святой Дух сверхъестественно оживляет слово или библейский стих в сердце и сознании верующего, он знает, *знает на самом деле,* что слышит от Господа! И у него не остается никаких сомнений!

Иисус говорит об этом действии Святого Духа в Евангелии от Иоанна (14:26): "Утешитель же, Дух Святый, Которого пошлет Отец во имя Мое, научит вас всему *и напомнит вам все, что Я говорил вам".*

Когда Святой Дух вкладывает "слово" в наше сердце или когда Он напоминает нам библейское обетование, это слово, этот стих или обетование наполняют вас верой! Он говорит к нам очень *явно, недвусмысленно, четко и определенно.*

Поэтому[7] можно сказать, что *rhema* - это особое слово, которое Святой Дух оживляет в нашем сердце и разуме в определенное время и с определенной целью.

Итак, когда Павел говорит: "...меч духовный, *который есть слово Божие"*, он ведет речь о способности Святого Духа в момент нужды сделать "слово" живым и ярким для нас.

Один толкователь так перевел эту фразу: *"...меч, который вручает Дух, когда передает особое слово от Бога".* Такое слово от Господа наделяет вас "силой меча" в духовном мире.

Меч и пояс

Как и все остальные части всеоружия, которое Бог дал нам, *меч и пояс неотделимы друг от друга.*

Подобно тому, как щит помещался на крючке по правую сторону пояса, меч висел на другом крючке по левую сторону пояса. Пояс одинаково служил опорой для щита и для меча.

Как мы уже видели ранее, пояс олицетворяет написанное Божье Слово, Библию. Написанное Божье Слово является основным источником для слова *rhema* от Бога. Истинное *rhema* - слово или стих, которые оживлены Святым Духом в вашем сердце в особый час с особой целью, - обладает такой силой и мощью, что его можно сравнить со сверхъестественным мечом, который вложил вам в руки Сам Бог.

Этот меч в вашей руке является сильным оружием для отражения атак сатаны. Слово *rhema* дается Святым Духом, и Им оно наделено сверхъестественной силой, благодаря которой мы можем противостоять умственным, эмоциональным, духовным и физическим атакам противника.

"Меч духовный" - это и есть слово, которое дает Дух! Это особое "живое слово". Оно является ответом Святого Духа на попытки дьявола проникнуть в разум со своими голословными заявлениями и своей ложью!

Получали ли вы когда-нибудь "меч духовный"? Бывало ли с вами такое, что, оказавшись в опасной ситуации, вы вдруг чувствовали, как Святой Дух оживляет в вашем уме какой-то стих? Вместе с другими этот стих хранился в вашем хранилище, которое наполнялось во время изучения Писания, размышлений и молитв.

Бывало ли с вами так, что один стих из Библии, возникший вроде бы ниоткуда, прямо в нужный момент приходил вам на ум, наделяя вас силой? Вы даже и не думали об этом стихе. Тем не менее он внезапно возник в вашем уме. И именно в тот момент, когда он пришел вам на ум, вы осознали, что все уладится.

Стих, который сходит со страниц Библии в ваше сердце, несет в себе особую меру силы! Можно сказать, что сам Бог *только для вас* произносит слово, изменяющее жизнь.

Можно также сказать, что написанное Слово, Библия, подобно мечу *gladius* римского воина: оно "широкое и очень тяжелое". Это огромное лезвие способно полностью смести врага. Время от времени, однако, нам необходимо особое слово - обоюдоострый меч - *rhema*, - чтобы нанести врагу уничтожающий укол!

Мы должны заколоть врага! Для этого необходимо *rhema*, или "особое живое слово" из Писания, которое Святой Дух поместил в ваше сердце. Со словом *rhema* от Бога в вашем сердце и в вашей руке вы действительно обладаете *"силой меча"*!

Вегеций, римский историк, живший в четвертом веке н. э., писал: "...Даже очень мощный удар, нанесенный лезвием меча, редко убивал, потому что самые важные части тела были защищены ребрами и броней. *А укол, при котором меч входит в тело хотя бы на пять сантиметров, почти всегда приводит к смерти*" (более подробно о том, как историк Вегеций описывает римских солдат, читайте в 6-й главе книги "ЖИЗНЬ В ЗОНЕ СРАЖЕНИЯ").

Смертельным для противника был не удар лезвием, а укол. Вегеций говорит, что укола, при котором меч входит в тело хотя бы на пять сантиметров, достаточно, чтобы убить врага.

Многие люди придерживаются ложного мнения о том, что Бог сможет использовать их или говорить к ним, только когда они выучат наизусть всю Библию. И хотя запоминание стихов из Писания очень полезно и мы должны стремиться к тому, чтобы запомнить их как можно больше, необязательно знать всю Библию, чтобы иметь в своем распоряжении "меч духовный".

Пожалуйста, запомните: чтобы взять в руки "меч духовный", необязательно получить пророчество длиной в десять страниц. За годы моего служения ко мне приходило множество людей, чтобы передать так называемое "слово от Господа".

Я никогда не забуду человека, который написал мне и попросил оценить одно пророчество, адресованное ему.

Я увидел, что это "слово" было написано примерно на двадцати страницах. Это было очень длинное "слово", и я задумался над тем, как может кто-то поверить, что это действительно есть истинное слово от Божьего Духа.

Не думайте, что действенность *rhema* - особого "слова от Господа" - определяется количеством страниц. Я встречал многих людей, которые истратили кучу бумаги, записывая пророчества и "слова" от Господа относительно их служения, их бизнеса или семьи. Большинство их было настолько сложным для восприятия, что эти люди не смогли бы выполнить их, даже если бы попытались. Обычно даже содержание этих "слов" не было понятным!

Конечно, Святой Дух может проговорить очень длинное слово относительно нашей жизни, но это будет *исключением* из правил, а не *правилом*. Изучая историю, мы обнаруживаем, что большинство великих мужей и жен Божьих оставили заметный след на ее страницах, исполняя *незамысловатое, простое слово от Бога*.

Ной получил относительно короткое послание от Бога, которое спасло его и его семью от гибели (Бытие, 6:13-7:4). Принимая во внимание последствия, к которым привели послушание Ноя и потоп в целом, это слово Господа к нему действительно кажется очень коротким и простым.

Точно так же, когда Бог призвал Авраама покинуть Месопотамию и начать свой путь веры, слово наставления от Господа для него было длиной лишь в три стиха и потребовало не больше семидесяти пяти слов (Бытие, 12:1-3). Такое чрезвычайно короткое слово от Бога привело к появлению иудейской нации и в конечном счете к жизни веры, которой теперь наслаждаемся мы все.

Иосиф получил слово от Бога относительно его жизни в виде двух снов. Через эти два коротких сна Святой Дух живо проговорил к Иосифу и раскрыл ему его будущее (Бытие, 37:6-9). Благодаря этим встречам с Богом Иосиф смог позаботиться о своей семье и о народе Израиля в целом.

Когда Моисей пас овец на горе Хорив, ангел Господень показался ему в огненном кусте, недвусмысленно говоря, что он избран Богом вывести народ Израиля из египетского плена (Исход, 3-4). Повиновение этому довольно короткому слову от Господа положило конец рабству Израиля, и Моисей стал одним из величайших пророков всех времен.

Мария, мать Господа Иисуса Христа, получила слово от Господа, которое и сегодня продолжает творить чудеса в мире. Ангел Гавриил принес Марии очень короткое и вместе с тем изменяющее жизнь слово. *Это самое важное слово от Господа заняло всего лишь восемь стихов* (Луки, 2:28-33,35-37). Так как сердце Марии было открыто для этого слова от Бога, Бог выбрал ее, чтобы она дала рождение Господу Иисусу Христу.

Особые послания от Господа оказали сильное влияние на служение апостола Павла. Божье слово было сказано ему в момент его рождения свыше, которое описывается в книге "Деяния апостолов" (9:4-6). Далее особое слово от Господа, касающееся спасения Павла, было дано Анании (Деяния, 9:10-16). Другое слово было дано ему Святым Духом перед тем, как он начал свое служение проповедника. В книге "Деяния апостолов" (21:11) говорится, что слово от Господа было дано ему с целью подготовить его к гонениям, которые предстояли ему в Иерусалиме. Точно так же он получил слово от Святого Духа, как описано в книге "Деяния апостолов" (23:11), относительно его служения в Риме.

Этой книги было бы недостаточно, чтобы перечислить всех наших современников, которые получили незамысловатое, краткое слово от Святого Духа и повиновались ему. Своим повиновением простому слову мужи и жены Божьи изменили историю. Благодаря тем, кто были послушны таким коротким повелениям от Бога, мы сегодня можем наслаждаться многими духовными благословениями.

Все без исключения эти исторические личности получили весть от Господа, которая была понятной и исключительно конкретной. Эти "особые, яркие, неопровержимые слова" от Бога изменили историю человечества!

Можно сказать, что эти мужи и жены, получив слово от Бога относительно цели их жизни, нанесли смертельный укол царству тьмы. Так как эти слова от Господа были короткими и "били в самую точку", они причиняли огромный урон царству тьмы.

Помните, укола меча, проникающего в тело противника хотя бы на пять сантиметров, было достаточно, чтобы смертельно ранить его. Когда Святой Дух вкладывает меч - слово *rhema* вам в руки, оно наверняка будет коротким, сжатым и выразительным. Господь знает, что для большинства из нас длинное слово было бы только причиной смятения. Поэтому Он говорит ясно, живо, четко, конкретно и понятно.

В большинстве случаев *rhema,* в котором вы отчаянно нуждаетесь, будет исходить из Библии. Святой Дух заставит один из стихов сверхъестественно "сойти" прямо со страниц написанного Слова. Попав в ваше сердце, это слово начнет высвобождать большую силу.

Rhema - свежее слово от Святого Духа - вкладывает вам в руки мощное лезвие, которое способно смертельно ранить дело дьявола в вашей жизни.

Что такое "меч обоюдоострый"?

Обоюдоострый меч - "меч духовный", - о котором упоминает Павел в Послании ефесянам (6:17), можно увидеть и во многих других стихах Нового завета!

Когда апостол Иоанн получил видение Иисуса на острове Патмос, он сказал: "Он держал в деснице Своей семь звезд, *и из уст Его выходил острый с обеих сторон меч...*" (Откровение, 1:16).

Обоюдоострый меч выходит из уст Иисуса!

Слово "обоюдоострый" соответствует греческому слову *distomos,* который несомненно является одним из самых необычных слов Нового завета!

В чем же заключается необычность слова "обоюдоострый"? Оно состоит из греческих слов *di,* которое означает "два", и *stomos,* которое означает "рот". Таким образом, соединив эти два слова, получаем слово *distomos,* которое описывает что-то "с двумя ртами".

Поэтому "обоюдоострый меч" на самом деле оказывается "двуротым" мечом. Теперь этот отрывок можно перевести так: *"...и Его выходил острый меч с двумя ртами".* Иоанн говорит нам, что у этого меча было *"два рта"*!

Похожее утверждение можно найти в книге "Откровение" (2:12), где говорится: "И Ангелу Пергамской церкви напиши: так говорит имеющий острый с обеих сторон меч".

Фраза "с обеих сторон" соответствует тому же греческому слову *distomos.* Как говорилось раньше, это слово точнее было бы перевести как "два рта". Тогда отрывок из книги "Откровение" (2:12) звучал бы так: *"...имеющий острый меч с двумя ртами".*

Точно такую же фразу можно найти в Послании евреям (4:12) - в стихе, который является ключевым для темы этой главы о "мече духовном". Автор Послания евреям говорит: "Ибо слово Божие живо и действенно и острее всякого меча *(machaira* - то же слово, которое Павел использует в Послании ефесянам (6:17), описывая "меч духовный") обоюдоострого *(distomos)...*".

Почему Слово Божье неоднократно называется "обоюдоострым мечом"? Или, если быть точным, почему в греческом оригинале Божье Слово называется "мечом с двумя ртами" ил и "двуротым мечом"? Какое различие существует между "двуротым мечом" и "обоюдоострым мечом"?

Вспомните, что раньше римляне пользовались очень большим мечом, у которого острым была только одна сторона. Другая был тупой. Чтобы эффективно использовать этот меч в бою, необходимо было умело размахивать им, будучи уверенным в том, что удар по противнику наносится правильной стороной.

Если бы вы ударили врага тупой стороной меча, вы, конечно же, оставили бы синяк, но не убили бы его. Следовательно, этот меч не был достаточно эффективным в бою.

Смертоносное лезвие меча *machaira* в свою очередь, было острым с обеих сторон. Оно делало более глубокие надрезы и наносило более глубокие раны, чем меч *gladius*. Его острие было очень хорошо заточенным; поэтому когда солдат поворачивал воткнутый в живот противника меч и потом вытаскивал его, то вместе с мечом вываливались наружу и все внутренности пораженного.

Этот смертоносный обоюдоострый меч всегда оставлял врага лежащим на земле в луже собственной крови. Если солдат использовал его правильно, то он мог быть уверен в том, что враг никогда уже его не потревожит!

Теперь Святой Дух говорит нам, что Божье Слово действует точно так же! Оно подобно мечу, острому с обеих сторон, наносящему огромный ущерб врагу.

Одна острая сторона меча появилась на свет, когда Божье Слово изначально прозвучало *из уст Бога*. Вторая сторона добавляется тогда, когда Божье Слово исходит *из наших* уст! Именно поэтому в оригинале Божье Слово называется "*двуротым мечом*".

Когда Бог впервые произносил Свое Слово и вдохновил людей записать его, оно было *мечом острым с одной стороны - оно исходило только из одних уст!* Да, это было Божье Слово, и да, это был меч - мощный меч! Однако в то время оно вышло еще только из одних уст, Божьих уст, и поэтому оно было *одноротым мечом*.

Вы, возможно, скажете, что это . Божье Слово было подобно мечу *gladius*, острому с одной стороны и тупому с другой. Однако, когда вы сознательно приняли это Слово в свой дух и начали размышлять над ним, предоставляя ему главное место в своей жизни, вы сделали первый необходимый шаг к тому, чтобы Божье Слово обрело и вторую острую сторону.

И теперь, когда демонический мир бросает вам вызов, Святой Дух может проникнуть в ваше хранилище Божьего Слова; Он может взять оттуда, из вашего внутреннего человека, какой-то стих или какое-то библейское обетование! Когда эти стихи, которые Святой Дух извлекает из вашего духа, начинают наполнять ваш разум и выходят из ваших уст, они становятся мечом обоюдоострым!

Сначала это могущественное Слово, выйдя из уст Бога, обрело один острый край. Затем оно поднялось из вашего духа, вошло в ваше сознание и вышло из ваших уст. Когда это Слово сходит с ваших уст, к нему добавляется второй острый край. Божьи уста дали мечу одно, а ваши уста - другое острие!

Размышления и исповедание

Надеюсь, что вы из этого поняли, как важно размышлять над Божьим Словом и как жизненно важно исповедовать его своими устами!

Когда вы размышляете над Божьим Словом, вы даете ему возможность совершать в вас удивительную работу! В Послании евреям (4:12) говорится: "Ибо слово Божие живо и действенно и острее всякого меча обоюдоострого: оно проникает до разделения души и духа, составов и мозгов, и судит помышления и намерения сердечные".

Начиная действовать внутри вас, Слово Божье пробивается сквозь наслоения грязи в вашем разуме и эмоциях и направляется прямо к источнику проблемы.

Другими словами, оно "проникает до разделения души и духа, составов и мозгов, и судит помышления и намерения сердечные".

Образно говоря, *у Божьего Снова есть глаза!* Оно видит то, что скрыто для людских глаз, оно знает то, что неизвестно людям, и, однажды принятое в сердце, оно немедленно начинает действовать с целью обновления тех сфер нашей души, на которые оказали свое влияние какие-то заблуждения или ложные идеи.

Именно поэтому автор Послания евреям далее говорит: "И нет твари, сокровенной от Него, но все обнажено и открыто пред очами Его: Ему дадим ответ" (Евреям, 4:13).

Размышляя над Божьим Словом, мы позволяем ему производить в нас работу "разделения" и "выявления". Игнорируя Божье Слово, мы оказываемся в положении, когда наше неправильное мышление, которое является наследием нашего прошлого, будет продолжать властвовать над нами.

Однако, когда мы сознательно впускаем Божье Слово в свою жизнь и даем ему возможность осуществлять в нас свою сверхъестественную работу, *это Слово, как божественное лезвие, проникает прямо в суть наших проблем* - оно делает то, что не под силу сделать ни супругу, ни другу, ни пастору, ни учителю, ни психологу, ни психиатру.

Мы внутренне изменяемся вследствие необычного действия Слова в нас! Более того, позволяя Божьему Слову действовать в своей жизни, мы *исполняемся веры*. Почему? Потому что "вера от слышания, а слышание от слова Божия" (Римлянам, 10:17).

Как только Слово пустило в вас корни и своей силой изменило ваш разум и ваши эмоции, вы можете произносить Божье Слово из глубины вашего существа! И, наконец, ваш обновленный ум будет содействовать вашей вере, и у вас не будет ни малейших сомнений, когда вы будете произносить Слово Божье!

Часто люди исповедуют Божье Слово, но это не приносит никаких результатов. Это происходит потому, что они исповедуют Слово прежде, чем оно совершило свою изменяющую жизнь работу лично в них самих! Они спешат подражать исповеданию или поступку другого верующего. Так как это Слово еще не стало доя них личным откровением, оно не дает длительных результатов.

Не следуют недооценивать важности изучения Божьего Слова, размышлений и молитвы над ним. Эта жизненно важная работа изучения, размышлений и молитв делает Слово частью вашего внутреннего человека.

Когда истина Божьего Слова обретает свое место в вашей душе, начиная при этом внутренне изменять вас своей силой, вы готовы исповедовать Слово Божье так, чтобы оно высвобождало удивительную духовную силу. Такое исповедание - это как обоюдоострый меч, поднятый перед лицом врага!

В тех случаях, когда Святой Дух проникает в хранилище писаний внутри вас и оживляет в вашей памяти один из стихов - *когда Он дает его вам в руки подобно могущественному мечу,* - оно звучит прямо из вашего внутреннего человека и слетает с ваших уст, минул разули! *В момент прохождения сквозь ваши уста он чудесно подумает второе смертельно опасное острие!* В тот самый момент Слово становится "мечом обоюдоострым" - "двуротым мечом".

Некоторые говорят так: "Я храню Слово глубоко в моем духе. И мне не нужно исповедовать Божье Слово. Я буду хранить его при себе".

Если вы откажетесь от исповедания, вы никогда не обретете желанной победы. Совершенно необходимо размышлять над Словом, потому что так обновляется разум. Вы должны вкладывать в ваш разум как можно больше Слова. Слово сделает вас внутренне богатым!

Однако если вы остановитесь на этом, то ваш меч останется с одним острием, потому что Слово будет сказано только Богом и не сказано вами (второй рот).

Скажу еще раз: это Слово будет работать *лично* в вас, но оно никогда не высвободит всю свою силу, если не выйдет из ваших уст (второй рот), обретая таким образом *второе опасное*

Бог вкладывает Слово в ваш дух, и когда затем оно исходит из вашего духа и вы произносите его, вы получаете меч, острый с обеих сторон. В этом могущество меча. Слово имело возможность произвести в вас веру, и это значит, что при исповедании Слово будет *действенным!*

Интересно заметить, что согласно одному описанию Иисуса, который Сам *является* Слово Божьим, из Его уст выходит меч. Обратите внимание, что меч не находится в Его руке; меч выходит из Его уст!

Как можно слышать от Бога

Меч римского воина находился в прекрасных ножнах, которые висели на поясе и были сделаны либо из кожи, либо из особо обработанного металла. Меч держался на одном только поясе солдата.

Точно так же слово *rhema,* в котором вы нуждаетесь сегодня, полностью зависит от присутствия написанного Божьего Слова, Библии, в вашей жизни. Другими словами, *rhema* от Бога вы получите только благодаря тому, что имеете в своем распоряжении написанное Слово.

Есть люди, которые выходят из дома, садятся на камень и ждут, когда к ним проговорит Бог. Некоторые там продолжают сидеть уже в течение многих лет, задаваясь вопросом, почему они никогда ничего не слышали от Бога!

Бог говорит через Свое Слово! "Меч духовный" висит на поясе! И если вы хотите получить 'меч духовный", углубитесь в Слово. Пока Слово не укоренится в вас, "меч духовный" будет вам недоступен. И позвольте мне повториться, чтобы выделить важность этой мысли: *меч и пояс неразделимы.*

Если вы читаете Слово и размышляете над ним - т. е. вы надели свой пояс истины, - то не имеет значения, с какой именно проблемой вы столкнулись; в нужное время Дух Божий вложит вам в руки то слово, которое вам необходимо!

Это слово *rhema* придет из того хранилища Слова, которое вы наполняли, изучая Слово, размышляя и молясь над ним. После того как вы работали над Словом и позволили ему стать частью вашего существа, Святой Дух выберет стих, который можно будет употребить в качестве меча в сражении с врагом.

Если вы будете лишь сидеть на камне в ожидании мистического "речения" от Бога, то у вас не будет слова *rhema* от Бога, у вас не будет обоюдоострого меча, у вас не будет лезвия, которое заставляет дьявола бежать прочь!

Псалом 118:130 говорит: "Откровение слов Твоих *просвещает...*". В Книге пророка Исайи (8:20) мы читаем: "Если они не говорят, как это слово, то *нет в них света".*

Эти два стиха недвусмысленно учат тому, что люди, не имеющие Божьего Слова, лишены и света. Если у них нет Божьего Слова, они живут во тьме. Почему? Давид отвечает: *"Откровение слов Твоих просвещает...".*

Когда Божье Слово входит в ваше сердце и ваш разум, оно начинает освещать и направлять вас. Это

Слово поднимается внутри вас как меч. И неважно, как темно вокруг: поднимаясь из вашего духа, Слово будет показывать вам дорогу. И неважно, что дьявол попытается использовать против вас лживые заявления и пустые угрозы; если этот божественный свет Слова действует в вашем духе и вашем разуме, он станет могущественным острием, выходящим из ваших уст, и вовремя даст вам нужные слова и указания, с помощью которых вы сможете отбить атаки дьявола.

Ваша способность знать нужное направление действий и иметь сверхъестественное откровение полностью зависит от того, *сколько Слова* вы имеете внутри себя. Люди, которые выделили *logos*, написанному Слову, центральное место в своей жизни, являются теми людьми, которые часто получают особые слова обращения *rhema* от Господа.

Когда Иисус нуждался в мече

В 4-й главе Евангелия от Матфея мы читаем о том, как Иисус был искушаем в пустыне. В течение сорока дней и ночей Иисусу пришлось выдерживать чрезвычайно интенсивные нападки сатаны.

Так как эти испытания были действительно очень трудными, Господь Иисус Христос нуждался в *rhema*, "мече духовном", с которым Он мог противостоять атакам лукавого.

В Евангелии от Матфея (4:1-3) говорится: "Тогда Иисус возведен был Духом в пустыню, для искушения от диавола, и, постившись сорок дней и сорок ночей, напоследок взалкал. И приступил к Нему искуситель и сказал: если Ты Сын Божий, скажи, чтобы камни сии сделались хлебами".

Иисус столкнулся с врагом точно так же, как мы сталкиваемся с ним каждый день. В этом отрывке из

Писания дьявол говорил Ему: "*Если* Ты действительно Тот, за кого Себя выдаешь, то докажи мне это!"

Как Иисус ответил сатане? В следующем стихе говорится: "Он же сказал ему в ответ: *НАПИСАНО...*". В нужное время Святой Дух в своей силе и могуществе дал Ему в руки стих из Писания! Он поднял писание прямо из духа Иисуса, а Иисус произнес его с великой силой и властью - *как будто нанося удар угрожающим мечом* - и враг не смог устоять!

Почему Святой Дух смог вытащить это меч из внутреннего человека Иисуса? Потому что Господь Иисус Христос до этого проводил много времени, читая Божье Слово, размышляя и молясь над ним! Еще ребенком он постоянно бывал в синагоге, где каждую неделю слышал Божье Слово. Со временем Слово глубоко вошло в душу Иисуса как человека.

И поэтому когда Господь Иисус Христос нуждался в "мече духовном", Святой Дух раскрыл хранилище писаний, которое находилось внутри Него, взял стих и оживит его в памяти Иисуса. Это Слово, проследовав через Его память и выходя из Его уст, стало обоюдоострым, "двуротым" мечом, против которого враг не мог устоять, хотя и пытался!

Обратите внимание на то, что сказал Иисус: "*Написано...*". Какое место Писания цитировал Иисус? Он цитировал книгу "Второзаконие" (8:3) - *стих, который Господь, очевидно, когда-то раньше в Своей жизни решил запомнить!* Это Слово стало частью Его Самого, и когда Ему понадобился обоюдоострый меч, чтобы нанести удар врагу, Божий Дух просто-напросто вывел это Слово на первый план в Его разуме и использовал его.

Заметьте, что еще происходит! Дьявол попытался вовлечь Иисуса в свои "умственные игры" так, как он делает это с нами! Дьявол сказал: "*Если* Ты Сын Божий, бросься вниз...".

Не забудьте, что Иисус только что нанес врагу укол Божьим Словом! Только что Иисус сказал: *"Написано..."*. Как отреагировал дьявол на это действие Божьего Слова? Что он сказал в ответ Иисусу? Дьявол тоже сказал: *"Написано..."*.

Не самая ли это настоящая умственная игра? Дьявол начал цитировать Писание! Он сказал: *"...ибо написано: "Ангелам Своим заповедает о Тебе, и на руках понесут Тебя, да не преткнешься о камень ногою Твоею". Иисус сказал ему: написано также..."* (стихи 6,7).

Иисус должен был основательно знать Божье Слово; иначе Он был бы обманут этой хитростью. Дьявол способен цитировать Библию лучше, чем любой верующий на земле! То, что Иисус знал написанное Слово и сила этого Слова, выявляющая ложь, действовала в Нем, удерживало Его на правильном пути, когда Ему приходилось противостоять искушениям.

Пусть Божье Слово будет в вас - *живое, действенное и сильное*. Оно не может быть только в вашей голове, потому что в таком случае дьявол с легкостью смутит вас и, в конечном счете, одержит над вами победу.

Дьявол знает, как использовать Библию! Он знает, как вложить в вас свое (дьявольское) истолкование Библии. Дьявол - "хороший" учитель Библии! Он расскажет вам все, чего в ней нет, а потом пошлет к вам человека, который, предположительно, "подтвердит с помощью Писания" всю его ложь!

Не дайте себя обмануть! Дьявол способен провозгласить: *"Написано..."*. Он изложит вам Библию в своем истолковании, полном извращений и лжи, чтобы лишить вас благословений Божьих. Поэтому вы должны сделать все, чтобы Божье Слово глубоко укоренилось в вас. Когда оно хранится в глубинах вашего духа и ваш разум обновляется им, вы способны распознать ложь и умственные игры, которые попытается навязать вам дьявол. *Божье Слово ясно выявляет чьи-то недобрые намерения!*

Дьявол пытался и Иисуса вовлечь в свои умственные игры, неправильно цитируя Ему Библию. Иисус, зная, что цитата приведена неверно, сказал: "НЕТ, НАПИСАНО ТАКЖЕ...". Он как бы говорил: "Сатана, слушай, что *на самом деле* говорит Божье Слово...".

Иисус сказал дьяволу: "Написано также: Не искушай Господа Бога твоего". Как мог Иисус процитировать стих из книги "Второзаконие" (6:16)?

Это явно был еще один стих, который Господь выучил наизусть когда-то раньше в Своей жизни. Так как книга "Второзаконие" (6:16) уже находилась внутри Него, Божий Дух мог вытащить ее, как смертельное лезвие!

Рассказ продолжается: "Опять берет Его диавол на весьма высокую гору, и показывает Ему все царства мира и славу их" (стих 8).

В Евангелии от Луки также записан ход этих событий. Однако Лука выражает это следующим образом: "И сказал Ему диавол: Тебе дам власть над всеми сими царствами и славу их, ибо она предана мне, и я, кому хочу, даю ее" (Луки, 4:6).

Вот какое предложение! Дьявол высказал Иисусу самое заманчивое предложение из всех, высказанных на земле! Славу земли и власть над нею - все это сатана получил от Адама. Именно поэтому дьявол сказал, что "она предана мне". Слово "предана" соответствует греческому слову *paradidomi*. Оно описывает акт "передачи чего-то" другому лицу. Своим непослушанием Адам передал землю и власть над нею сатане.

Иисус пришел, чтобы забрать у него контроль над землей и человечеством. Поэтому апостол Иоанн сказал: "Для сего и явился Сын Божий, чтобы разрушить дела диавола" (1 Иоанна, 3:8).

Господь Иисус Христос знал, что на земле Ему предстоит крест. Он знал, что возьмет на Себя грех и болезнь и отдаст Себя в жертву. Стараясь потакать плоти Иисуса, дьявол сказал: "Слушай, Иисус! Ты можешь избежать всего этого и прямо от меня получить всю землю, если Ты просто поклонишься мне. Я отдам Тебе то, за чем Ты пришел, и Тебе *не придется идти на распятие!* Ты все получишь и так! *Тебе не надо будет ложиться в могилу!* Я отдам Тебе все, и *Ты даже не узнаешь, что такое грех!"*

Вот какая умственная игра - такое предложение трудно отвергнуть! Как отреагировал Иисус на искушения сатаны? Иисус сказал: "Отойди от Меня, сатана...".

Что дало Иисусу силу противостоять такому сильному искушению? *Божье Слово!* Иисус сказал: "...написано: "Господу Богу твоему поклоняйся и Ему одному служи"". И на этот раз Иисус ответил дьяволу: *"Написано..."*. В ответ на предложение дьявола Божий Дух вынул еще один смертоносный меч.

Божий Дух черпал из хранилища Слова, находившегося в Иисусе - оживляя это Слово - превращая его в опасный меч, и после этого, как сказано в Библии: "...диавол отошел от Него до времени" (Луки, 4:13).

Надежная гарантия

Когда вы начнете делать духовные шаги, чтобы завоевывать новые территории для Божьего Царства, дьявол будет пытаться остановить вас! Когда вы начнете возрастать в знании Божьего Слова и прогрессировать в духовной жизни, враг будет пытаться замедлить этот процесс! Он хочет, чтобы вы в своей духовной жизни не имели ни малейшего успеха!

Большинство верующих, бездействуя, позволяют дьяволу разбить себя вдребезги. Они забывают, что имеют в распоряжении не только *оружие защиты;* они обладают также *оружием нападения.* Бог дал вам "меч духовный", но вы не сможете воспользоваться им, пока не предпримете нужных шагов к тому, чтобы написанное Божье Слово укоренилось в вашем сердце.

Если вы будете наполнять свое хранилище Словом, то в момент атаки со стороны врага Божий Дух сможет вынуть оттуда необходимый для отражения атаки меч.

Вместо того чтобы терпеть поражение от дьявола каждый раз, когда он наступает со своей ложью и угрозами, вы должны позволить Святому Духу использовать Божье Слово - *как могущественное лезвие меча -* и дать дьяволу отпор.

Поэтому если вы хотите получать "меч духовный" для отражения нападок дьявола на ваш ум, вы должны крепко затянуть на себе "пояс истины". Вы будете иметь "меч духовный" только в том случае, если в вашей жизни будет присутствовать "пояс истины" - Божье Слово!

Помните, меч римского воина древности находился на поясе. Хочу повторить: вы будете иметь "меч духовный" только в том случае, если в вашей жизни будет присутствовать "пояс истины" - Божье Слово.

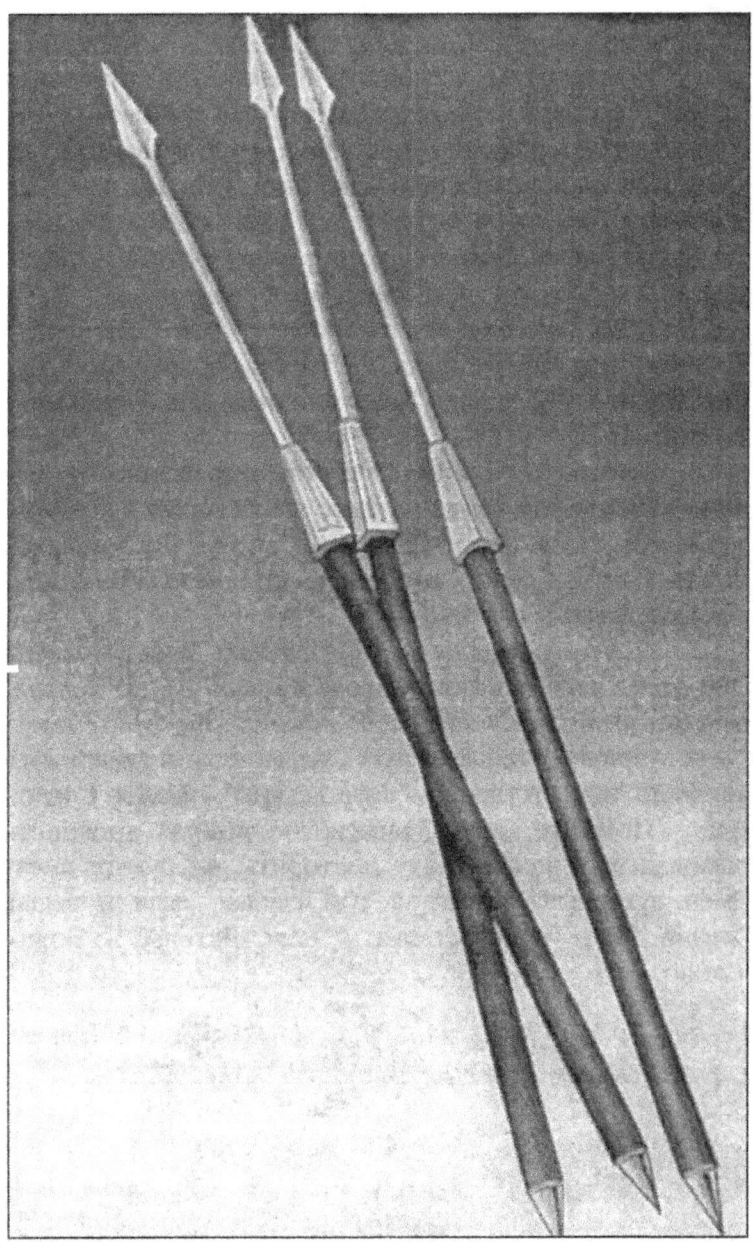

Копья, которые использовал римский воин первого столетия.

Глава шестнадцатая

Копье молитвы и прошения

До этого места мы успели рассмотреть в книге "пояс истины", "броню праведности", "обувь мира", "шлем спасения" и "меч духовный". Теперь мы подошли к последнему предмету[7] всеоружия, которое упоминает Павел в 6-й главе Послания ефесянам.

Павел говорит: "Всякою молитвою и прошением молитесь во всякое время духом, и старайтесь о сем самом со всяким постоянством и молением о всех святых" (Ефесянам, 6:18).

Когда я изучал эти стихи о духовном всеоружии, я был озадачен. Больше всего меня смущало то, что говорили о последнем стихе большинство толкователей и комментаторов. Все они соглашались с тем, что вооружение римского солдата состояло из семи предметов, но в то же время говорили, что список вооружения, составленный Павлом, является неполным, потому что в нем недостает одного оружия - *копья* римского солдата.

Меня озадачило то, что хотя копье действительно не упоминалось, Павел призывал нас: "Облекитесь во всеоружие Божие...". Если копье не являлось частью вооружения, как утверждали многие толкователи Писания, то было бы невозможно надеть *все* оружие Божие, так как копье - это стратегически важная часть вооружения римского солдата.

Стало очевидным, что хотя копье особо и не упоминается, оно все же должно присутствовать в этом отрывке; иначе мы не имели бы всеоружия Божьего. Конечно же, копье было включено Павлом в список духовного вооружения; его можно найти в Послании ефесянам (6:18): "Всякою молитвою и прошением молитесь во всякое время духом...". Я называю это последнее оружие "

Когда верующий владеет "копьем молитвы и прошения", это мощное оружие (молитва) пронзает духовный мир и наносит удар противнику. Запуская с расстояния это божественное оружие в лицо врагу, вы предотвращаете возникновение серьезных проблем в вашей жизни.

Разные виды копий

Когда Павел подходил к завершению этого отрывка о духовном оружии, его воображение рисовало разные образы копий и пик. Павел наверняка мог их рассмотреть, так как прямо напротив его тюремной камеры находился охранник, прислонивший к стене разнообразные копья и пики.

В римской армии применялись самые разные копья, отличавшиеся друг от друга размером и формой. В течение многих столетий эти копья существенно изменялись. Римский солдат использовал разнообразные копья.

Во времена Гомера древнегреческие копья обычно изготавливались из ясеня. Их длина составляла примерно два метра; на конце был металлический наконечник. Наконечники тоже отличались по своей форме; одни напоминали лист дерева, камыш или шип, другие имели концы в виде зубцов. Одни копья были небольшими, другие чрезвычайно длинными. Короткие копья использовались в ближнем бою, чтобы пронзать врага и выкалывать ему глаза, а длинные применялись для поражения врага на расстоянии.

Большинство римских солдат носили с собой оба вида копий - короткое и длинное. С помощью короткого копья они протыкали тела врагов с близкого расстояния - какой болезненной, должно быть, была такая смерть! Длинным копьем они наносили смертельные удары врагу издали. После нанесения удачных ударов с помощью длинных копий римские воины вытаскивали свои мечи и устремлялись вперед, чтобы прикончить раненного врага, отрубив ему голову.

Вдобавок к этим были и другие копья. Например, в дни Ксенофонта солдаты носили с собой несметное количество копий - *короткие копья, длинные, узкие, широкие, острые, тупые, зубчатые, копья с несколькими лезвиями на конце и т.д.* Солдат пехоты имел при себе в среднем пять коротких и одно длинное копье.

Самые длинные копья использовали македонцы. Длина этих копий составляла 7-8 м, т.е. достигала длины телефонного столба! Представьте, как неудобно было пользоваться таким оружием на войне - для этого требовалась удивительная сила! Но это было не единственное копье македонских солдат. Кавалерия использовала более короткие копья.

В римской армии применялись копья (*pilum*), которые изначально предназначались для того, чтобы бросать их во врага с расстояния. Эти копья *pilum* использовались, когда вражьи войска наступали на укрепленные позиции или лагерь римлян. Вместо того чтобы ожидать, когда враг обрушится на них и начнется рукопашный бой, который несет много жертв, они запускали по воздуху свои чрезвычайно тяжелые копья навстречу противнику. Так они поражали врага прежде, чем тот успевал ворваться в их лагерь.

Длина копья *pilum* во времена Нового завета составляла примерно 2 м. Он имел железный наконечник длиной в 10 см. И само копье было изготовлено из железа. Многие из копий сохранились до нашего дня, и их можно увидеть в музеях всего мира.

Вегеций, римский историк, который посвящал свои труды военным структурам раннего периода Римского государства, описал одно копье, используемое римским солдатом. Это копье, говорит Вегеций, было длиной примерно в 1,8 м. Оно имело наконечник с тремя остриями, длина которого составляла примерно 25 см. Позже копье укоротили - его длина составляла 1,2 м, а длина наконечника - 12 см.

Если солдат хотел нанести врагу серьезные увечья, он утяжелял копье. Чем тяжелее было оружие, тем опаснее для жизни было ранение. Более того, когда копье бросали на большое расстояние, дополнительный вес заставлял его лететь дальше.

Существовало великое разнообразие копий, каждое из которых имело свои модификации; на их описание можно было бы потратить много страниц.

Различные виды молитв

Какое же это имеет отношение в духовной войне? Почему я так много говорю о разных формах и размерах копий?

Все потому, что Павел, подойдя к разговору о молитве, видел перед собой все это разнообразие копий и пик. Теперь, согласно данному ему откровению, он начинает проводить параллель между разными видами копий и различными видами молитвы, которые Бог дал в наше распоряжение.

Именно поэтому Павел сказал: *"Всякою молитвою и прошением молитесь во всякое время..."*.

Обратите особое внимание на фразу "всякою молитвою". Ей соответствует греческая фраза *dia pases proseuches*, которую лучше перевести как "*всякими видами молитвы*".

Приближаясь к концу отрывка о духовном оружии, Павел призывает нас взяться за наше последнее оружие: *молитву*. Он использует образы различных копий, чтобы указать на разные виды молитв. Точно так же, как римский воин использовал в сражении разнообразные копья, в нашем распоряжении, по словам Павла, имеется множество форм молитвы, которые мы можем применять в нашей борьбе веры.

Например, есть *молитва веры, молитва согласия, молитва ходатайства, молитва прошения, молитва благодарения, общая молитва* и т.д. Существует много форм молитвы, и Павел наставляет нас по необходимости выбрать соответствующую форму молитвы.

Римский солдат применял короткое копье, чтобы проткнуть врага вблизи, и точно так же действует молитва веры, которая произносится с полным осознанием своей власти!

Такая молитва вполне способна нанести смертельный удар невидимому противнику, который вступил с вами в рукопашный бой.

Римский воин имел длинное копье, чтобы запускать им в атакующего издали. Точно так же молитва ходатайства, подобно копью, снабженному добавочным весом, может причинить такой ущерб владениям тьмы, что это помешает дьявольским замыслам стать реальностью в нашей жизни, защитит наши семьи, бизнес, церковь и служение от его вторжения.

Невидимые духи хотят бомбардировать плоть и изнурять ум. Деятельность этих злых духов, ненавидящих присутствие Иисуса Христа и Его Церкви на земле, делает эту молитву необходимой.

Когда речь идет о духовном конфликте, то какими бы умелыми и храбрыми мы себе ни казались, нам просто не удержаться в положении победителя, если мы не уделяем особое внимание своей молитвенной жизни. Без молитвы мы потерпим полное поражение.

Когда же мы взираем на Бога в молитве, мы можем быть совершенно уверены в том, что мы утверждаем триумфальную победу Иисуса Христа над сатаной - и будем продолжать демонстрировать его позорное поражение. Наша победа уже дана нам, и в ежеминутном стремлении постигнуть Божью волю и обрести Божью силу мы укрепимся в осознании этой победы.

Чтобы нам утвердиться в положении победителей, Бог дал Церкви разные виды молитвы. Некоторые переводы Послания ефесянам (6:18) говорят об этом так: *"Используйте каждый вид молитвы..."*, *"Молитесь... всеми видами молитв..."*, *"Молитесь всякими способами молитвы..."*, *"Молитесь всеми возможными молитвами, имеющимися в вашем распоряжении..."*.

Без сомнения, Павел воображал всевозможные виды копий, когда писал о различных видах молитвы. Он видел длинные копья, короткие, узкие, широкие, острые, тупые, копья с несколькими остриями и т.д.

Павел говорит нам: *"Молитесь всеми возможными молитвами, имеющимися в вашем распоряжении..."*, сравнивая нас с солдатами, которые использовали разные виды копий. Одна молитва не может быть лучше другой; каждая служит своей определенной цели и является необходимой.

Как часто нам следует молиться?

Прежде чем начать обсуждение разных видов молитв, которыми мы можем молиться, нужно выяснить такой вопрос: "Как часто нам следует молиться?"

Обратите внимание на то, что говорит Павел в Послании ефесянам (6:18): "Всякою молитвою и прошением молитесь *во всякое время...*".

Фразе "во всякое время" соответствует греческое словосочетание *en panti kairo*. Слово *en* можно перевести как "в". Слово *panti* означает "все и каждый". Это всеобъемлющее слово включает в себя все, даже самую мельчайшую деталь. Слово *kairo* переводится как "времена или сезоны".

Когда все три слова используются в одном словосочетании *(en panti kairo),* как например в Послании ефесянам (6:18), их точнее можно перевести как "при каждом удобном случае". Другими словами, "в любой подходящий момент", "каждый раз, когда появляется возможность", "в любое время".

Идея заключается в следующем: "Каждый раз, когда у вас появляется возможность, свободная минута, независимо от того, чем вы занимаетесь и где находитесь, в любой ситуации, в любое время, в каждый возможный момент, молитесь".

Это ясно показывает, что христианин, который к своей духовной жизни относится серьезно, не может воспринимать молитву как что-то такое, от чего можно отказаться. К несчастью, молитва оказалась той частью имеющегося в распоряжении Тела Христова духовного вооружения, которая игнорируется больше других. Люди с большим волнением говорят о "щите веры", о "мече духовном" или о "броне праведности", чем о молитве.

Тем не менее "копье молитвы и прошения" по своей значимости равно всем другим предметам вооружения. Молитва - это часть нашего духовного снаряжения. Фактически это оружие настолько важно, что Павел побуждает нас применять его "в любой подходящий момент" - постоянно, делая это привычкой.

Шесть видов молитвы для верующего

Павел говорит: *"Всякою молитвою и прошением молитесь во всякое время духом, и старайтесь о сем самом со всяким постоянством и молением о всех святых"*.

В Новом завете употребляются шесть разных греческих слов, обозначающих молитву, которой может молиться верующий. Некоторые источники говорят, что этих слов еще больше, однако они скорее относятся к поклонению или же являются молитвенными словами, которые использовались только Господом Иисусом Христом. Нам Бог предоставил шесть особых видов молитвы.

Каждая молитва является специфической и отличается от других, каждая имеет такое же множество модификаций, как копья римских воинов, и все они доступны нам для использования в нашей борьбе веры.

В Новом завете вы можете найти шесть типов молитвы: 1) молитва посвящения, 2) молитва прошения, 3) молитва в момент неотложной нужды, 4) молитва благодарения, 5) моление, 6) ходатайство.

Молитва посвящения

Самое распространенное в Новом завете слово, обозначающее молитву, соответствует греческому слову *proseuche*. Это слово в различных формах употребляется в Новом завете 127 раз. Именно это слово использует Павел в Послании ефесянам (6:18), когда говорит: *"Всякою молитвою и прошением молитесь..."*. Оба выделенных слова соответствуют греческому слову *proseuche*. Оно состоит из слов *pros* и *euche*. Слово *pros* является предлогом и означает "лицом к лицу". Мы уже встречались с этим словом, когда говорили о тесных взаимоотношениях, существующих между Личностями Триединства.

В Евангелии от Иоанна (1:1) говорится: "В начале было Слово, и Слово было у Бога...". Предлог "у" является переводом слова *pros*. Используя это слово для описания взаимоотношений между Отцом и Сыном, Святой Дух говорит нам, что здесь существует истинная *близость*. Один перевод предоставляет такой вариант стиха: "В начале было Слово, и Слово было *лицом к лицу* с Богом...".

Слово *pros* также использовано в Послании ефесянам (6:12) и отображает наше "непосредственное столкновение" с невидимыми демоническими духами, которые пошли войной против нас. Почти во всех случаях, когда в Новом завете используется слово *pros*, оно несет идею тесного, непосредственного, близкого контакта между двумя лицами.

Вторую часть слова *proseuche* составляет слово *euche*. Это древнее греческое слово, которое описывает "желание", "просьбу", "молитву" или "клятву". Изначально оно использовалось, чтобы указать на человека, который дал клятву Богу по той причине, что имел в жизни какую-то нужду или какое-то горячее желание. Этот человек клялся отдать Богу что-то очень ценное, если Бог ответит на его молитву.

Идеальным примером этому может послужить история Анны, матери Самуила. Анна искренне желала родить ребенка, но не могла зачать. В своем отчаянии и душевных муках она молилась и дала Господу священную клятву.

Библия говорит: "И дала обет, говоря: Господи Саваоф! если Ты призришь на скорбь рабы Твоей, и вспомнишь обо мне, и не забудешь рабы Твоей, и дашь рабе Твоей дитя мужеского пола, то я отдам его Господу на все дни жизни его, и бритва не коснется головы его" (1 Царств, 1:11).

Далее говорится: "И встали поутру, и поклонились пред Господом, и возвратились, и пришли в дом свой в Раму. И познал Елкана Анну, жену свою, и вспомнил о ней Господь. Чрез несколько времени зачала Анна и родила сына..." (стихи 19,20).

Анна поклялась, что если Господь ответит на ее молитву, ее мальчик в раннем возрасте будет отдан в служение Господу. Давая такое обещание, она лишала себя самого драгоценного, что могло быть в ее жизни. В греческом языке ее поступок обозначался бы словом *euche* - она поклялась отдать Богу сына.

Довольно часто люди, стремившиеся получить ответ на молитвы, преподносили Богу дары благодарения, так сказать, наперед - таким образом они проявляли свою веру в Божью благость. Так они благодарили Бога за Его милостивый ответ на их мольбу.

Перед тем как молитва фактически произносилась и звучала просьба, готовился памятный алтарь и на нем совершалось жертвоприношение. Жертва хвалы и благодарения называлась "клятвенным жертвоприношением". Такие клятвенные приношения походили на залог, обещание того, что при получении ответа на молитву человек вернется к алтарю, чтобы опять возблагодарить Бога.

Теперь, с учетом всего этого, повторю, что именно это слово *(proseuche)* чаще всего используется в Новом завете в значении молитвы. Помните также о том, что основная часть тех, кто читал послания Павла, были греческого происхождения, и поэтому они понимали все, о чем говорило это слово. Довольно впечатляющая картина молитвы, не правда ли?

Это раскрывает нам несколько важных аспектов молитвы. Во-первых, слово *proseuche* указывает на то, что молитва должна приводить нас в близкий контакт с Богом - *"лицом к лицу"*. Молитва - это намного больше, чем какая-либо формула, которой необходимо следовать; молитва - это путь, идя по которому, мы можем прийти *к близким, тесным взаимоотношениям с Богом!*

С этим словом связана также идея *жертвоприношения.* Оно описывало человека, который, отчаянно желая получить ответ на свою просьбу, был готов отдать все, чем обладал. В этом слове объединены идеи молитвы и жертвы, посредством которых мы полностью подчиняем свои жизни Богу.

Дух Святой будет обличать вас и указывать вам на области вашей жизни, которые еще не подчинены действию Его освящающей силы, но в то же время Он никогда не будет насильно врываться в эти области. Итак, это слово, обозначающее молитву, говорит о том, что решение остается за нами; посвящение зависит от нас; это алтарь, на котором мы без принуждения отдаем Богу свою жизнь в обмен на Его жизнь.

Так как слово *proseuche* говорит о таком подчинении и жертвенности, мы видим, что Бог желает не только благословить нас; *Он хочет изменить нас!* И можно сказать, что этот вид молитвы в первую очередь связан с личным подчинением и посвящением верующего.

В значении слова *proseuche* важное место занимала и идея *благодарения,* и это говорит нам, что искренняя молитва, принесенная Богу с верой, будет благодарить Бога до того, как ответ на молитву будет получен. Поэтому каждый раз, когда мы приходим к Господу в молитве, будем благодарить Его наперед, до того, как Он ответит нам.

Слово "молитва" *(proseuche),* которое чаще других использовано в Новом завете, означает не только "молитвенную просьбу", но и молитву, которая требует от нас подчинения, посвящения и благодарения.

Вот первое "копье молитвы и прошения", которое Бог вложил в наши руки. Обретая навыки использования этого мощного оружия, мы отдаем свои жизни в Божьи руки.

Итак, слово *proseuche* говорит: *"Встаньте лицом к лицу с Богом и отдайте Ему свою жизнь в обмен на Его, посвящая ему всю свою жизнь и не забывая благодарить Его наперед за то, что Он делает для вас..."*.

Можно привести как минимум 127 мест из Нового завета, где используется это слова, однако это заняло бы слишком много места. Тем не менее советую вам самостоятельно изучить эти стихи.

Молитва прошения

Второе по частоте использования слово, имеющее значение молитвы, - слово *deesis*. Слово *deesis* и его производные в Новом завете переводятся как "молитвы и прошения" более сорока раз.

Павел использует это слово в Послании ефесянам (6:18): "Всякою молитвою и *прощением* молитесь во всякое время...". В этом стихе слово *deesis* переведено как "прошение".

Слово *deesis* произошло от глагола *deomai*, описывающего "нужду" или "желание", которые имеет в своей жизни какой-то человек.

Со временем это слово перестало обозначать "нужду" и обрело значение молитвы - такой молитвы, которая больше имела отношение к основным нуждам, чем к желаниям вроде тех, чтобы иметь дом побольше, машину подороже и т.д. Слово *deesis* описывает нужды, от удовлетворения которых зависит то, сможет ли этот человек вообще дальше жить.

Можно сказать, что оно передает значение прошения перед Богом. *Это крик о помощи, который выражает вашу неспособность удовлетворить собственные нужды.*

Читая Послание евреям (5:7), мы узнаем, что Иисус молился такой молитвой: "Он во дни плоти Своей с *сильным воплем и со слезами принес молитвы и моления могущему спасти Его от смерти,* и услышан был за Свое благоговение".

Слово "молитвы" в этом стихе соответствует слову *deesis*. Это ясно говорит нам, что Господь Иисус Христос, будучи человеком, в полной мере осознавал Свою слабость. Признав Свою нужду и способность Отца обеспечить Его необходимой силой, Он искренне молится, прося Отца помочь Ему - человеку.

Господь настолько ясно видел Свою нужду, что молился (*deesis*) "с сильным воплем и со слезами". Некоторые могут попытаться создать новый вид молитвы - "с сильным воплем и со слезами" и подавать его другим в качестве новой доктрины. Это, однако, не является какой-то формулой или новым методом молитв. Сердце Иисуса взывало к Отцу, моля о том, чтобы Он наделил Его силой, удовлетворив этим Его самую главную нужду.

Слово *deesis* использовано также в Послании Иакова (5:17), где Слово говорит: "Илия был человек подобный нам, и *молитвою помолился...*". Фраза "молитвою помолился" тоже соответствует слову *deesis*. Таким образом, можно сказать, что Илия, хотя он и был великим и могущественным мужем Божьим, понимал свою неспособность сделать для Бога что-либо значительное. Ясно ощущая свою нужду, он молился *(deesis),* прося Бога вмешаться.

Такого рода молитвами молятся те, кто отчетливо осознает великую нужду в своей жизни. Слово *deesis* почти всегда описывает крик о помощи. Люди, произносящие такие молитвы (*deesis*), смиренно апеллируют к Богу, принося Ему особые прошения - о силе для служения, о силе противостоять искушению и т.д.

В то время как слово *proseuche* в первую очередь связано с подчинением и посвящением, слово *deesis* имеет отношение к смирению. Повторюсь, это образ верующего, который осознает свою полную зависимость от Бога. Зная, что сам он не способен удовлетворить свою нужду, из глубин своего духа и души он искренне умоляет Бога оказать ему благоволение - удовлетворить какую-нибудь нужду в его жизни, будь то интеллектуальная, эмоциональная или духовная нужда.

Такая интенсивная молитва возносится к Богу от осознания человеком собственной немощности и бессилия. *Эта молитва демонстрирует нашу немощность и нашу постоянную потребность в Боге.*

Слово *deesis* использовано в Послании ефесянам (6:18). В этом стихе слово *deesis* переведено как "прошение". Зная полное значение слова, мы можем так перефразировать этот стих: "Всякую молитву и *искреннее, страстное, прочувствованное прошение* возносите перед Богом во всякое время...".

Другие примеры использования слова *deesis* смотрите во 2-м послании коринфянам (8:4) и в 1-м послании фессалоникийцам (3:10).

Молитва власти

Третья форма молитвы, упомянутая в Новом завете, описывается словом *aiteo*. Оно употреблялось в Новом завете примерно восемьдесят раз.

Слово *aiteo* означает "я прошу" или "я требую". На первый взгляд оно может показаться довольно странным словом для молитвы. Почему? Потому что слово *aiteo* не отображает кого-то, кто смиренно просит что-нибудь у Бога; наоборот, это слово описывает человека, который молится с осознанием власти, почти требуя чего-то у Бога! Этот человек знает, что ему нужно, и он не боится смело просить это!

В отличие от слова *deesis,* которое имело отношение к духовным нуждам и желаниям, слово *aiteo* в первую очередь связано с ощутимыми, материальными нуждами, такими как пища, кров, деньги и т.д.

Однако как может человек приблизиться к Богу так дерзко, приказывая и требуя, чтобы его нужды были удовлетворены Богом? Иисус дал нам ключ к пониманию слова *aiteo,* и его можно найти в Евангелии от Иоанна (15:7). Господь Иисус сказал: "Если пребудете во Мне и слова Мои в вас пребудут, то, чего ни пожелаете, *просите,* и будет вам".

Слово "просите" соответствует слову *aiteo.* Стих можно перевести так: "...чего ни пожелаете, требуйте...". Некоторых очень смущает идея того, что можно что-то требовать у Бога. Однако это совсем не будет смущать, если рассматривать это слово в контексте всего стиха.

В начале стиха Господь Иисус сказал: "Если пребудете во Мне и слова Мои в вас пребудут...". Обратите внимание на слово "пребывать", которое дважды используется в этом стихе. В обоих случаях слово "пребывать" соответствует греческому слову *meno,* которое означает "оставаться", "обитать", "проживать", "поселиться", "пребывать в постоянном союзе с кем-то", "поселиться на постоянное жительство".

В свете всего этого можно перевести этот стих так: "Если вы постоянно обитаете во Мне, живете, пребываете и остаетесь во Мне и если Мои слова постоянно и неизменно обитают, живут, пребывают и остаются в вас, просите смело все, что пожелаете, и это будет дано вам".

Господь Иисус знал, что если Его слова находят в наших сердцах и умах постоянное место жительства, то мы никогда не попросим ничего такого, что не соответствовало бы Его воле.

И таким образом, если верующий позволяет Божьему Слову постоянно обитать в его сердце, это Слово так изменяет его разум, что он всегда молится согласно ему. Когда вы уверены в том, что пребываете в воле Божьей, вам незачем робко шептать свои просьбы - вместо этого вы можете смело заявлять о своей вере и ожидать, что Бог будет действовать в ваших интересах! Как заявил автор Послания евреям: "Посему да приступаем с дерзновением к престолу благодати, чтобы получить милости и обрести благодать для благовременной помощи" (Евреям, 4:16).

Слово *aiteo* также можно найти в 1-м послании Иоанна (5:14,15). В этих стихах Иоанн говорит: "И вот, какое дерзновение мы имеем к Нему, что, когда просим чего по воле Его, Он слушает нас; а когда мы знаем, что Он слушает нас во всем, чего бы мы ни просили, - знаем и то, что получаем просимое от Него".

Обратите внимание на первую часть стиха, где Иоанн говорит: "И вот, какое *дерзновение...*". Слово "дерзновение" является переводом греческого слова *parresia,* которое всегда указывает на человека, обладающего чрезвычайной "смелостью" и "храбростью". Иоанн как бы говорит: "Если вы хотите узнать, в чем причина нашей смелости, храбрости и прямоты в молитве, то вот она...".

Далее стих говорит: "...когда просим чего по воле Его, Он слушает нас; а когда мы знаем, что Он слушает нас во всем, чего бы мы ни просили, - знаем и то, что получаем просимое от Него".

Обратите внимание на слова Иоанна: "...когда просим чего по воле Его...". Слову "просим" и здесь соответствует слово *aiteo*. Необходимо указать и на то, что слово "просим" *(aiteo)* снова употребляется в контексте со знанием Божьей воли. Вы можете так перефразировать этот стих Иоанна: "...если мы твердо просим любую вещь в согласии с Его аланом для нашей жизни... ".

Иоанн повторяет то, что уже говорил в написанном им Евангелии (15:7): если Божье Слово постоянно обитает в вас и если вы молитесь в соответствии с пребывающим в вас Словом, вы можете прийти в присутствие Божье и раскрыть свои просьбы с великой уверенностью, смелостью и прямотой.

Очевидно, что Бога не оскорбляют такого рода откровенные молитвы. Иоанн далее говорит: "...когда *просим* чего по воле Его, Он слушает нас; а когда мы знаем, что Он слушает нас во всем, чего бы мы ни просили, - знаем и то, что получаем просимое от Него". И снова слово "просим" соответствует греческому *aiteo*.

Если Божье Слово пребывает в вас - если Божье Слово нашло в вашем сердце и разуме постоянное место жительства, - то вы не будете молиться о чем-то таком, что противоречит Его плану. Таким образом, когда вы молитесь, ваши молитвы будут соответствовать тому, что Он предопределил для вашей жизни.

Вы будете молиться по воле Божьей! Когда вы точно знаете, что приготовил для вас Бог, в молитве вы можете быть очень дерзновенным и прямым! Откровенно говоря, Бог ожидает от нас большей смелости в молитве, когда мы стремимся осуществить Его волю!

Если вы предоставляете Божьему Слову возможность быть властелином вашей жизни, вы даете ему свободу изменять ваше мышление. Так как ваш разум обновлен и способен познавать Божью волю, то вы молитесь в точном соответствии с Божьим планом для вашей жизни.

Когда вы занимаете такое положение, вы готовы молиться молитвой *aiteo* в своей жизни. С этим "копьем молитвы и прошения" в вашем распоряжении вы можете с уверенностью, смелостью и прямотой подняться на более высокий уровень молитвы, чтобы получить желаемое!

Другие примеры слова *aiteo* ищите в Послании ефесянам (3:20), в Послании Иакова (1:5-6) и в 1-м послании Иоанна (3:22).

Молитва благодарения

Четвертым распространенным словом Нового завета, описывающим молитву, является греческое слово *eucharistia*. Слово *eucharistia* и его различные формы использованы в Новом завете более пятнадцати раз.

Оно состоит из слов *eu* и *charistia*. Слово *eu* описывает что-то "хорошее" или "превосходное" и указывает на благорасположение или хорошее чувство по отношению к чему-то. Слово *charistia* имеет в своем корне слово *charis* - "благодать".

Когда эти два слова соединены в одно слово *eucharistia*, описываются "чудесные ощущения и добрые чувства, которые переполняют сердце в ответ на что-то". Это слово в основном использовалось Павлом в посланиях, чтобы радостно выразить свою благодарность Богу за отдельного человека или группу людей.

Например, когда Павел писал Эфесской церкви, он был настолько восхищен действием Божьей благодати среди них, что из глубины его сердца звучит: "Посему и я... непрестанно благодарю за вас Бога, вспоминая о вас в молитвах моих" (Ефесянам, 1:15,16). Идея заключается в следующем: "Я не могу удержаться, чтобы не возблагодарить Бога за вас. Я не способен сдержать радости и благодарю за вас Бога!"

В Послании колоссянам (1:3) мы находим молитву Павла за церковь в Колоссах. Он говорит: *"Благодарим Бога и Отца Господа нашего Иисуса Христа, всегда молясь о вас"*.

В обоих посланиях фессалоникийцам он произносит похожую молитву за этих верующих. Он молится: "Всегда благодарим Бога за всех вас, воспоминая о вас в молитвах наших" (1 Фессалоникийцам, 1:2) и "Всегда по справедливости мы должны *благодарить* Бога за вас, братия..." (2 Фессалоникийцам, 1:3).

Затем Павел употребил слово *eucharistia* в 1-м послании фессалоникийцам (5:18), где он говорит: "За все *благодарите;* ибо такова о вас воля Божия во Христе Иисусе".

Согласно этому стиху Божья воля для нас состоит в том, чтобы мы использовали молитву благодарения во всех сферах нашей жизни.

Павел говорит: "За все...". Точнее эту фразу с греческого можно перевести так: "При любой возможности и всеми возможными путями...". Это недвусмысленно означает, что в нашей жизни должен царить дух благодарения.

Особенно тогда, когда вы молитесь за других, прервите перечесление просьб и вспомните о том, что Бог совершил в жизни этих людей. Хотя они, возможно, еще имеют недостатки, которые беспокоят вас, очевидно и то, что они уже далеко не те, что были раньше! Когда вы вспомните о том, как много Божья благодать совершила в них, и о том, насколько они изменились, вы сможете открыто и радостно благодарить Бога за Его работу в нас.

Это "копье молитвы и прошения" занимает очень важное место в нашей духовной жизни. В то время, когда многие предпочитают говорить о молении, ходатайстве и других формах молитвы, я хочу указать на то, что молитва благодарения также является жизненно важной частью духовного вооружения.

Другие примеры слова вы сможете найти во 2-м послании коринфянам (4:15, 9:11,12), в Послании филиппийцам (4:6), в Послании колоссянам (2:7, 4:2), в 1-м послании Тимофею (4:3,4) и в книге "Откровение" (7:12).

Моление

Пятая форма молитвы, о которой говорит Новый завет, в оригинале обозначена словом *enteuxis*. Слово *enteuxis* и его разные формы (включая и корневое слово *entugchano*) использовано в Новом завете всего лишь пять раз.

Слово получено от слова *entugchano*, которое состоит из слов *en* и *tugchano*. Слово соответствует русскому предлогу "в". Слово *tugchano* означает "случайно натолкнуться, встретиться". Соединенные в одно слово, они означают "попасть в какую-то ситуацию вместе с кем-то еще" или "случайно натолкнуться на препятствие вместе с кем-то еще".

Слово *enteuxis* и его разные формы в Новом завете обычно переводятся как "ходатайство". Однако слово *enteuxis* не говорит о ходатайстве в таком виде, как это себе представляют большинство людей (т.е. молитва за других людей). Вместо этого слово *enteuxis* описывает верующего, который приходит к Богу с простой верой, подобной вере ребенка, чтобы свободно наслаждаться присутствием Господа и общаться с Ним. Один толкователь Писания сказал, что эта форма молитвы является наиболее личной и простой.

Буквальное значение этого слова - "попасть куда-то" или "столкнуться с чем-то", и поэтому в этой молитве мы "попадаем в присутствие Господа" или "обретаем чудесные взаимоотношения с Ним в молитве". В некоторых местах это слово переведено как "моление".

На самом деле идея заключается в следующем: "общаться с Господом в молитве". Слово *enteuxis* в некоторых классических греческих произведениях использовалось, чтобы описать взаимоотношения между двумя любящими друг друга людьми - двумя индивидуумами, которые встретились, которые нашли друг друга и теперь разделяют друг с другом одну жизнь.

Это чудесная и интимная молитва, с которой мы, как дети, приходим к Богу, учась откровенно выражать свои мысли и желания и свободно наслаждаться Его удивительным присутствием.

Более того, именно во время таких молитв Бог Духом Своим изливает на нас Свою любовь и показывает нам, что Он принимает нас, благодаря чему наши жизни полностью меняются!

Слава Богу за эту ни с чем не сравнимую привилегию, которой Он наделил нас в молитве!

Другие примеры слова *enteuxis* ищите в Послании римлянам (11:2) и в 1-м послании Тимофею (2:1, 4:5).

Ходатайство

Шестое слово, которое использовано в Новом завете со значением молитвы, получено от греческого слова *huperentugchano*. Его только один раз можно найти в Новом завете - в Послании римлянам (8:26). Однако здесь это слово не использовано применительно к нам - оно говорит о Святом Духе.

В Послании римлянам (8:26) говорится: "Также и Дух подкрепляет (нас) в немощах наших; ибо мы не знаем, о чем молиться, как должно, но Сам Дух ходатайствует за нас воздыханиями неизречимыми".

Обратили ли вы внимание на то, кто осуществляет работу хадатайствования? *Святой Дух!* Павел говорит: "...но Сам Дух ходатайствует...". Поэтому это слово *huperentugchano* описывает не то ходатайство, которое несем перед Богом мы, а работу Святого Духа в наших интересах.

Слово "ходатайство" (*huperentugchano*) является древним греческим словом, которое означает "вступиться за кого-то". Можно сказать, что это слово описывает кого-то, кто "спасает" или "выручает". Например, если кто-то упал в глубокую расщелину, вам было бы необходимо спуститься к нему, чтобы спасти.

Именно такую идею передает слово "ходатайство". Используя это слово, Павел говорит нам, что эта особая работа ходатайства, которую выполняет Святой Дух, состоит в том, что Он сверхъестественным образом присоединяется к нам, в какой бы ситуации мы ни были, разделяет наши эмоции и разочарования и затем начинает осуществлять план нашего спасения.

Истинное служение ходатайства Святой Дух выполняет тогда, когда у вас нет слов и когда вы не знаете, как молиться. Внезапно сверхъестественным образом Святой Дух появляется с вами рядом, когда вы беспомощны, и присоединяется к вашей молитве.

Святой Дух, будучи личностью, чувствует все то, что чувствуете вы. Он понимает, что вы ощущаете свое полное бессилие. Ему понятна борьба, которую вы ведете. Он готов встать рядом, переживая вместе с вами все ваши горести и разочарования. И затем Он берется за осуществление плана спасения!

Слово "ходатайство" означает "попасть в сложную ситуацию вместе с кем-то" - не просто вместе переживать неприятности, но спасти попавшего в беду, восстановить его силы. Именно в этом заключается ходатайство - служение Святого Духа.

Для кого предназначено такое сверхъестественное ходатайство и кто может испытать это божественное вмешательство? В начале Послания римлянам (8:26) говорится: "Также и Дух подкрепляет (нас) в немощах наших...". Обратите внимание на слово "немощи". Один великий толкователь сказал, что этот стих можно перевести так: "Также и Дух помогает тем, кто знает, что - является слабым и немощным...". Именно это имел в виду Павел!

Наши сердца и души открываются для этого ходатайственного служения Святого Духа тогда, когда мы осознаем свою слабость. На самом деле, пока мы не осознаем нашу нужду, Он не может свободно действовать в нашей жизни.

Когда же мы понимаем, что нам необходима сверхъестественная помощь, и открываем наши сердца Святому Духу, это позволяет Ему начать делать Свое сверхъестественное дело ходатайства в нашей жизни.

Заключительное слово

В этой книге мы тщательно изучали Писание, чтобы получить полную картину того, что оно говорит о духовном оружии. Мы рассматривали места Писания, чтобы узнать, что говорит Библия о нашем положении победителей над сатаной.

Когда вы закончите, читать эту книгу и, возможно, отдадите ее кому-нибудь другому, не забудьте, что в истинной духовной войне мы не только препятствуем делам тьмы, но и осуществляем свою власть над собственным разумом и собственной плотью.

Если вы живете святой жизнью, то большинство боев в вашей духовной войне уже выиграно. Чтобы справиться с остальными атаками, вы должны выработать в себе привычку в любой ситуации обращаться за помощью к Божьему Слову.

Павел сказал: *"Для сего примите всеоружие Божие, дабы вы могли противостоять в день злый и, все преодолевши, устоять"* (Ефесянам, 6:13).

Printed by World Wide Printing
Duncanville, Texas - Minsk, Belarus

Литература религиозного содержания

СНАРЯЖЕНИЕ ДЛЯ БИТВЫ

Подписано в печать с оригинал-макета 11.07.96 г. Формат 90х108$^{1}/_{32}$.
Бумага офсетная. Печать офсетная. Усл.печ.л. 20,7. Усл.кр.отт. 21,6.

www.ingramcontent.com/pod-product-compliance
Lightning Source LLC
Chambersburg PA
CBHW070605170426
43200CB00012B/2595